ELEANA GIABANA

ΕΛΛΗΝΟ-ΓΕΡΜΑΝΙΚΟΙ & ΓΕΡΜΑΝΟ-ΕΛΛΗΝΙΚΟΙ ΔΙΑΛΟΓΟΙ

GRIECHISCH-DEUTSCHE & DEUTSCH-GRIECHISCHE DIALOGE

ΕΚΔΟΣΕΙΣ Μ. ΣΙΔΕΡΗ

© *Copyright*

ΕΚΔΟΣΕΙΣ Μ. ΣΙΔΕΡΗ

Ανδρ. Μεταξά 28 & Θεμιστοκλέους
106 81 Αθήνα, Τηλ. 3301161-2-3 Fax 3301164

ISBN 960-7012-43-7

Αγαπητοί αναγνώστες,

Σκοπός αυτού του βιβλίου είναι να σας παρέχει τη καλύτερη δυνατή βοήθεια κατά τη διάρκεια της παραμονής σας στη Γερμανία. Το βιβλίο αυτό δεν περιέχει μόνο τις χρησιμότερες λέξεις και εκφράσεις αλλά και μια σύντομη περίληψη ελληνικής και γερμανικής γραμματικής καθώς και την επεξήγηση της προφοράς των λέξεων και στις δύο γλώσσες.

Σας ευχόμαστε καλό ταξίδι και ευχάριστη διαμονή!

Liebe Leser

Ziel dieses Buches ist, ihnen während ihres Aufenthalts in Griecheland so gut wie möglich zu helfen. Dieses Buch beinhaltet sowohl alle notwendige Wörter und Ausdrücke, als auch eine Kurzverfassung von deutscher und griechischer Grammatik mit Erläuterungen der Lautschrift in beiden Sprachen.

Wir wünschen ihnen eine gute Reise und einen angenehmen Aufenthalt!

5

ΠΙΝΑΚΑΣ ΠΕΡΙΕΧΟΜΕΝΩΝ	INHALTSVERZEICHNIS	

01. ΓΕΝΙΚΑ	**01. ALLGEMEIN**	**17**
jenika	άλγκεμαϊν	
02. ΣΥΣΤΑΣΕΙΣ	**02. VORSTELLUNGEN**	**32**
sistasis	φόρστελουνγκεν	
03. ΕΥΧΕS	**03. WÜNSCHE**	**40**
efches	βΥνΣε	
04. ΠΡΟΣΚΛΗΣΗ, ΑΙΤΗΣΗ, ΑΠΟ-ΔΟΧΗ, ΑΡΝΗΣΗ, ΕΥΧΑΡΙΣΤΙΕΣ	**04. EINLADUNG, ANTRAG, ANNAHME, VERWEIGERUNG, DANK**	**44**
prosklissi, etissi, apodochi, arnissi efcharisties	αϊνλάντουνγκ, άντραγκ, άναμε, φερβάϊγκερουνγκ, ντανκ	
05. ΣΥΓΓΝΩΜΗ, ΣΥΓΧΑΡΗΤΗΡΙΑ, ΣΥΛΛΥΠΗΤΗΡΙΑ	**05. ENTSCHULDIGUNG, GRATULIEREN, BEILEID**	**52**
sighnomi, sincharitiria, silipitiria	εντΣούλντιγκουνγκ, γκρατουλίρεν, μπάϊλαϊντ	
06. ΗΛΙΚΙΑ	**06. ALTER**	**54**
ilikia	άλτερ	
07. ΟΙΚΟΓΕΝΕΙΑ	**07. FAMILIE**	**57**
ikojenia	φαμίλιε	
08. ΕΠΑΓΓΕΛΜΑΤΑ	**08. BERUFE**	**59**
epagelmata	μπερούφε	
09. Ο ΚΑΙΡΟΣ	**09. DAS WETTER**	**65**
o keros	ντας βέτερ	
10. Ο ΧΡΟΝΟΣ, ΟΙ ΕΠΟΧΕΣ, ΟΙ ΜΕΡΕΣ, ΟΙ ΜΗΝΕΣ	**10. DAS JAHR, DIE JAHRESZEITEN, DIE TAGE, DIE MONATE**	**70**
o chronos, i epoches, i meres, i mines	ντας γιάρ, ντι γιάρεστσαϊτεν, ντι τάγκε, ντι μόνατε	
11.ΟΙ ΑΡΙΘΜΟΙ	**11. DIE NUMMER**	**82**
i arithmi	ντι νούμερ	
12. ΜΟΝΑΔΕΣ ΜΕΤΡΗΣΗΣ	**12. MESSUNGSEINHEITEN**	**88**
monadhes metrissis	μέσουνγκσαϊνχαϊτεν	
13. ΧΡΩΜΑΤΑ, ΙΔΙΟΤΗΤΕΣ	**13. FARBEN, EIGENSCHAFTEN**	**91**

chromata, idhiotites	φάρμπεν, άϊγκενΣαφτεν	
14. ΕΠΙΓΡΑΦΕΣ, ΤΑΜΠΕΛΕΣ	14. ADRESSEN, SCHILDER	100
epighrafes	αντρέσεν, Σίλντερ	
15. ΤΑΞΙΔΙ ΜΕ ΑΕΡΟΠΛΑΝΟ	15. FLUGREISE	103
taxidhi me aeroplano	φλούγκραϊζε	
16. ΤΑΞΙΔΙ ΜΕ ΠΛΟΙΟ	16. SCHIFFSFAHRT	111
taxidhi me plio	Σιφσφάρτ	
17. ΤΑΞΙΔΙ ΜΕ ΑΥΤΟΚΙΝΗΤΟ	17. AUTOFAHRT	117
taxidhi me aftokinito	άουτοφαρτ	
18. ΤΑΞΙΔΙ ΜΕ ΜΟΤΟΣΥΚΛΕΤΑ	18. MOTORFAHRT	145
taxidhi me motosikleta	μοτόρφαρτ	
19. ΤΑΞΙΔΙ ΜΕ ΤΡΕΝΟ	19. ZUGSFAHRT	146
taxidhi me treno	τσούγκσφαρτ	
20. ΤΑΞΙΔΙ ΜΕ ΛΕΩΦΟΡΕΙΟ	20. BUSFAHRT	151
taxidhi me leoforio	μπούσφαρτ	
21. ΣΤΟ ΤΕΛΩΝΕΙΟ	21. AM ZOLLAMT	154
sto telonio	αμ τσόλαμτ	
22. ΣΤΗΝ ΤΡΑΠΕΖΑ	22. AN DER BANK	161
stin trapezha	αν ντερ μπάνκ	
23. ΣΤΟ ΞΕΝΟΔΟΧΕΙΟ	23. IM HOTEL	164
sto xenodhochio	ιμ χοτέλ	
24. ΕΞΟΠΛΙΣΜΟΣ ΤΟΥ ΤΡΑΠΕΖΙΟΥ	24. TISCHAUSRÜSTUNG	181
eksoplismos tu trapezhiu	τίΣαουσρΥστουνγκ	
25. ΣΤΟ ΕΣΤΙΑΤΟΡΙΟ, ΣΤΟ ΚΑΦΕΝΕΙΟ	25. IM RESTAURANT, IM CAFE	183
sto estiatorio, sto kafenio	ιμ ρεστοράν, ιμ καφέ	
26. ΣΤΟ ΤΑΧΥΔΡΟΜΕΙΟ	26. AN DER POST	195
sto tachidhromio	αν ντερ πόστ	
27. ΠΕΡΙΠΑΤΟΣ ΣΤΗΝ ΠΟΛΗ	27. STADTBUMMEL	202
peripatos stin poli	στάτμπουμελ	
28. ΣΤΗΝ ΑΓΟΡΑ	28. AM MARKTPLATZ	217
stin aghora	αμ μάρκτπλατς	
29. ΑΡΤΟΠΟΙΕΙΟ, ΖΑΧΑΡΟΠΛΑΣΤΕΙΟ	29. BÄCKEREI, KONDITOREI	220
artopiio, zhacharoplastio	μπεκεράϊ, κοντιτοράϊ	
30. ΤΡΟΦΙΜΑ	30. NAHRUNGSMITTEL	221

trofima
νάρουνγκσμιτελ

31. ΠΟΤΑ	**31. GETRÄNKE**	223
pota	γκετρένκε	
32. ΓΑΛΑΚΤΟΜΙΚΑ	**32. MILCHPRODUKTE**	224
ghalaktomika	μίλχπροντουκτε	
33. ΚΡΕΟΠΩΛΕΙΟ	**33. METZGEREI**	225
kreopolio	μετσγκεράϊ	
34. ΨΑΡΙΑ	**34. FISCHE**	227
psaria	φίΣε	
35. ΛΑΧΑΝΙΚΑ	**35. GEMÜSE**	228
lachanika	γκεμΰσε	
36. ΦΡΟΥΤΑ	**36. OBST**	230
fruta	όμπστ	
37. ΑΘΛΗΤΙΚΑ ΕΙΔΗ	**37. SPORTSACHEN**	232
athlitika idhi	σπόρτζαχεν	
38. ΕΙΔΗ ΚΑΠΝΙΣΤΟΥ	**38. TABAKLADEN**	234
idhi kapnistu	τάμπακλαντεν	
39. ΒΙΒΛΙΟΠΩΛΕΙΟ-ΧΑΡΤΟ-ΠΩΛΕΙΟ	**39. BUCHHANDLUNG, SCHREIBWARENGESCHÄFT**	236
vivliopolio, chartopolio	μπούχχαντλουνγκ, ΣράϊμπβαρενγκεΣέφτ	
40. ΑΡΩΜΑΤΟΠΩΛΕΙΟ	**40. PERFÜMERIE**	240
aromatopolio	περφΥμερί	
41. ΡΟΥΧΑ	**41. KLEIDUNG**	245
rucha	κλάϊντουνγκ	
42.ΠΑΠΟΥΤΣΙΑ	**42. SCHUHE**	254
paputsia	Σούε	
43. ΕΙΔΗ ΛΑΪΚΗΣ ΤΕΧΝΗΣ	**43. VOLKSKUNST**	256
idhi laikis technis	φόλκσκουνστ	
44. ΗΛΕΚΤΡΙΚΑ ΕΙΔΗ	**44. ELEKTRISCHE GERÄTE**	259
ilektrika idhi	ελέκτριΣε γκερέτε	
45. ΣΤΟ ΦΩΤΟΓΡΑΦΕΙΟ	**45. IM PHOTOLADEN**	264
sto fotoghrafio	ιμ φότολαντεν	
46. ΣΤΟ ΚΑΘΑΡΙΣΤΗΡΙΟ	**46. AN DER REINUNG**	267
sto katharistirio	αν ντερ ράϊνινγκουνγκ	
47. ΣΤΟ ΚΟΜΜΩΤΗΡΙΟ	**47. BEIM FRISÖR**	268
sto komotirio	μπάϊμ φριζΕρ	

48. ΣΤΟ ΚΟΣΜΗΜΑΤΟΠΩΛΕΙΟ sto kosmimatopolio	48. BEIM JUWELIER μπάϊμ γιουβελίρ	272
49. ΣΤΟ ΥΠΟΔΗΜΑΤΟΠΟΙΕΙΟ sto ipodhimatopiio	49. AM SCHUHLADEN αμ Σούλαντεν	276
50. ΣΤΟ ΚΑΤΑΣΤΗΜΑ ΟΠΤΙΚΩΝ sto katastima optikon	50. BEIM OPTIKER μπάϊμ όπτικερ	277
51. ΚΑΤΟΙΚΙΔΙΑ ΖΩΑ katikidhia zoa	51. HAUSTIERE χάουστιρε	278
52. ΣΤΗΝ ΕΚΚΛΗΣΙΑ stin eklissia	52. IN DER KIRCHE ιν ντερ κίρχε	281
53. ΘΕΑΜΑΤΑ theamata	53. VERANSTALTUNGEN φεράνσταλτουγκεν	285
54. ΤΥΧΕΡΑ ΠΑΙΧΝΙΔΙΑ tichera pechnidhia	54. GLÜCKSPIELE γκλΥκσπιλε	296
55. Η ΕΞΟΧΗ, ΤΟ ΒΟΥΝΟ i eksochi, to vuno	55. DAS LAND, DER BERG ντας λαντ, ντερ μπεργκ	298
56. ΣΤΗ ΘΑΛΑΣΣΑ sti thalassa	56. AM MEER αμ μερ	306
57. ΚΥΝΗΓΙ ΚΑΙ ΨΑΡΕΜΑ kinighi ke psarema	57. JAGD UND FISCHEN γιάγκτ ουντ φίΣεν	308
58. ΣΠΟΡ spor	58. SPORT σπορτ	310
59. ΚΑΜΠΙΝΓΚ kamping	59. CAMPING κάμπινγκ	320
60. ΣΤΟ ΓΙΑΤΡΟ sto jatro	60. BEIM ARZT μπάϊμ άρτστ	325
61. ΤΟ ΣΩΜΑ to soma	61. DER KÖRPER ντερ κΕρπερ	333
62. ΑΣΘΕΝΕΙΕΣ asthenies	62. KRANKHEITEN κράνκχαϊτεν	338
63. ΣΤΟ ΦΑΡΜΑΚΕΙΟ sto farmakio	63. IN DER APOTHEKE ιν ντερ αποτέκε	345
64. ΣΤΟΝ ΟΔΟΝΤΟΓΙΑΤΡΟ ston odhontojatro	64. BEIM ZAHNARZT μπάϊμ τσάναρτστ	350
65. ΧΩΡΕΣ chores	65. LÄNDER λέντερ	354
ΧΑΡΤΕΣ		369

ΤΟ ΓΕΡΜΑΝΙΚΟ ΑΛΦΑΒΗΤΟ – DAS DEUTSCHE ALPHABET

Γράμμα	**Ονομασία**	**Παράδειγμα**	**Προφορά**
Buchstabe	Name	Beispiel	Aussprache
A a	α	allein	αλάϊν
B b	μπε	Bein	μπάϊν
C c	τσε	Cembalo	τσέμπαλο
D d	ντε	Datum	ντάτουμ
E e	ε	elf	ελφ
F f	εφ	Figur	φιγκούρ
G g	γκε	gut	γκουτ
H h	χα	Haar	χάαρ
I i	ι	ich	ιχ
J j	γιότ	ja	για
K k	κα	Kalender	καλέντερ
L l	ελ	laufen	λάουφεν
M m	εμ	Maske	μάσκε
N n	εν	neun	νόϊν
O o	ο	Ohr	ορ
P p	πε	Pelz	πελτς
Q q	κου	Qual	κουάλ
R r	αρ	rennen	ρένεν
S s	ες	Sonne	ζόνε
T t	τε	Tanz	τάντς
U u	ου	Uhr	ουρ
V v	φάου	Vier	φιρ
W w	βε	Wien	βιν
X x	εξ	Xenophon	ξένοφον
Y y	ύψιλον	Yoga	γιόγκα
Z z	τσε	Zitrone	τσιτρόνε

ΣΤΟΙΧΕΙΑ ΓΕΡΜΑΝΙΚΗΣ ΓΡΑΜΜΑΤΙΚΗΣ

ΤΑ ΑΡΘΡΑ

Οπως και η ελληνική, η γερμανική γλώσσα έχει τριών ειδών γένη : το αρσενικό, το θηλυκό και το ουδέτερο που έχουν άρθρα der, die, das αντίστοιχα

Τα άρθρα είναι τριών ειδών :

τα οριστικά άρθρα

Αρσενικό	der	die
Θηλυκό	die	die
Ουδέτερο	das	die

τα αόριστα άρθρα

Αρσενικό	ein	χωρίς
Θηλυκό	eine	πληθυντικό
Ουδέτερο	ein	

τα αόριστα άρθρα άρνησης

Αρσενικό	kein	keine
Θηλυκό	keine	keine
Ουδέτερο	kein	keine

ΠΤΩΣΕΙΣ

Οι πτώσεις στα γερμανικά είναι τέσσερεις :
Ονομαστική, Γενική, Δοτική, Αιτιατική.
Ανάλογα με το άρθρο της λέξης (αν είναι αρσενικό, θηλυκό ή ουδέτερο), σε κάθε πτώση υπάρχει και άλλη κατάληξη.

11 ELEMENTE DER DEUTSCHEN GRAMMATIK

ΕΝΙΚΟΣ	**Αρσενικό**	**Θηλυκό**	**Ουδέτερο**
Ονομ.	der Mann	die Frau	das Kind
Γεν.	des Mannes	der Frau	des Kindes
Δοτ.	dem Mann	der Frau	dem Kind
Αιτ.	den Mann	die Frau	das Kind

ΠΛΗΘΥΝΤΙΚΟΣ

Ονομ.	die Männer	die Frauen	die Kinder
Γεν.	der Männer	der Frauen	der Kinder
Δοτ.	den Männern	der Frauen	den Kindern
Αιτ.	die Männer	die Frauen	die Kinder

Γενικά ισχύουν οι εξής κανόνες :

1. Το θηλυκό γένος στον ενικό, όταν κλείνεται δεν παίρνει καμία κατάληξη.

2. Στον πληθυντικό, η Ονομαστική, Γενική και Αιτιατική παραμένουν ίδιες. Μόνο η Δοτική έχει κατάληξη **-en,** ή **-n.**

3. Οταν η Γενική Ενικού ή η Ονομαστική πληθυντικού τελειώνει με την κατάληξη **-en (-n),** τότε η κατάληξη αυτή παραμένει σε όλες τις υπόλοιπες πτώσεις.

πχ :	der Mensch	die Menschen
	des Menschen	der Menschen
	dem Menschen	den Menschen
	den Menschen	die Menschen

4. Ουσιαστικά που περιλαμβάνουν **a, o, u, au** στον πληθυντικό μετατρέπονται σε **ä, ö, ü, äu.**

πχ. das Haus ⟶ die Häuser
     der Stuhl ⟶ die Stühle

5. Τα ουδέτερα ουσιαστικά, στην Γενική Ενικού δεν παίρνουν ποτέ **-en (-n)** αλλά πάντα **-es (-s).**

πχ. das Ohr ⟶ des Ohres
     das Haus ⟶ des Hauses

ΡΗΜΑΤΑ

Στο απαρέμφατο τα ρήματα έχουν την κατάληξη **-en** ή **-n.**
Υπάρχουν ομαλά και ανώμαλα ρήματα

ΟΜΑΛΑ	**frag-en**	**arbeit-en**
ich	frag-e	arbeit-e
du	frag-st	arbeit-est
er, sie, es	frag-t	arbeit-et
wir	frag-en	arbeit-en
ihr	frag-t	arbeit-et
sie, Sie	frag-en	arbeit-en

ΑΝΩΜΑΛΑ	**trag-en**	**sprech-en**
ich	trag-e	sprech-e
du	träg-st	sprich-st
er, sie, es	träg-t	sprich-t
wir	trag-en	sprech-en
ihr	trag-t	sprech-t
sie, Sie	trag-en	sprech-en

Γενικά ισχύουν οι εξής κανόνες :
1. Τα ομαλά ρήματα δεν αλλάζουν καθόλου το κυρίως μέρος :

frag-, arbeit-

2. Τα ανώμαλα ρήματα αλλάζουν το κυρίως μέρος μόνο στο 2ο και 3ο πρόσωπο ενικού :

trag-träg-, sprech-sprich

3. Οι καταλήξεις όμως ομαλών και ανωμάλων είναι στον ενεστώτα οι ίδιες.

ΒΟΗΘΗΤΙΚΑ ΡΗΜΑΤΑ

Υπάρχουν τρία βοηθητικά ρήματα :
sein (είμαι), **haben** (έχω), **werden** (θα είμαι)

ΕΝΕΣΤΩΤΑΣ	**sein**	**haben**	**werden**
ich	bin	habe	werde
du	bist	hast	wirst
er, sie, es	ist	hat	wird
wir	sind	haben	werden
ihr	seid	habt	werdet
sie, Sie	sind	haben	werden

ΕΠΙΘΕΤΑ

Οταν το άρθρο είναι αόριστο (ein, eine, ein), οι καταλήξεις στα τρία γένη στα επίθετα είναι ως εξής :

ΣΤΟΙΧΕΙΑ ΓΕΡΜΑΝΙΚΗΣ ΓΡΑΜΜΑΤΙΚΗΣ 14

ΕΝΙΚΟΣ	Αρσενικό	Θηλυκό	Ουδέτερο
Ονομ.	-er	-e	-es
Γεν.	-en	-en	-en
Δοτ.	-en	-en	-en
Αιτ.	-en	-e	-es

ein runder Platz   eine schwarze Jacke   ein neues Haus

ΠΛΗΘΥΝΤΙΚΟΣ

Ονομ.	-e	-e	-e
Γεν.	-en	-en	-en
Δοτ.	-en	-en	-en
Αιτ.	-en	-en	-en

Οταν το άρθρο είναι οριστικό (der, die, das), οι καταλήξεις στα τρία γένη στα επίθετα είναι ως εξής :

ΕΝΙΚΟΣ	Αρσενικό	Θηλυκό	Ουδέτερο
Ονομ.	-e	-e	-e
Γεν.	-en	-en	-en
Δοτ.	-en	-en	-en
Αιτ.	-en	-e	-e

ΠΛΗΘΥΝΤΙΚΟΣ (για όλα)

Ονομ.	-en
Γεν.	-en
Δοτ.	-en
Αιτ.	-en

ELEMENTE DER DEUTSCHEN GRAMMATIK

ΘΕΤΙΚΟΣ	ΣΥΓΚΡΙΤΙΚΟΣ	ΥΠΕΡΘΕΤΙΚΟΣ
schnell	schnell-er	am schnell-sten
der schnell-e	der schnell-er-e	der schnell-st-e
gut	bess-er	am bes-t-en
das gut-e	das bess-er-e	das bes-t-e
groß	größer	am größten
die große	die größ-er-e	die größ-t-e
hoch	höh-er	am höch-st-en
der hoh-e	der höh-er-e	der höch-st-e
nah	näh-er	am näch-ch-en
die nahe	die näh-er-e	die näch-st-e

Ο Συγκριτικός βαθμός έχει την κατάληξη **-er**.
Ο Υπερθετικός βαθμός έχει την κατάληξη **-st** (**-t** σε περίπτωση που τελειώνει σε **-s**).

Ο Συγκριτικός και ο Υπερθετικός έχουν συχνά Umlaut.

Οταν μπαίνει το άρθρο, τότε τα επίθετα αποκτούν την κατάληξη **-e.**

ΠΡΟΘΕΣΕΙΣ

Υπάρχουν μερικές προθέσεις που συντάσσονται αντίστοιχα με Δοτική, Αιτιατική ή και με τα δύο.

Πάντα με Δοτική συντάσσονται οι προθέσεις: **aus, bei, mit, nach, seit, von, zu**.
Πάντα με Αιτιατική συντάσσονται οι προθέσεις : **durch, für, gegend , ohne, um**.

Πότε με Δοτική και πότε με Αιτιατική ανάλογα αν η ερώτηση είναι στατική (Wo?) ή αν φανερώνει κίνηση (Wohin?), συντάσσονται οι εξής :
an, auf, hinter, in, neben, über, unter, vor, zwischen.

ΑΝΤΩΝΥΜΙΕΣ

ΠΡΟΣΩΠΙΚΗ ΑΝΤΩΝΥΜΙΑ

Ονομ.	ich	du	er, sie, es
	wir	ihr	sie/Sie
Γεν.	meiner	deiner	seiner, ihrer, seiner
	unser	euer	ihrer/Ihrer
Δοτ.	mir	dir	ihm, ihr, ihm
	uns	euch	ihnen/Ihnen
Αιτ.	mich	dich	ihn, sie, es
	uns	euch	sie/Sie

πχ : Ich gebe dir das Buch
Er sagt ihm die Lösung
Entschuldige mich

ΚΤΗΤΙΚΗ ΑΝΤΩΝΥΜΙΑ

Η κτητική αντωνυμία κλίνεται ως εξής για τα τρία γένη:

Αρσ.	mein	dein	sein, ihr, sein
	unser	euer	ihr/Ihr
Θηλ.	meine	deine	seine, ihre, seine
	unsere	eure	ihre/Ihre
Ουδ.	mein	dein	sein, ihr, sein
	unser	euer	ihr/Ihr

πχ : die Katze ⟶ meine Katze
das Haus ⟶ mein Haus

ΧΡΟΝΟΙ

ΠΑΡΑΤΑΤΙΚΟΣ

Στον παρατατικό, το 1ο και 3ο πρόσωπο είναι ίδια και στον ενικό και στον πληθυντικό:
lebe - lebte - gelebt

ΣΤΑ ΟΜΑΛΑ ΡΗΜΑΤΑ

ich	leb-t-e	red-et-e
du	leb-t-est	red-et-est
er, sie, es	leb-t-e	red-et-e
wir	leb-t-en	red-et-en
ihr	leb-t-et	red-et-et
sie/Sie	leb-t-en	red-et-en

Ο Παρατατικός έχει παρόμοιες καταλήξεις με τον Ενεστώτα μόνο που ενδιαμέσα μπαίνει **-t** ή **-et** όταν το ρήμα τελειώνει σε **-d** ή **-t.**

ΣΤΑ ΑΝΩΜΑΛΑ ΡΗΜΑΤΑ

gebe - gab - gegeben
ich	gab
du	gab-st
er, sie, es	gab
wir	gab-en
ihr	gab-t
sie/Sie	gab-en

Το πρώτο και τρίτο πρόσωπο του ενικού στον Παρατατικό δεν έχουν κατάληξη. Ολα τα υπόλοιπα πρόσωπα έχουν την κατάληξη του Ενεστώτα.
Το πρώτο και τρίτο πρόσωπο είναι τα ίδια στον ενικό και πληθυντικό.

ΑΟΡΙΣΤΟΣ

Τον Αόριστο τον φτιάχνουμε με το βοηθητικό ρήμα **haben** (έχω).
πχ :   ich habe gegessen   (έχω φάει)

Σε ρήματα που φανερώνουν απομάκρυνση από κάποιο σημείο, ο Αόριστος φτιάχνεται με το βοηθητικό ρήμα **Sein** (είμαι)
πχ :   wir sind nach Paros gefahren
       (πήγαμε στην Πάρο)

ΜΕΛΛΟΝΤΑΣ

Ο Μέλλοντας φτιάχνεται από τον Ενεστώτα του βοηθητικού ρήματος **werden** και το απαρέμφατο του ρήματος.
πχ :   ich werde essen (θα φάω)
       ihr werdet nach Paros fahren (θα πάτε στην Πάρο)

ELEMENTE DER GRIECHISCHEN GRAMMATIK

DAS GRIECHISCHE ALPHABET–ΤΟ ΕΛΛΗΝΙΚΟ ΑΛΦΑΒΗΤΟ

Buchstabe Γράμμα	Name Ονομασία	Beispiel Παράδειγμα	Aussprache Προφορά
Α α	alfa	αυλή	avli
Β β	vita	βάζο	vazho
Γ γ	ghama	γόμα	ghoma
Δ δ	dhelta	δελτίο	dheltio
Ε ε	epsilon	ελάφι	elafi
Ζ ζ	zhita	ζάχαρη	zhachari
Η η	ita	ήλιος	ilios
Θ θ	thita	θυμάρι	thimari
Ι ι	yota	ιός	ios
Κ κ	kapa	κανόνι	kanoni
Λ λ	lamdha	λεμόνι	lemoni
Μ μ	mi	μητέρα	mitera
Ν ν	ni	ναός	naos
Ξ ξ	xi	ξένος	xenos
Ο ο	omikron	οχι	ochi
Π π	pi	παπί	papi
Ρ ρ	ro	ρύζι	rizhi
Σ σ	sighma	σεντόνι	sentoni
Τ τ	taf	τιμόνι	timoni
Υ υ	ipsilon	ύπνος	ipnos
Φ φ	fi	φαγητό	faghito
Χ χ	chi	χορός	choros
Ψ ψ	psi	ψάρι	psari
Ω ω	omegha	ώρα	ora

ΣΤΟΙΧΕΙΑ ΕΛΛΗΝΙΚΗΣ ΓΡΑΜΜΑΤΙΚΗΣ 20

ELEMENTE DER GRIECHISCHEN GRAMMATIK

Wie die deutsche Sprache, hat die griechische drei Geschlechten : das Maskulinum (männlich), das Femininum (weiblich) und das Neutrum (sächlich), die die entsprechenden Artikel **ο, η, το** haben.
Es gibt den Singular (die Einzahl) und den Plural (die Mehrzahl).

DER ARTIKEL

Die Artikel sind von zwei Sorten:

der bestimmte Artikel

	Singular	Plural
Maskulinum	ο	οι
Femininum	η	οι
Neutrum	το	τα

der unbestimmte Artikel

	Singular	Kein Plural
Maskulinum	ένας	
Femininum	μία	
Neutrum	ένα	

DIE SUBSTANTIVE

Alle drei Geschlechte haben mehr als eine Endung :

Maskulinum	: -ας, -ης, -ές, -ούς, -ος
Femininum	: -ά, -η, -ού
Neutrum	: -ο, -ι, -ος, -μα

DER FALL

Die Deklination hat fünf Fälle :
Nominativ, Genetiv, Dativ, Akkusativ, Vokativ
Davon werden aber heute nur noch die Fälle Nominativ, Genetiv, Akkusativ und Vokativ benutzt.

BESTIMMTES ARTIKEL
SINGULAR

	Maskulinum	Femininum	Neutrum
Nominativ	ο	η	το
Genetiv	του	της	τους
Akkusativ	τον	τη(ν)	το
Vokativ	ω	ω	ω

PLURAL

Nominativ	οι	οι	τα
Genetiv	των	των	των
Akkusativ	τους	τις	τα
Vokativ	ω	ω	ω

Das **-ν** im Akkusativ Singular der männlichen und weiblichen Substantive des bestimmten Artikels kann fehlen.

UNBESTIMMTES ARTIKEL
SINGULAR

	Maskulinum	Femininum	Neutrum
Nominativ	ένας	μια	ένα
Genetiv	ενός	μιάς	ενός
Akkusativ	έναν	μια	ένα
Vokativ	ω	ω	ω

DAS VERB

Es gibt zwei Haupt-Konjukationen :
Im ersten Fall werden die schwache Verben auf der vorletzten Silbe betont **z.B.** τρέ-χω
Im zweiten Fall, werden die schwache Verben auf der letzten Silbe betont **z.B.** γε-λώ

Das erste Verb wird folgender Weise dekliniert :

εγώ	τρέχ-**ω**
εσύ	τρέχ-**εις**
αυτός, αυτή, αυτό	τρέχ-**ει**
εμείς	τρέχ-**ουμε**
εσείς	τρέχ-**ετε**
αυτοί	τρέχ-**ουν**

Das zweite Verb wird folgender Weise dekliniert:

εγώ	γελ-**ώ**
εσύ	γελ-**άς**
αυτός, αυτή, αυτό	γελ-**ά**
εμείς	γελ-**άμε**
εσείς	γελ-**άτε**
αυτοί	γελ-**ούν**

DAS HILFSVERB

Es gibt zwei Hilfsverben : **είμαι** (sein), **έχω** (haben)

PRÄSENZ	**είμαι**	**έχω**
εγώ	είμαι	έχω
εσύ	είσαι	έχεις
αυτός, αυτή, αυτό	είναι	έχει
εμείς	είμαστε	έχουμε
εσείς	είστε	έχετε
αυτοί	είναι	έχουν

DAS ADJEKTIV

Der Artikel ist immer dem Geschlecht entsprechend.
z.B. ο όμορφος άνθρωπος (der schöne Mensch)
Adjektive haben in griechisch vier Endungen:

Maskulinum	-ος	-ος	-ός	-ύς
Femininum	-η	-α	-ιά	-ιά
Neutrum	-ο	-ο	-ο	-ύ

DIE KOMPARATION

Der Komparativ wird mit dem Wort **πιο** (mehr) gebaut. Die vergleichende Person oder Sache wird zum Objektiv und wird von dem Wort **από** (als) begleitet.
z.B. Ο Γιώργος είναι **πιο** ωραίος **από** τον Πέτρο.
(Giorgos ist schöner als Petros)

Im Superlativ wird der bestimmte Artikel vor die Form des Komparativs gestellt.
z.B. Ο Γιώργος είναι **ο πιο** ωραίος.
(Giorgos ist der schönste)

PRONOMEN
PERSONALPRONOMEN

	Nominativ		
Singular	εγώ	εσύ	αυτό, αυτή, αυτό
Plural	εμείς	εσείς	αυτοί, αυτές, αυτά
	Genetiv		
Singular	εμένα (μου)	εσένα (σου)	αυτού (του), αυτής (της) αυτού (του)
Plural	εμάς (μας)	εσάς (σας)	αυτών (των)

Akkusativ

Singular	εμένα (με)	εσένα (σε)	αυτόν (τον), αυτήν (την) αυτό (το)
Plural	εμάς (μας)	εσάς (σας)	αυτούς (τους) αυτές (τις, τες) αυτά (τα)

POSSESIVPRONOMEN

Singular	δικό μου	δικό σου	δικό του δικό της δικό του
Plural	δικό μας	δικό σας	δικό τους

ZEITSTUFEN

In der griechischen Sprache gibt es drei Hauptzeitstufen:
1. **Das Präsens:** Es zeigt was es jetzt passiert.
2. **Das Imperfekt und der Aorist:** Sie zeigen was in der Vergangenheit passiert ist. In Verben, deren Anfang kein Vokal ist, bildet man das Imperfekt und den Aorist mit dem Vokal **-ε** am Anfang des Wortes (**z.B.** τρέχω ⟶ έ-τρεχα, πέρνω ⟶ έ-περνα).
Dieses **-ε** bleibt erhalten wenn es betont wird, und fällt weg wenn es nicht betont wird (**z.B.** έλυνα, έλυνες, λύναμε)
Folgende Verben gehören nicht zur Regel:
έχω ⟶ είχα (haben), έρχομαι ⟶ ήρθα (kommen), είμαι ⟶ ήμουν (sein)
3. **Das Futur:** Es zeigt was in der Zukunft passiert wird. Es gibt zwei Formen des Futurs:
a) Die erste zeigt Dauer in der Zukunft.
    z.B. Θα τρέχω (ich werde lesen)
b) Die zweite zeigt Vollendung in der Zukunft.
    z.B. Θα τρέξω (ich werde gelesen haben)
Das Futur bildet man mit dem Wort **θα** vor dem Verb.
    z.B. θα τρέχω, θα τρέξω, θα παίζω, θα παίξω

Παρατηρήσεις για την προφορά των γερμανικών

• Η προφορά των ελληνικών έχει αποδοθεί όσο γίνεται με τα γράμματα της ελληνικής αλφαβήτου. Ορισμένοι ήχοι, όμως, οι οποίοι δεν έχουν αντιστοιχία στα ελληνικά, έχουν αποδοθεί με ειδικά σύμβολα.

• Ο ήχος **sch** έχει αποδοθεί με το σύμβολο **Σ**. Προφέρεται **σ** παχύ.

• Ο ήχος **ü** έχει αποδοθεί με το σύμβολο **Y**. Προφέρεται ανάμεσα στο ελληνικό **ου** και **ι.** Οταν η λέξη δεν έχει αλλού τόνο, τότε τονίζεται στο σύμβολο **Y**.

• Ο ήχος **ä** προφέρεται σαν **ε**.

• Ο ήχος **ö** έχει αποδοθεί με το σύμβολο **E**. Προφέρεται ανάμεσα στο ελληνικό **ο** και **ε**. Οταν η λέξη δεν έχει αλλού τόνο, τότε τονίζεται στο σύμβολο **E**.

• Ο ήχος **ie** προφέρεται σαν **ι**.

• Ο ήχος **ei** προφέρεται σαν **αϊ**.

• Ο ήχος **eu** προφέρεται σαν **οϊ**.

• Ο ήχος **ch** προφέρεται πολλές φορές στην αρχή της λέξης σαν **κι**

Anmerkungen für die griechische Aussprache

• Die Aussprache der griechischen Wörter ist mit lateinischen Buchstaben geschrieben worden, sodaß sie der deutschen Aussprache entspricht..

• Der Buchstabe **δ** ist mit **dh** wiedergegeben worden. Er wird wie der englische **th** ausgesprochen.

• Der Buchstabe **γ** ist entweder mit **j** oder mit **gh** wiedergegeben worden. Im ersten Fall, wird er wie das deutsche **Ja** ausgesprochen. Im zweiten Fall wird er wie das französische **r** ausgesprochen.

• Der Buchstabe **σ** ist mit **ss** wiedergegeben worden. Er wird wie der deutsche **ß** ausgesprochen.

• Der Buchstabe **ζ** ist mit **zh** wiedergegeben worden. Er wird wie der deutsche **s** ausgesprochen.

• Der Buchstabe **ψ** ist mit **ps** wiedergegeben worden. und wird genauso ausgesprochen.

• Der Buchstabe **ξ** ist in einigen Wörtern mit **ks** und in anderen mit **x** wiedergegeben worden. Er

και στη μέση της λέξης σαν χι. Αποδίδεται αντίστοιχα με τα γράμματα **κ** και **χ**.

• Ο ήχος **ck** προφέρεται σαν **κ**.

• Το **h** στα γερμανικά προφέρεται μόνο στις εξής περιπτώσεις :

α) Στην αρχή της λέξης :
hinein ⟶ **χινάϊν**

β) Μπροστά από τονισμένα φωνήεντα :
halten ⟶ **χάλτεν**

γ) Μπροστά από φωνήεντα που ανήκουν σε μια ριζική συλλαβή (τότε αυτά έχουν έναν δευτερεύοντα τόνο):
anhalten ⟶ **άνχαλτεν**

δ) Σε μερικές λέξεις προπάντων ξένες :
Alkohol ⟶ **αλκοχόλ**

ε) Σε όλες τις άλλες περιπτώσεις το **h** δεν προφέρεται :
sehen ⟶ **ζέεν**
Ehemann ⟶ **έεμαν**

wird immer **ks** ausgesprochen.

• Die Buchstaben **σχ** sind mit **sH** wiedergegeben worden. In diesem Fall müssen beide Buchstaben ausgesprochen werden.

• Der Buchstabe **χ** ist mit **ch** wiedergegeben worden. Er wird wie der deutsche **h** ausgesprochen, der am Anfang eines Wortes steht.

• Die Buchstaben **γκ** sind mit **g** wiedergegeben worden und werden genauso ausgesprochen.

• Der Buchstabe **θ** ist mit **th** wiedergegeben worden. Er wird wie im englischen Wort **therapy** ausgesprochen.

• In den Fällen, an denen beide Buchstaben unterstrichen sind, müssen beide Vokale ausgesprochen werden.

01. ΓΕΝΙΚΑ jenika	**01. ALLGEMEIN** άλγκεμαϊν
Ακόμα akoma	**Immer noch** ίμερ νοχ
Αλήθεια alithia	**Wahr** βάρ
Αν an	**Wenn** βαν
Ανάμεσα anamessa	**Zwischen** τσβίΣεν
Ανάμεσα σε anamessa se	**Inzwischen** ιντσβίΣεν
Ανοιχτό anichto	**Offen** όφεν
Αντί για anti ja	**Anstatt** ανστάτ
Αντίθετα antitheta	**Im Gegensatz** ιμ γκέγκενζατς
Αντίο antio	**Aufwiedersehen** αουφβίντερζεεν
Αμέσως amessos	**Sofort** ζοφόρτ
Απέναντι από apenanti apo	**Gegenüber von** γκεγκενΥμπερ φον
Από (δω, κει) apo (dho, ki)	**Da, dort** ντα, ντόρτ
Από κάτω apo kato	**Von unten** φον ούντεν
Από πάνω apo pano	**Von oben** φον όμπεν
Από πού έρχεστε; apo pu erchesthe?	**Wo kommen Sie her?** βο κόμεν ζι χέρ;

01. ΓΕΝΙΚΑ

Αργά	**Langsam**
argha	λάνγκζαμ
Αριστερά	**Links**
aristera	λίνκς
Αρκετά	**Genug**
arketa	γκενούγκ
Αρχαίος	**Antik**
archeos	αντίκ
Ασχημα	**Schlimm**
asHima	Σλίμ
Αύριο	**Morgen**
avrio	μόργκεν
Αυτοί, αυτές	**Diese**
afti, aftes	ντίζε
Αυτός, αυτή, αυτό	**Der, Die, Das**
aftos, afti, afto	ντερ, ντι, ντας
Αφού	**Nachdem**
afu	ναχντέμ
Βέβαια	**Sicherlich**
vevea	ζίχερλιχ
Βιαστικά	**In Eile**
viastika	ιν άϊλε
Βοήθεια	**Hilfe**
voithia	χίλφε
Βοηθήστε με	**Helfen Sie mir**
voithiste me	χέλφεν ζι μιρ
Γειά	**Hallo**
ja	χάλο
Για	**Für**
ja	φΥρ
Για που;	**Wohin?**
ja pu?	βοχίν;
Γιατί;	**Warum?**
jati?	βαρούμ;

Γιατί ...	**Weil ...**
jati ...	βάϊλ ...
Για παράδειγμα	**Zum Beispiel**
ja paradhighma	τσουμ μπάϊσπιλ
Γρήγορα	**Schnell**
ghrighora	Σνελ
Γύρω από	**Um das**
jiro apo	ουμ ντας
Δεν είναι ...	**Ist es nicht ...**
dhen ine ...	ιστ ες νίχτ ...
Δεν έχω καιρό	**Ich habe keine Zeit**
dhen echo kero	ιχ χάμπε κάϊνε τσάϊτ
Δεν θέλω	**Ich will nicht**
dhen thelo	ιχ βιλ νίχτ
Δεν μιλάω γερμανικά (καλά)	**Ich spreche nicht (gut) Deutsch**
dhen milao jermanika (kala)	ιχ σπρέχε νιχτ (γκούτ) ντόϊτΣ
Δεν προλαβαίνω	**Ich schaffe es nicht**
dhen prolaveno	ιχ Σάφε ες νίχτ
Δεξιά (από)	**Rechts (von)**
dheksia (apo)	ρέχτς (φον)
Δεσποινίς	**Fräulein**
dhespinis	φροϊλάϊν
Δίπλα σε	**Neben von**
dhipla se	νέμπεν φον
Δυστυχώς	**Leider**
dhistichos	λάϊντερ
Εδώ	**Hier**
edho	χιρ
Εδώ και	**Seit**
edho ke	ζάϊτ
Είμαι (πολύ) βιαστικός	**Ich bin sehr eilig**
ime (poli) viastikos	ιχ μπιν ζερ άϊλιγκ

Είναι αδύνατο ine adhinato	**Es ist unmöglich** ες ιστ ουνμΕγκλιχ
Είναι (δικό μου, δικό σου, δικό του, δικό της, δικό μας, δικό σας, δικό τους) ine (dhiko mu, dhiko su, dhiko tu, dhiko tis, dhiko mas, dhiko sas, dhiko tus)	**Es ist (meines, deines, seines, ihres, unseres, eures, ihres)** ες ιστ (μάϊνες, ντάϊνες, σάϊνες, ίρες, ούνσερες, όϊρες, ίρες)
Είναι έτοιμο; ine etimo?	**Ist es fertig?** ιστ ες φέρτιγκ;
Είστε βέβαιος; iste veveos?	**Sind Sie sicher?** ζίντ ζι ζίχερ;
Εκεί eki	**Dort** ντόρτ
Εκεί πάνω eki pano	**Da oben** ντα όμπεν
Εκεί πέρα eki pera	**Da drüben** ντα ντρΥμπεν
Εκτός από ektos apo	**Außer** άουσερ
Ελάτε elate	**Kommen Sie** κόμεν ζι
Εμπρός embros	**Herein** χεράϊν
Ενα λεπτό, παρακαλώ ena lepto parakalo	**Einen Moment, bitte** άϊνεν μομέντ, μπίτε
Εναντίον enandion	**Gegen** γκέγκεν
Εντάξει entaksi	**In Ordnung** ιν όρντνουγκ
Εν τω μεταξύ entometaksi	**Inzwischen** ιντσβίΣεν
Ενώ eno	**Während** βέρεντ

Εξαιτίας eksetias	**Wegen** βέγκεν
Εξω ekso	**Draußen** ντράουσεν
Επάνω epano	**Oben** όμπεν
Επάνω σε epano se	**Auf** άουφ
Επείγον epighon	**Dringend** ντρίγκεντ
Επειδή epidhi	**Weil** βάϊλ
Επειτα epita	**Danach** ντανάχ
Επίσης epissis	**Ebenfalls** έμπενφαλς
Επομένως epomenos	**Folglich** φόλγκλιχ
Ετσι etsi	**Auf dieser Weise** άουφ ντίζερ βάϊζε
Ετσι δεν είναι; etsi dhen ine?	**Stimmt es nicht?** Στίμτ ες νίχτ;
Ευρεία evria	**Breit** μπράϊτ
Ευτυχώς eftichos	**Zum Glück** τσουμ γκλΥκ
Ευχαρίστως efcharistos	**Gern** γκέρν
Ζεσταίνομαι zhestenome	**Es ist mir warm** ες ιστ μιρ βάρμ
Η i	**Oder** όντερ
Ηδη idhi	**Schon** Σόν

01. ΓΕΝΙΚΑ

Θα ήθελα ...	**Ich hätte gern ...**
tha ithela	ιχ χέτε γκέρν
Θα προτιμούσα ...	**Ich hätte lieber ...**
tha protimussa...	ιχ χέτε λίμπερ...
Θέλετε ...;	**Möchten Sie ...?**
thelete...?	μΕχχτεν ζι...;
Θέλω	**Ich will**
thelo	ιχ βίλ
Ισως	**Vielleicht**
issos	φιλάϊχτ
Κάθε	**Jedes**
kathe	γιέντες
Καθένας	**Jeder**
kathenas	γιέντερ
Και	**Und**
ke	ουντ
Και όμως	**Jedoch**
ke omos	γιεντόχ
Καλημέρα	**Guten Morgen**
kalimera	γκούτεν μόργκεν
Καληνύχτα	**Gute Nacht**
kalinichta	γκούτε νάχτ
Καλησπέρα	**Guten Abend**
kalispera	γκούτεν άμπεντ
Καμιά φορά	**Manchmal**
kamia fora	μάνχμαλ
Κάμποσες φορές	**Öfters**
kambosses fores	Εφτερς
Κάμποσοι	**Ziemlich viele**
kampossi	τσίμλιχ φίλε
Κάνετε γρήγορα	**Beeilen Sie sich**
kanete ghrighora	μπεάϊλεν ζι ζιχ
Κατά	**Gegen**
kata	γκέγκεν

01. ALLGEMEIN

Κατά τη διάρκεια | **Während**
kata ti dhiarkia | βέρεντ
Καταλαβαίνω | **Verstehen**
katalaveno | φερστέεν
Κάτω | **Unten**
kato | ούντεν
Κάτω από | **Unter**
kato apo | ούντερ
Κιόλας | **Schon**
kiolas | Σον
Κλέφτης | **Dieb**
kleftis | ντίμπ
Κοντά | **Nah**
konta | νάα
Κρυώνω | **Es ist mir kalt**
kriono | ες ιστ μιρ κάλτ
Λάθος αριθμός | **Falsche Nummer**
lathos arithmos | φάλΣε νούμερ
Λίγο | **Wenig**
ligho | βένιγκ
Λιγότερο από | **Weniger als**
lighotero apo | βένιγκερ αλς
Λοιπόν | **Also**
lipon | άλζο
Λυπάμαι πολύ | **Es tut mir sehr leid**
lipame poli | ες τουτ μιρ ζερ λάϊντ
Μα | **Aber**
ma | άμπερ
Μαζί | **Zusammen**
mazhi | τσουζάμεν
Μακρυά από | **Weit von**
makria apo | βάϊτ φον
Μάλιστα | **Jawohl**
malista | γιαβόλ

01. ΓΕΝΙΚΑ

Μάλλον	**Vielleicht**
malon	φιλάϊχτ
Με	**Mit**
me	μιτ
Με καταλαβαίνετε;	**Verstehen Sie mich?**
me katalavenete?	φερστέεν ζι μιχ;
Μερικές φορές	**Manchmal**
merikes fores	μάνχμαλ
Μέσα	**Innen**
messa	ίνεν
Μέσα από	**Innerlich von**
messa apo	ίνερλιχ φον
Με συγχωρείτε	**Entschuldigen Sie mich**
me sinchorite	εντΣούλντιγκεν ζι μιχ
Μέσω	**Vermittels**
messo	φερμίτελς
Μετά	**Danach**
meta	ντανάχ
Μεταξύ	**Zwischen**
metaksi	τσβίΣεν
Μέχρι	**Bis**
mechri	μπις
Μη με ενοχλείτε	**Stören Sie mich nicht**
mi me enochlite	στΕρεν ζι μιχ νιχτ
Μιλάτε γερμανικά;	**Sprechen Sie Deutsch?**
milate jermanika?	Σπρέχεν ζι ντόϊτΣ;
Μιλάτε πολύ γρήγορα και δεν σας καταλαβαίνω	**Sie sprechen zu schnell und ich kann Sie nicht verstehen**
milate poli ghrighora ke dhen sas katalaveno	ζι σπρέχεν τσου Σνέλ ουντ ιχ καν ζι νιχτ φερστέεν
Μόλις	**Gerade**
molis	γκεράντε
Μου δανείζετε το στυλό σας;	**Leihen Sie mir Ihren**

01. ALLGEMEIN

mu dhanizhete to stilo sas?

Μου είναι αδιάφορο
mu ine adhiaforo

Μπορείτε να (μιλήσετε πιο αργά, το μεταφράσετε, με βοηθήσετε, μου πείτε, το γράψετε, το επαναλάβετε μια φορά ακόμη, μου δώσετε, μου δείξετε);
borite na (milissete pio argha, to metafrassete, me voithissete, mu pite, to ghrapsete, to epanalavete mia fora akomi, mu dossete, mu diksete)?

Μπορώ να (σας ενοχλήσω μια στιγμή, σας ρωτήσω, περάσω μέσα, καθήσω εδώ);
boro na (sas enochlisso mia stighmi, sas rotisso, perasso messa, kathisso edho)?

Μπορώ να σας φανώ χρήσιμος;
boro na sas fano chrisimos?

Μπροστά
brosta

Ναι, παρακαλώ
ne, parakalo

Νυστάζω
nistazho

Νωρίς
noris

Ξέρετε...

Kugelschreiber?
λάϊεν ζι μιρ ίρεν κούγκελ-Σράϊμπερ;

Es ist mir uninteressant
ες ιστ μιρ ούνιντερεσαντ

Können Sie (langsamer sprechen, das übersetzen, mir helfen, mir sagen, es schreiben, es nochmal wiederholen, mir geben, mir zeigen)?
κΕνεν ζι (λάνγκζαμερ σπρέχεν, ντας Υμπερζέτσεν, μιρ χέλφεν, μιρ ζάγκεν, ες Σράϊμπεν, ες νοχμάλ βιντερχόλεν, μιρ γκέμπεν, μιρ τσάϊγκεν);

Darf ich (Sie kurz stören, fragen, herein kommen, mich hinsetzen)?
νταρφ ιχ (ζι κούρτς στΕρεν, φράγκεν, χεράϊνκόμεν, μιχ χίνζετσεν);

Kann ich Ihnen helfen?
καν ιχ ίνεν χέλφεν;

Vor
φορ

Ja, bitte
για, μπίτε

Ich bin müde
ιχ μπιν μΥντε

Früh
φρΥ

Wissen Sie...

01. ΓΕΝΙΚΑ

xerete ...	βίσεν ζι ...
Ξέχασα να...	**Ich habe vergessen, zu ...**
xechassa na ...	ιχ χάμπε φεργκέσεν τσου ...
Ολα καλά	**In Ordnung**
ola kala	ιν όρντνουγκ
Ορίστε	**Bitte**
bite	μπίτε
Οταν	**Wenn**
otan	βεν
Οχι ακόμα	**Noch nicht**
ochi akoma	νοχ νιχτ
Οχι αρκετά	**Nicht genug**
ochi arketa	νιχτ γκενούγκ
Οχι τελείως	**Nicht ganz**
ochi telios	νιχτ γκάντς
Οχι, ευχαριστώ	**Nein, danke**
ochi, efcharisto	νάϊν, ντάνκε
Πάντα	**Immer**
panta	ίμερ
Παντού	**Überall**
pandu	Υμπεραλ
Πάνω	**Oben**
pano	όμπεν
Πάνω από	**Auf**
pano apo	άουφ
Παρά	**Als**
para	αλς
Παρακαλώ	**Bitte**
parakalo	μπίτε
Πάρα πολύ	**Sehr viel**
para poli	ζερ φιλ
Πάρα πολύ λίγο	**Zu wenig**
para poli ligho	τσου βένιγκ
Παρόλο	**Obwohl**

01. ALLGEMEIN

parolo	ομπβόλ
Πεινάω	**Ich habe Hunger**
pinao	ιχ χάμπε χούνγκερ
Πείτε μου (το επώνυμό σας, το μικρό σας όνομα)	**Sagen Sie mir (Ihren Familiennamen, Ihren Vornamen)**
pite mu (to eponimo sas, to mikro sas onoma)	ζάγκεν ζι μιρ ίρεν φαμίλιενάμεν, ίρεν φόρναμεν)
Περάστε μέσα	**Kommen Sie herein**
peraste mesa	κόμεν ζι χεράϊν
Περιμένετε με ένα λεπτό	**Warten Sie eine Sekunde auf mich**
perimenete me ena lepto	βάρτεν ζι άϊνε σεκούντε άουφ μιχ
Περίπτωση ανάγκης	**Notfall**
periptossi anagis	νότφαλ
Περισσότερο	**Mehr**
perissotero	μερ
Πια	**Nicht mehr**
pia	νιχτ μερ
Πιθανόν	**Wahrscheinlich**
pithanon	βαρΣάϊνλιχ
Πιο	**Mehr**
pio	μερ
Πίσω	**Hinten**
pisso	χίντεν
Ποιός;	**Wer?**
pios?	βερ;
Ποιός είναι;	**Wer ist es?**
pios ine?	βερ ιστ ες;
Πολλές φορές	**Mehrmals**
poles fores	μέρμαλς
Πολλή ώρα	**Lange**
poli ora	λάνγκε

01. ΓΕΝΙΚΑ

Πολύ	**Viel**
poli	φιλ
Πολύ καλά	**Sehr gut**
poli kala	ζερ γκουτ
Πού;	**Wo?**
pu	βο;
Που μπορώ να βρώ ...;	**Wo kann ich .... finden?**
pu boro na vro ...?	βο καν ιχ .... φίντεν;
Που είναι η τουλέτα;	**Wo ist die Toilette?**
pu ine i tualeta?	βο ιστ ντι τοϊλέτε;
Που μπορώ να βρώ ένα καλάθι αχρήστων;	**Wo kann ich einen Mühleimer finden?**
pu boro na vro ena kalathi achriston?	βο καν ιχ άϊνεν μΥλαϊμερ φίντεν;
Που πηγαίνουμε;	**Wohin gehen wir?**
pu pijenume?	βοχίν γκέεν βιρ;
Που πηγαίνετε;	**Wohin gehen Sie?**
pu pijenete?	βοχίν γκέεν ζι;
Πράγματι	**Tatsächlich**
praghmati	τατζέχλιχ
Πριν (από)	**Vor**
prin (apo)	φορ
Πριν να	**Bevor**
prin na	μπεφόρ
Πως είσθε;	**Wie geht es Ihnen?**
pos isthe?	βι γκετ ες ίνεν?
Πως ονομάζεστε;	**Wie heißen Sie?**
pos onomazheste?	βι χάϊσεν ζι;
Πως ονομάζεται αυτό στα ελληνικά ;	**Wie heißt das auf Griechisch?**
pos onomazhete afto sta elinika?	βι χάϊστ ντας άουφ γκρίχιΣ;
Πως το λένε αυτό;	**Wie heißt das?**
pos to lene afto?	βι χάϊστ ντας;
Σας ακούω	**Ich höre Sie**

sas akuo	ιχ χΕρε ζι
Σας καταλαβαίνω αρκετά καλά, αλλά είναι δύσκολο για μένα να μιλήσω	**Ich verstehe Sie ganz gut, aber es fehlt mir schwer zu sprechen**
sas katalaveno arketa kala, alla ine dhiskolo ja mena na milisso	Ιχ φερστέε ζι γκαντς γκούτ, άμπερ ες φέλτ μιρ Σβερ τσου σπρέχεν
Σας παρακαλώ	**Ich bitte Sie**
sas parakalo	ιχ μπίτε ζι
Σας περιμένω	**Ich warte auf Sie**
sas perimeno	ιχ βάρτε άουφ ζι
Σε λίγο	**Bald**
se ligho	μπάλτ
Σε μία ώρα (δέκα λεπτά)	**In einer Stunde (in zehn Minuten)**
se mia ora (dheka lepta)	ιν άϊνερ στούντε (ιν τσεν μινούτεν)
Σερβιτόρε!	**Ober!**
servitore!	όμπερ!
Σε τι μπορώ να σας εξυπηρετήσω;	**Wie kann ich Ihnen helfen?**
se ti boro na sas eksipiretisso?	βι καν ιχ ίνεν χέλφεν;
Σε τι χρησιμεύει;	**Wofür wird es gebraucht?**
se ti chrissimevi?	βοφΥρ βιρτ ες γκεμπράουχτ;
Σήμα συναγερμού	**Alarmanlage**
sima sinaghermu	αλάρμανλαγκε
Σήμερα	**Heute**
simera	χόϊτε
Σιγά σιγά	**Langsam-langsam**
sigha sigha	λάνγκζαμ-λάνγκζαμ
Σταματήστε	**Hören Sie auf**
stamatiste	χΕρεν ζι άουφ
Στη μέση	**In der Mitte**
sti messi	ιν ντερ μίτε

Συγγνώμη	**Entschuldigung**
sighnomi	εντΣούλντιγκουνγκ
Συγχαρητήρια	**Gratulieren**
sincharitiria	γκρατουλίρεν
Σύμφωνοι	**Einverstanden**
simfoni	άϊνφερσταντεν
Σύντομα	**Bald**
sintoma	μπάλτ
Συχνά	**Oft**
sichna	οφτ
Σχεδόν	**Fast**
sHedhon	φαστ
Σχετικά με	**Bezüglich**
sHetika me	μπετσΥγκλιχ
Τα γερμανικά είναι δύσκολα	**Die deutsche Sprache ist schwer**
ta jermanika ine dhiskola	ντι ντόϊτΣε σπράχε ιστ Σβερ
Τελείως	**Ganz**
telios	γκάντς
Τελικά	**Schließlich**
telika	Σλίσλιχ
Τι είναι αυτό;	**Was ist das?**
ti ine afto?	βας ιστ ντας;
Τι θα κάνετε απόψε;	**Was machen Sie heute Abend?**
ti tha kanete apopse?	βας μάχεν ζι χόϊτε άμπεντ;
Τι θέλετε;	**Was wollen Sie?**
ti thelete?	βας βόλεν ζι;
Τι λέτε;	**Was sagen Sie?**
ti lete?	βας ζάγκεν ζι;
Τίποτα	**Nichts**
tipota	νιχτς
Τι σημαίνει αυτό;	**Was bedeutet das?**
ti simeni afto?	βας μπετόϊτετ ντας;

Τι ώρα είναι;	**Wie spät ist es?**
ti ora ine?	βι σπετ ιστ ες;
Το ίδιο μου κάνει	**Es ist mir egal**
to idhio mu kani	ες ιστ μιρ εγκάλ
Το λογαριασμό παρακαλώ	**Die Rechnung bitte**
to loghariasmo parakalo	ντι ρέχνουνγκ μπίτε
Τόσο	**So viel**
tosso	ζο φιλ
Τόσο όσο	**So viel ... wie**
tosso oso	ζο φιλ ... βι
Τόσο το καλύτερο	**Um so besser**
tosso to kalitero	ουμ ζο μπέσερ
Τόσο το χειρότερο	**Um so schlimmer**
tosso to chirotero	ουμ ζο Σλίμερ
Τότε	**Damals**
tote	ντάμαλς
Τώρα	**Jetzt**
tora	γιετστ
Υπάρχει κάποιος εδώ που να μιλάει γερμανικά;	**Ist jemand hier der Deutsch spricht?**
iparchi kapios edho pu na milai jermanika?	ιστ γιέμαντ χιρ ντερ ντόϊτΣ σπριχτ;
Υπάρχει...;	**Gibt es...?**
iparchi...?	γκίμπτ ες...;
Υπάρχουν...;	**Gibt es...?**
iparchun ...?	γκίμπτ ες...;
Υστερα	**Danach**
istera	ντανάχ
Φέρτε μου...	**Bringen Sie mir...**
ferte mu...	μπρίνγκεν ζι μιρ...
Φτάνει	**Es genügt**
ftani	ες γκενΥγκτ
Φύγε	**Geh weg**
fighe	γκε βεγκ

02. ΣΥΣΤΑΣΕΙΣ

Φωτιά!	**Feuer!**
fotia!	φόϊερ!
Χαίρω πολύ	**Ich freue mich**
chero poli	ιχ φρόϊε μιχ
Χάρηκα	**Ich habe mich gefreut**
charika	ιχ χάμπε μιχ γκεφρόϊτ
Χειρότερα	**Schlimmer**
chirotera	Σλίμερ
Χωρίς	**Ohne**
choris	όνε
Χωρίς σημασία	**Sinnlos**
choris simassia	ζίνλος

02. ΣΥΣΤΑΣΕΙΣ
sistassis

02. VORSTELLUNGEN
φόρστελουνγκεν

Αντίο	**Aufwiedersehen**
antio	αουφβίντερζεεν
Από πότε είστε εδώ;	**Seit wann sind Sie hier?**
apo pote iste edho?	ζάϊτ βαν ζιντ ζι χιρ;
Από που είστε;	**Woher stammen Sie?**
apo pu iste?	βοχέρ στάμεν ζι;
Από που έρχεσθε;	**Woher kommen Sie?**
apo pu erchesthe;	βοχέρ κόμεν ζι;
Αυτή είναι η σύζυγός μου	**Das ist meine Frau**
afti ine i sizhighos mu	ντας ιστ μάϊνε φράου
Αυτός είναι ο σύζυγός μου	**Das ist mein Mann**
aftos ine o sizhighos mu	ντας ιστ μάϊν μαν
Αφήστε με ήσυχο	**Lassen Sie mich in Ruhe**
afiste me issicho	λάσεν ζι μιχ ιν ρούε
Βασιστείτε σε μένα	**Verlassen Sie sich auf mich**
vassistite se mena	φερλάσεν ζι ζιχ άουφ μιχ

43 02. VORSTELLUNGEN

Βέβαια
vevea
Selbstverständlich
ζελμπστφερστέντλιχ

Βιάζομαι
viazhome
Ich bin in Eile
ιχ μπιν ιν άϊλε

Γειά σου (σας)
ja su (sas)
Grüß dich (Sie)
γκρΥς ντιχ (ζι)

Δεν θέλω να σας ενοχλήσω
dhen thelo na sas enochlisso
Ich möchte Sie nicht stören
ιχ μΕχτε ζι νιχτ στΕρεν

Δεσποινίς
dhespinis
Fräulein
φρόϊλάϊν

Είμαι βιαστικός
ime viastikos
Ich bin eilig
ιχ μπιν άϊλιγκ

Είμαι εδώ για μια εβδομάδα (ένα δεκαπενθήμερο)
ime edho ja mia evdhomadha (ena dhekapenthimero)
Ich bin für eine Woche (für vierzehn Tage) hier
ιχ μπιν φΥρ άϊνε βόχε (φΥρ φίρτσεν τάγκε) χιρ

Είμαι μαθητής (μαθήτρια)
ime mathitis (mathitria)
Ich bin Schüler (Schülerin)
ιχ μπιν ΣΥλερ (ΣΥλεριν)

Είμαι μέλος...
ime melos...
Ich bin Mitglied...
ιχ μπιν μίτγκλιντ...

Είμαι μόνος (μόνη)
ime monos (moni)
Ich bin allein (alleine)
ιχ μπιν αλάϊν (αλάϊνε)

Είμαστε μέλη...
imaste meli...
Wir sind Mitglieder...
βιρ ζίντ μίτγκλιντερ...

Είστε ελεύθερη απόψε;
iste eleftheri apopse?
Sind Sie heute Abend frei?
ζιντ ζι χόϊτε άμπεντ φράϊ;

Είστε ελεύθερος απόψε;
iste eleftheros apopse?
Sind Sie heute Abend frei?
ζιντ ζι χόϊτε άμπεντ φράϊ;

Είστε ο κύριος (η κυρία, η δεσποινίδα)...;
iste o kirios (i kiria, i dhespinidha)...?
Sie sind Herr... (Frau, Fräulein)?
ζι ζιντ χερ... (φράου, φρόϊλαϊν);

Είστε πολύ ευγενικός
iste poli evjenikos
Sie sind sehr freundlich
ζι ζιντ ζερ φρόϊντλιχ

Ελάτε να σας συστήσω στον, στη...	**Kommen Sie, Ich mache Sie mit Frau.., mit Herrn... bekannt**
elate na sas sistisso ston, sti...	κόμεν ζι, ιχ μάχε ζι μιτ φράου..., μιτ χέρν... μπεκάντ
Ελπίζω να ξαναϊδωθούμε	**Ich hoffe wir treffen uns wieder**
elpizho na xanaidhothume	ιχ χόφε βιρ τρέφεν ουνς βίντερ
Εντάξει	**In Ordnung**
entaksi	ιν όρντνουγκ
Επισκέπτομαι	**Ich besuche**
episkeptome	ιχ μπεζούχε
Επαναλαμβάνω	**Ich wiederhole**
epanalamvano	ιχ βιντερχόλε
Επιτρέψτε μου να συστήσω τον κύριο...	**Lassen Sie mich Herr... vorstellen**
epitrepste mu na sistisso ton kirio...	λάσεν ζι μιχ χερ... φόρστελεν
Ερχομαι εδώ για πρώτη (δεύτερη) φορά	**Ich bin hier zum ersten (zweiten) Mal**
erchome edho ja proti (dhefteri) fora	ιχ μπιν χιρ τσουμ έρστεν (τσβάϊτεν) μαλ
Ευχαρίστησή μου	**Mein Vergnügen**
efcharistissi mu	μάϊν φεργκνΥγκεν
Ευχαριστώ πολύ	**Vielen Dank**
efcharisto poli	φίλεν ντανκ
Ευχαρίστως	**Gerne**
efcharistos	γκέρνε
Εχετε φωτιά, παρακαλώ;	**Haben Sie bitte Feuer?**
echete fotia, parakalo?	χάμπεν ζι μπίτε φόϊερ;
Εχετε χαιρετισμούς από...	**Sie haben Grüsse von...**
echete cheretismus apo...	ζι χάμπεν γκρΥσε φον...
Εχω έρθει στη Γερμανία	**Ich bin in Deutschland**

02. VORSTELLUNGEN

(για δουλειές, για διακοπές)	(geschäftlich, auf Urlaub) gekommen
echo erthi sti jermania (ja dhulia, ja dhiakopes)	ιχ μπιν ιν ντόϊτΣλαντ (γκεΣέφτλιχ, άουφ ούρλαουμπ) γκεκόμεν
Εχω ακούσει πολλά για την Γερμανία	**Ich habe über Deutschland viel gehört**
echo akussi pola ja ti jermania	ιχ χάμπε Υμπερ ντόϊτΣλαντ φιλ γκεχΕρτ
Εχω αργήσει	**Ich bin zu spät**
echo arghissi	ιχ μπιν τσου σπετ
Εχω χαθεί	**Ich habe den Weg verloren**
echo chathi	ιχ χάμπε ντεν βεγκ φερλόρεν
Ζείτε εδώ;	**Leben Sie hier?**
zhite edho?	λέμπεν ζι χιρ;
Θα θέλαμε να σας καλέσουμε σε γεύμα (σε δείπνο)	**Wir möchten Sie gerne zum Mitagessen (Abendessen) einladen**
tha thelame na sas kalessume se ghevma (se dhipno)	βιρ μΕχτεν ζι γκέρνε τσουμ μίταγκεσεν (άμπεντεσεν) άϊνλαντεν
Θα (σε) σας δω αύριο (το βράδυ)	**Wir sehen uns morgen (am Abend)**
tha (se) sas dho avrio (to vradhi)	βιρ ζέεν ουνς μόργκεν (αμ άμπεντ)
Θα τα πούμε αύριο (το βράδυ)	**Wir treffen uns morgen (am Abend)**
tha ta pume avrio (to vradhi)	βιρ τρέφεν ουνς μόργκεν (αμ άμπεντ)
Καθίστε	**Setzen Sie sich**
kathiste	ζέτσεν ζι ζιχ
Καλά	**Gut**
kala	γκουτ
Καλά, ευχαριστώ. Εσείς;	**Gut, danke. Und Ihnen?**

kala, efcharisto. Essis?	γκουτ, ντάνκε. Ουντ ίνεν;
Καλημέρα σας	**Guten Morgen**
kalimera sas	γκούτεν μόργκεν
Καλησπέρα σας	**Guten Abend**
kalispera sas	γκούτεν άμπεντ
Καληνύχτα σας	**Gute Nacht**
kalinichta sas	γκούτε ναχτ
Καλή όρεξη	**Guten Apettit**
kali oreksi	γκούτεν απετίτ
Κατάγομαι από την Ελλάδα	**Ich komme aus Griechenland**
kataghome apo tin eladha	ιχ κόμε άους γκρίχενλαντ
Κυρία	**Dame**
kiria	ντάμε
Κύριε	**Herr**
kirie	χερ
Λυπάμαι (για τη καθυστέρηση)	**Es tut mir leid (für die Verspätung)**
lipame (ja ti kathisterissi)	ες τουτ μιρ λάϊντ (φΥρ ντι φερσπέτουνγκ)
Μας (μου) αρέσει πάρα πολύ	**Es gefällt uns (mir) sehr**
mas (mu) aressi para poli	ες γκεφέλτ ουνς (μιρ) ζερ
Με συγχωρείτε	**Entschuldigen Sie mich**
me sinchorite	εντΣούλντιγκεν ζι μιχ
Με τι ασχολείστε;	**Was machen Sie beruflich?**
me ti asHoliste?	βας μάχεν ζι μπερούφλιχ;
Μη με ενοχλείτε	**Stören Sie mich nicht**
mi me enochlite	στΕρεν ζι μιχ νιχτ
Μια στιγμή, παρακαλώ	**Eine Sekunde bitte**
mia stighmi parakalo	άϊνε σεκούντε μπίτε
Μπορείτε να επαναλάβετε, σας παρακαλώ;	**Können Sie es bitte wiederholen?**
borite na epanalavete, sas parakalo?	κΕνεν ζι ες μπίτε βιντερχόλεν;

02. VORSTELLUNGEN

Μπορείτε να μου αφήσετε τον αριθμό του τηλεφώνου σας;
borite na mu afissete ton arithmo tu tilefonu sas?
Können Sie mir Ihre Telephonnummer hinterlassen?
κΕνεν ζι μιρ ίρε τελεφόννουμερ χιντερλάσεν;

Μπορείτε να μου δείξετε (την περιοχή όπου μένετε, την πόλη σας);
borite na mu diksete (tin periochi opu menete, tin poli sas)?
Können Sie mir (Ihre Wohngegend, Ihre Stadt) zeigen?
κΕνεν ζι μιρ (ίρε βόνγκεγκεντ, ίρε στάτ) τσάϊγκεν;

Μπορείτε να μου πείτε, σας παρακαλώ...;
borite na mu pite, sas parakalo..?
Können Sie mir bitte sagen?
κΕνεν ζι μιρ μπίτε ζάγκεν;

Μπορώ να σας καλέσω σε γεύμα (σε δείπνο, σε χορό...);
boro na sas kalesso se ghevma (se dhipno, se choro)
Darf ich Sie zum Mittagessen (Abendessen, zum Tanzen...) einladen?
νταρφ ιχ ζι τσουμ μίταγκεσεν (άμπεντεσεν, τσουμ τάντσεν...) άϊνλαντεν;

Μπορώ να σας συνοδέψω;
boro na sas sinodhepso?
Darf ich Sie bekleiten?
νταρφ ιχ ζι μπεκλάϊτεν;

Να σας συστήσω τη δεσποινίδα (την κυρία, τον κύριο);
na sas sistisso ti dhespinidha (tin kiria, ton kirio)?
Darf ich Ihnen Fräulein (Frau, Herrn) vorstellen?
νταρφ ιχ ίνεν φρόϊλαϊν (φράου, χέρν) φόρστελεν;

Να συστηθώ
na sistitho
Lassen Sie mich vorstellen
λάσεν ζι μιχ φόρστελεν

Νυστάζω
nistazho
Ich bin müde
ιχ μπιν μΥντε

Οι άνθρωποι είναι πολύ ευγενικοί
i anthropi ine poli evjeniki
Die Leute sind sehr freundlich
ντι λόϊτε ζιντ ζερ φρόϊντλιχ

Ονομάζομαι...
Ich heiße...

02. ΣΥΣΤΑΣΕΙΣ

onomazhome... ιχ χάϊσε...
Παρακαλώ; **Bitte?**
parakalo? μπίτε;
Παρακαλώ **Bitte**
parakalo μπίτε
Πεινάω **Ich habe Hunger**
pinao ιχ χάμπε χούνγκερ
Περάστε, παρακαλώ **Kommer Sie herein, bitte**
peraste, parakalo κόμεν ζι χεράϊν, μπίτε
Περιμένετέ (με, μας) **Warten Sie auf (mich, uns)**
perimenete (me, mas) βάρτεν ζι άουφ (μιχ, ουνς)
Περιμένω **Ich warte**
perimeno ιχ βάρτε
Περνώ τις διακοπές μου εδώ **Ich verbringe hier mein Urlaub**
perno tis dhiakopes mu edho ιχ φερμπρίνγκε χιρ μάϊν ούρλαουμπ
Πίνω **Ich trinke**
pino ιχ τρίνκε
Πολλούς χαιρετισμούς (από..., στον, στην) **Viele Grüsse (von..., an...)**
polus cheretismus (apo..., ston, stin) φίλε γκρΥσε (φον..., αν...)
Πολύ καλά **Sehr gut**
poli kala ζερ γκουτ
Πόσο καιρό ζείτε εδώ; **Wie lange leben Sie hier?**
posso kero zhite edho? βι λάνγκε λέμπεν ζι χιρ;
Πόσο καιρό θα μείνετε; **Wie lange bleiben Sie?**
posso kero tha minete? βι λάνγκε μπλάϊμπεν ζι;
Πότε; **Wann?**
pote? βαν;
Πότε θα ξανάρθετε; **Wann kommen Sie wieder?**
pote tha xanarthete? βαν κόμεν ζι βίντερ;
Πού εργάζεστε; **Wo arbeiten Sie?**

pu erghazheste?	βο αρμπάϊτεν ζι;
Που μπορούμε να ξαναβρεθούμε;	**Wo können wir uns wieder treffen?**
pu borume na xanavrethume?	βο κΕνεν βιρ ουνς βίντερ τρέφεν;
Που πηγαίνετε;	**Wohin gehen Sie?**
pu pighenete?	βοχίν γκέεν ζι;
Προσκαλώ	**Ich lade ein**
proskalo	ιχ λάντε άϊν
Πρόσκληση	**Einladung**
prosklissi	άϊνλαντουνγκ
Πως είστε;	**Wie geht es Ihnen?**
pos iste?	βι γκετ ες ίνεν;
Πως λέγεσαι;	**Wie heißt du?**
pos leghesse?	βι χάϊστ ντου;
Πως λέγεστε;	**Wie heissen Sie?**
pos legheste?	βι χάϊσεν ζι;
Πως λέγεται...;	**Wie heißt...?**
pos leghete...?	βι χάϊστ...;
Σας ευχαριστώ (για την πρόσκληση)	**Ich bedanke mich (für die Einladung)**
sas efcharisto (ja tin prosklissi)	ιχ μπεντάνκε μιχ (φΥρ ντι άϊνλαντουνγκ)
Σας παρακαλώ	**Ich bitte Sie**
sas parakalo	ιχ μπίτε ζι
Στη διάθεσή σας	**Ich stehe Ihnen zur Verfügung**
sti dhiathessi sas	ιχ στέε ίνεν τσουρ φερφΥγκουνγκ
Στο επανιδείν	**Aufwiedersehen**
sto epanidhin	αουφβίντερζεεν
Συγγνώμη	**Entschuldigung**
sighnomi	εντΣούλντιγκουνγκ
Τι κάνετε;	**Wie geht es Ihnen?**

03. ΕΥΧΕΣ 50

ti kanete?	βι γκετ ες ίνεν;
Τι κάνει ο, η;	**Wie geht es dem, der?**
ti kani o, i?	βι γκετ ες ντεμ, ντερ;
Τι νέα;	**Was gibt es Neues?**
ti nea?	βας γκιμπτ ες νόϊες;
Τι σπουδάζετε;	**Was studieren Sie?**
ti spudhazhete?	βας στουντίρεν ζι;
Τι επάγγελμα έχετε;	**Was machen Sie beruflich?**
ti epaghelma echete?	βας μάχεν ζι μπερούφλιχ;
Τίποτα	**Nichts**
tipota	νιχτς
Τι ώρα μπορώ να έρθω;	**Wann darf ich kommen?**
ti ora boro na ertho?	βαν νταρφ ιχ κόμεν;
Τι ωραίος καιρός, έτσι δεν είναι;	**Schönes Wetter, oder?**
ti oreos keros, etsi dhen ine?	ΣΕνες βέτερ, όντερ;
Τρώω	**Essen**
troo	έσεν
Χαίρομαι που σας γνωρίζω	**Ich freue mich Sie kennenzulernen**
cherome pu sas ghnorizho	ιχ φρόϊε μιχ ζι κένεντσουλερνεν
Χαίρω πολύ	**Ich freue mich**
chero poli	ιχ φρόϊε μιχ
Χάρηκα πολύ για τη γνωριμία	**Ich habe mich gefreut Sie kennenzulernen**
charika poli ja ti ghnorimia	ιχ χάμπε μιχ γκεφρόϊτ ζι κένεντσουλερνεν

03. ΕΥΧΕΣ — 03. WÜNSCHE

efches — βUνΣε

Ας πιούμε στην υγειά του	**Wir trinken auf sein Wohl**

03. WÜNSCHE

(στην επιτυχία σας, στη φιλία μας...)
as piume stin ija tu (stin epitichia sas, stin filia mas)

(auf Ihren Erfolg, auf unsere Freundschaft)
βιρ τρίνκεν άουφ ζάϊν βολ (άουφ ίρεν ερφόλγκ, άουφ ούνζερε φρόϊντΣαφτ)

Γειά
ja
Prost
προστ

Γειά μας
ja mas
Auf uns
άουφ ουνς

Εις υγείαν
is ijian
Zum Wohl
τσουμ βολ

Ελπίζω να σας βρω καλύτερα την επόμενη φορά
elpizho na sas vro kalitera tin epomeni fora
Ich wünsche mir, daß es Ihnen nächstes Mal besser geht
ιχ βYνΣε μιρ, ντας ες ίνεν νέχστες μαλ μπέσερ γκετ

Ευτυχισμένος ο καινούριος χρόνος
eftichismenos o kenurghios chronos
Frohes neues Jahr
φρόες νόϊες γιάρ

Εχω πολύ καιρό να σας δω

echo poli kero na sas dho
Ich habe Sie seit langem nicht mehr gesehen
ιχ χάμπε ζι ζάϊτ λάνγκεμ νιχτ μερ γκεζέεν

Καλά Χριστούγεννα
kala christujena
Frohe Weihnachten
φρόε βάϊναχτεν

Καλές δουλειές
kales dhulies
Viel Erfolg bei der Arbeit
φιλ ερφόλγκ μπάϊ ντερ άρμπαϊτ

Καλή αρχή
kali archi
Guten Anfang
γκούτεν άνφανγκ

03. ΕΥΧΕΣ

Καλή δύναμη	**Viel Mut**
kali dhinami	φιλ μουτ
Καλή δουλειά	**Gute Arbeit**
kali dhulia	γκούτε άρμπαϊτ
Καλή επιτυχία	**Viel Erfolg**
kali epitichia	φιλ ερφόλγκ
Καλή λευτεριά	**Viel Glück**
kali lefteria	φιλ γκλΥκ
Καλή όρεξη	**Guten Appetit**
kali oreksi	γκούτεν απετίτ
Καλησπέρα	**Guten Abend**
kalispera	γκούτεν άμπεντ
Καλή χρονιά	**Guten Rutsch ins neue Jahr**
kali chronia	γκούτεν ρούτΣ ινς νόϊε γιάρ
Καλό απόγευμα	**Schönen Abend**
kalo apoghevma	ΣΕνεν άμπεντ
Καλό δρόμο	**Gute Fahrt**
kalo dhromo	γκούτε φαρτ
Καλό Πάσχα	**Frohe Ostern**
kalo pasHa	φρόε όστερν
Καλός πολίτης	**Alles Gute**
kalos politis	άλες γκούτε
Καλό ταξίδι	**Gute Reise**
kalo taxidhi	γκούτε ράϊζε
Καλώς ήρθατε (Καλώς ορίσατε)	**Willkommen**
kalos irthate (kalos orissate)	βίλκομεν
Με το καλό	**Alles Gute**
me to kalo	άλες γκούτε
Να ζήσεις (Να ζήσετε)	**Leb wohl, Leben Sie wohl**
na zhissis (na zhissete)	λεμπ βολ, λέμπεν ζι βολ
Να σας ζήσει	**Ich gratuliere**

03. WÜNSCHE

na sas zhissi	ιχ γκρατουλίρε
Να σας ζήσουν	**Ich gratuliere**
na sas zhissun	ιχ γκρατουλίρε
Να τον (την) χαίρεστε	**Ich gratuliere**
na ton (tin) chereste	ιχ γκρατουλίρε
Περαστικά	**Gute Besserung**
perastika	γκούτε μπέσερουνγκ
Πολλούς χαιρετισμούς σε όλους	**Viele Grüsse an alle**
polus cheretismus se olus	φίλε γκρΥσε αν άλε
Σας ευχόμαστε περισσότερες επιτυχίες στη δουλειά σας	**Wir wünschen Ihnen mehr Erfolg bei Ihrer Arbeit**
sas efchomaste perissoteres epitichies sti dhulia sas	βιρ βΥνΣεν ίνεν μερ ερφόλγκ μπάϊ ίρερ άρμπαϊτ
Σας είμαι πολύ ευγνώμων	**Ich bin Ihnen Dankbar**
sas ime poli evghnomon	ιχ μπιν ίνεν ντάνκμπαρ
Σας εύχομαι...	**Ich wünsche Ihnen...**
sas efchome...	ιχ βΥνΣε ίνεν...
Στην υγεία της φιλίας μας	**Auf unsere Freundschaft**
stin ijia tis filias mas	άουφ ούνζερε φρόϊντΣαφτ
Στην υγειά σου (σας)	**Auf dich (Sie)**
stin ija su (sas)	άουφ ντιχ (ζι)
Τις καλύτερες ευχές μου	**Meine beste Wünsche**
tis kaliteres efches mu	μάϊνε μπέστε βΥνΣε
Χαιρετισμούς στον, στη...	**Grüsse an ...**
cheretismus ston, stin...	γκρΥσε αν...
Χρόνια πολλά {για τα γενέθλιά σου (σας)}	**Ich gratuliere (dir (Ihnen) zum Geburtstag)**
chronia pola {ja ta jenethlia su (sas)}	ιχ γκρατουλίρε {ντιρ (ίνεν) τσουμ γκεμπούρτσταγκ}

04. ΠΡΟΣΚΛΗΣΗ, ΑΙΤΗΣΗ... 54

04ΠΡΟΣΚΛΗΣΗ,ΑΙΤΗΣΗ,ΑΠΟ-ΔΟΧΗ,ΑΡΝΗΣΗ,ΕΥΧΑΡΙΣΤΙΕΣ	**04.EINLADUNG,ANTRAG, ANNAHME, VERWEIGERUNG, DANK**
prosklissi, etissi, apodochi, arnissi, efcharisties	αϊνλάντουνγκ, άντραγκ,άναμε, φερβάϊγκερουνγκ, ντανκ
Αδύνατον	**Unmöglich**
adhinaton	ουνμΕγκλιχ
Αμφιβάλλω	**Ich bezweifle es**
amfivalo	ιχ μπετσβάϊφλε ες
Αν αυτό δεν σας πειράζει, θα ήθελα...	**Falls es Sie nicht stört, würde ich gern...**
an afto dhen sas pirazhi, tha ithela...	φαλς ες ζι νιχτ στΕρτ, βΥρντε ιχ γκερν...
Αντίθετα	**Im Gegensatz zu...**
antitheta	ιμ γκέγκενζατς τσου...
Αυτό δεν εξαρτάται από μένα	**Das hängt nicht von mir ab**
afto dhen eksartate apo mena	ντας χενγκτ νιχτ φον μιρ αμπ
Αυτό δεν μ' αρέσει	**Das gefällt mir nicht**
afto dhen maressi	ντας γκεφέλτ μιρ νιχτ
Βέβαια (Βεβαίως)	**Selbstverständlich**
vevea (veveos)	σελμπστφερστέντλιχ
Δεν βρίσκω λέξεις να σας ευχαριστήσω	**Mir fehlen die Wörter Ihnen zu danken**
dhen vrisko leksis na sas efcharistisso	μιρ φέλεν ντι βΕρτερ ίνεν τσου ντάνκεν
Δεν γίνεται	**Das geht nicht**
dhen jinete	ντας γκετ νιχτ
Δεν είμαι...	**Ich bin nicht...**
dhen ime...	ιχ μπιν νιχτ...
Δεν είναι αλήθεια	**Das ist nicht wahr**
dhen ine alithia	ντας ιστ νιχτ βαρ
Δεν έχει σημασία	**Es macht nichts aus**

dhen echi simassia	ες μαχτ νιχτς άους
Δεν έχω... (αντιρρήσεις)	**Ich habe nicht... (nichts dagegen)**
dhen echo (antirissis)	ιχ χάμπε νιχτ. (νιχτς νταγκέγκεν)
Δεν έχω καιρό	**Ich habe keine Zeit**
dhen echo kero	ιχ χάμπε κάϊνε τσάϊτ
Δεν θα το ξεχάσω ποτέ	**Das werde ich nie vergessen**
dhen tha to xechasso pote	ντας βέρντε ιχ νι φεργκέσεν
Δεν καταλαβαίνω	**Ich verstehe nicht**
dhen katalaveno	ιχ φερστέε νιχτ
Δεν μιλάω γερμανικά	**Ich spreche kein Deutsch**
dhen milao jermanika	ιχ σπρέχε κάϊν ντόϊτΣ
Δεν μπορείτε	**Sie können nicht**
dhen borite	ζι κΕνεν νιχτ
Δεν μπορώ	**Ich kann nicht**
dhen boro	ιχ καν νιχτ
Δεν ξέρω (αν)	**Ich weiß nicht, ob....**
dhen xero (an)	ιχ βάϊς νιχτ, ομπ...
Δεν ξέρω πως να σας ευχαριστήσω	**Ich weiß nicht, wie ich mich bei Ihnen bedanken kann**
dhen xero pos na sas efcharistisso	ιχ βαϊς νιχτ, βι ιχ μιχ μπάϊ ίνεν μπεντάνκεν καν
Δεν πειράζει	**Es macht nichts**
dhen pirazhi	ες μάχτ νίχτς
Δεν πιστεύω...	**Ich glaube nicht...**
dhen pistevo...	ιχ γκλάουμπε νίχτ...
Δεν συμφωνώ μαζί σας	**Ich bin mit Ihnen nicht einverstanden**
dhen simphono mazhi sas	ιχ μπιν μιτ ίνεν νίχτ άϊνφερσταντεν
Δεν το φανταζόμουν	**Das könnte ich mir nicht vorstellen**

04. ΠΡΟΣΚΛΗΣΗ, ΑΙΤΗΣΗ...

dhen to fantazhomun	ντας κΕντε ιχ μιρ νιχτ φόρστελεν
Δέχομαι	**Ich akzeptiere**
dhechome	ιχ ακτσεπτίρε
Δυστυχώς, πρέπει ν' αρνηθώ	**Es tut mir leid, ich muß ablehnen**
dhistichos prepi narnitho	ες τουτ μιρ λάϊντ, ιχ μους άμπλενεν
Είμαι στην διάθεσή σας	**Ich stehe Ihnen zur Verfügung**
ime stin dhiathessi sas	ιχ στέε ίνεν τσουρ φερφ-Υγκουνγκ
Είμαι βέβαιος	**Ich bin sicher**
ime veveos	ιχ μπιν ζίχερ
Είμαι κατά	**Ich bin dagegen**
ime kata	ιχ μπιν νταγκέγκεν
Είμαι χαρούμενος να δεχθώ την πρόσκλησή σας	**Ich freue mich auf Ihre Einladung**
ime charumenos na dhechtho tin prosklissi sas	ιχ φρόϊε μιχ άουφ ίρε άϊνλαντουνγκ
Είμαστε πεπεισμένοι γι' αυτό	**Wir sind davon überzeugt**
imaste pepismeni jafto	βιρ ζιντ νταφόν Υμπερτσόϊγκτ
Είναι απασχολημένος	**Er ist beschäftigt**
ine apasHolimenos	ερ ιστ μπεΣέφτιγκτ
Είναι κρίμα που...	**Es ist Schade, daß...**
ine krima pu...	ες ιστ Σάντε, ντας...
Είναι σωστό	**Es ist richtig**
ine sosto	ες ιστ ρίχτιγκ
Είστε ελεύθερος (ελεύθερη) απόψε;	**Sind Sie heute frei?**
iste eleftheros (eleftheri) apopse?	ζιντ ζι χόϊτε φράϊ;
Είστε προσκεκλημένος στο πάρτι μας (στο πάρτι των γενεθλίων μου) το βράδυ	**Sie sind auf unseres Fest (Geburtstagsfest) heute Abend eingeladen**

04. EINLADUNG, ANTRAG...

iste proskeklimenos sto parti mas (sto parti ton jenethlion mu) to vradhi
ζι ζιντ άουφ ούνζερες φεστ (γκεμπούρτσταγκσφεστ) χόϊτε άμπεντ άϊνγκελαντεν

Ελαβα την πρόσκλησή σας
Ich habe Ihre Einladung bekommen
elava tin prosklissi sas
ιχ χάμπε ίρε άϊνλαντουνγκ μπεκόμεν

Ελάτε στο σπίτι παρακαλώ να με πάρετε
Bitte, holen Sie mich von zu Hause ab
elate sto spiti parakalo na me parete
μπίτε, χόλεν ζι μιχ φον τσου χάουζε αμπ

Εντάξει
In Ordnung
entaksi
ιν όρντνουνγκ

Εστω
Es mag sein
esto
ες μαγκ ζάϊν

Ευχαριστώ για την προσοχή σας (για τη συμβουλή σας)
Ich danke Ihnen für Ihre Aufmerksamkeit (für ihren Ratschlag)
efcharisto ja tin prossochi sas (ja ti simvuli sas)
ιχ ντάνκε ίνεν φΥρ ίρε αουφμέρκσαμκαϊτ (φΥρ ίρεν ράτΣλαγκ)

Εχετε δίκιο
Sie haben Recht
echete dhikio
ζι χάμπεν ρεχτ

Εχουμε την τιμή να...
Wir haben die Ehre zu...
echume tin timi na...
βιρ χάμπεν ντι έρε τσου...

Θα έλθετε στον κινηματογράφο;
Kommen Sie mit ins Kino?
tha elthete ston kinimatoghrafo?
κόμεν ζι μιτ ινς κίνο;

Θα θέλαμε να σας καλέσουμε σε γεύμα (σε δείπνο)
Wir würden Sie gerne zum Mittagessen (zum Abendessen) einladen
tha thelame na sas kalessume se ghevma (se dhipno)
βιρ βΥρντεν ζι γκέρνε τσουμ μίταγκεσεν (τσουμ άμπεντεσεν) άϊνλαντεν

04. ΠΡΟΣΚΛΗΣΗ, ΑΙΤΗΣΗ...

Θα θέλατε να επισκεφθείτε το μουσείο μαζί μας; tha thelate na episkefthite to mussio mazhi mas?	**Möchten Sie mit uns das Museum besuchen?** μΕχτεν ζι μιτ ουνς ντας μουζέουμ μπεζούχεν;
Θα θέλατε να παίξουμε μια παρτίδα σκάκι; tha thelate na peksume mia partidha skaki?	**Möchten Sie gerne eine Runde Schach spielen?** μΕχτεν ζι γκέρνε άϊνε ρούντε Σάχ σπίλεν;
Θα σας ήμουν πολύ υποχρεωμένος αν θέλατε... tha sas imun poli ipochreomenos an thelate...	**Ich wäre Ihnen dankbar, wenn Sie möchten...** ιχ βέρε ίνεν ντάνκμπαρ, βεν ζι μΕχτεν...
Θα σας πείραζε πολύ να... tha sas pirazhe poli na...	**Hätten Sie etwas dagegen, wenn...** χέτεν ζι έτβας νταγκέγκεν, βεν...
Ισως issos	**Vielleicht** φιλάϊχτ
Και βέβαια όχι ke vevea ochi	**Sicher nicht** ζίχερ νιχτ
Καθίστε kathiste	**Setzen Sie sich** ζέτσεν ζι ζιχ
Καθόλου katholu	**Gar nicht** γκαρ νιχτ
Κανείς (Κανένας) kanis (kanenas)	**Niemand** νίμαντ
Κάνετε λάθος kanete lathos	**Sie machen einen Fehler** ζι μάχεν άϊνεν φέλερ
Κάντε μου αυτή τη χάρη kante mu afti ti chari	**Tuen Sie mir diesen Gefallen** τούεν ζι μιρ ντίζεν γκεφάλεν
Κλείστε την πόρτα παρακαλώ kliste tin porta parakalo	**Schließen Sie die Tür bitte** Σλίσεν ζι ντι τΥρ μπίτε
Κύριε (Κυρία)	**Herr (Frau)**

kirie (kiria)	χερ (φράου)
Κυρίες και κύριοι	**Meine Damen und Herren**
kiries ke kirii	μάϊνε ντάμεν ουντ χέρεν
Λυπάμαι ειλικρινά, δεν μπορώ, δεν αισθάνομαι καλά	**Es tut mir wirklich leid, ich kann nicht, ich fühle mich nicht gut**
lipame ilikrina, dhen boro, dhen esthanome kala	ες τουτ μιρ βίρκλιχ λάϊντ, ιχ καν νιχτ, ιχ φΥλε μιχ νιχτ γκουτ
Λυπάμαι, δεν μπορώ να ικανοποιήσω την αίτησή σας	**Es tut mir leid, ich kann Ihnen nicht helfen**
lipame, dhen boro na ikanopiiso tin etissi sas	ες τουτ μιρ λάϊντ, ιχ καν ίνεν νιχτ χέλφεν
Λυπάμαι, είμαι απασχολημένος	**Es tut mir leid, ich bin beschäftigt**
lipame, ime apasHolimenos	ες τουτ μιρ λάϊντ, ιχ μπιν μπεΣέφτιγκτ
Μάλιστα	**Jawohl**
malista	γιαβόλ
Με βαθιά εκτίμηση	**Hochachtungsvoll**
me vathia ektimissi	χοχάχτουνγκσφολ
Με κανένα τρόπο	**Keineswegs**
me kanena tropo	κάϊνεσβέγκς
Με όλη μου την ευχαρίστηση	**Mit Vergnügen**
me oli mu tin efcharistissi	μιτ φεργκνΥγκεν
Μη στενοχωριέστε	**Seien Sie nicht traurig**
mi stenachorieste	ζάϊεν ζι νιχτ τράουριγκ
Μου είναι αδιάφορο	**Es ist mir egal**
mu ine adhiaforo	ες ιστ μιρ εγκάλ
Μου επιτρέπετε...;	**Darf ich...?**
mu epitrepete?	νταρφ ιχ;
Μου κάνετε μια χάρη;	**Tuen Sie mir einen Gefallen?**
mu kanete mia chari?	τούεν ζι μιρ άϊνεν γκεφάλεν;

04. ΠΡΟΣΚΛΗΣΗ, ΑΙΤΗΣΗ...

Μου φαίνεται...	**Es scheint mir, daß...**
mu fenete...	ες Σάϊντ μιρ, ντας...
Μπορεί	**Es kann sein**
bori	ες καν ζάϊν
Μπορείτε να υπολογίσετε σε μένα	**Sie können sich auf mich verlassen**
borite na ipologhissete se mena	ζι κΕνεν ζιχ άουφ μιχ φερλάσεν
Μπορώ να μιλήσω με τον κύριο...	**Kann ich mit Herrn... sprechen**
boro na milisso me ton kirio...	καν ιχ μιτ χερν... σπρέχεν
Μπορώ να σας ζητήσω μια χάρη;	**Kann ich Ihnen etwas bieten?**
boro na sas zhitisso mia chari?	καν ιχ ίνεν έτβας μπίτεν;
Ολα καλά	**Alles Gute**
ola kala	άλες γκούτε
Ούτε	**Nicht einmal**
ute	νιχτ άϊνμαλ
Οχι ακόμα	**Noch nicht**
ochi akoma	νοχ νιχτ
Οχι ακριβώς	**Nicht genau**
ochi akoma	νιχτ γκενάου
Οχι, ευχαριστώ	**Nein, danke**
ochi, efcharisto	νάϊν, ντάνκε
Οχι πολύ	**Nicht viel**
ochi poli	νιχτ φιλ
Παρακαλώ	**Bitte**
parakalo	μπίτε
Πάρτε θέση	**Nehmen Sie Platz**
parte thessi	νέμεν ζι πλατς
Περάστε μέσα, παρακαλώ	**Kommen Sie bitte herein**
peraste messa, parakalo	κόμεν ζι μπίτε χεράϊν
Πιθανόν	**Wahrscheinlich**
pithanon	βαρΣάϊνλιχ

Πιστέψτε με	**Glauben Sie mir**
pistepste me	γκλάουμπεν ζι μιρ
Πλησιάστε, παρακαλώ	**Nähern Sie sich bitte**
plissiaste., parakalo	νέερν ζι ζιχ μπίτε
Πολύ καλά	**Sehr gut**
poli kala	ζερ γκουτ
Ποτέ	**Niemals**
pote	νίμαλς
Πουθενά	**Niergendwo**
puthena	νίργκεντβο
Πράγματι	**Tatsächlich**
praghmati	τατζέχλιχ
Σας βεβαιώνω	**Ich bestätige Ihnen**
sas veveono	ιχ μπεστέτιγκε ίνεν
Σας είμαι υπόχρεος	**Ich bin Ihnen dankbar**
sas ime ipochreos	ιχ μπιν ίνεν ντάνκμπαρ
Σας το υπόσχομαι	**Ich verspreche es Ihnen**
sas to iposHome	ιχ φερσπρέχε ες ίνεν
Σίγουρα	**Sicherlich**
sighura	ζίχερλιχ
Συμφωνώ	**Ich bin einverstanden**
simfono	ιχ μπιν άϊνφερσταντεν
Τίποτα	**Nichts**
tipota	νιχτς
Φυσικά	**Natürlich**
fissika	νατΥρλιχ
Χίλια ευχαριστώ	**Tausend Dank**
chilia efcharisto	τάουζεντ ντανκ
Χωρίς κανένα φόβο	**Ohne Angst**
choris kanena fovo	όνε άνγκστ
Χωρίς αμφιβολία	**Zweifellos**
choris amfivolia	τσβάϊφελος

05. ΣΥΓΓΝΩΜΗ, ΣΥΓΧΑΡΗΤΗΡΙΑ...

05 ΣΥΓΓΝΩΜΗ, ΣΥΓΧΑΡΗΤΗΡΙΑ, ΣΥΛΛΗΠΗΤΗΡΙΑ	05.ENTSCHULDIGUNG, GRATULIEREN, BEILEID
sighnomi, sincharitiria, silipitiria	εντΣούλντιγκουνγκ, γκρατουλίρεν, μπάϊλαϊντ

Αυτό μου δίνει μεγάλη χαρά
afto mu dhini meghali chara

Das macht mir große Freude
ντας μάχτ μιρ γκρόσε φρόϊντε

Δεν είχα την πρόθεση να σας ενοχλήσω (να σας κάνω να περιμένετε, να σας προσβάλλω)
dhen icha tin prothessi na sas enochlisso (na sas kano na perimenete, na sas prosvalo...)

Ich hatte nicht die Absicht Sie zu stören (Sie auf mich warten zu lassen, zu beleidigen)
ιχ χάτε νιχτ ντι άμπσιχτ ζι τσου στΕρεν (ζι άουφ μιχ βάρτεν τσου λάσεν, τσου μπελάϊντιγκεν)

Δυστυχώς, είναι αδύνατον
dhistichos ine adhinaton

Leider, ist es unmöglich
λάϊντερ, ιστ ες ουνμΕγκλιχ

Είμαι πολύ ευτυχής (πολύ δυσαρεστημένος)
ime poli eftichis (poli dhisarestimenos)

Ich bin sehr froh (sehr unzufrieden)
ιχ μπιν ζερ φρο (ζερ ουντσουφρίντεν)

Είναι κρίμα που...
ine krima pu...

Es ist schade, daß...
ες ιστ Σάντε, ντας...

Ελπίζω να σας ξαναδώ
elpizho na sas xanadho

Ich hoffe, ich sehe Sie wieder
ιχ χόφε, ιχ ζέε ζι βίντερ

Επιτρέψτε μου να σας χαιρετήσω εκ μέρους...
epitrepste mu na sas cheretisso ek merus...

Lassen Sie mich Sie von... grüssen
λάσεν ζι μιχ ζι φον... γκρΥσεν

Ηταν μια μεγάλη απώλεια για όλους
itan mia meghali apolia ja olus mas

Es war ein großer Verlust für alle
ες βαρ άϊν γκρόσερ φερλούστ φΥρ άλε

05. ENTSCHULDIGUNG...

Θερμά συγχαρητήρια για την επιτυχία σας στις εξετάσεις (για το γάμο σας, για τη γέννηση του παιδιού σας, για την προαγωγή σας) therma sincharitiria ja tin epitichia sas stis eksetasis (ja to ghamo sas, ja ti jenisi tu pedhiu sas, ja tin proaghoghi sas)	Ich gratuliere Ihnen zum Erfolg bei den Prüfungen (zu Ihrer Hochzeit, zur Geburt Ihres Kindes, zu Ihrer Promotion) ιχ γκρατουλίρε ίνεν τσουμ ερφόλγκ μπάϊ ντεν πρΥφουνγκεν (τσου ίρερ χόχτσαϊτ, τσουρ γκεμπούρτ ίρες κίντες, τσου ίρερ προμοτιόν)
Λυπήθηκα όταν άκουσα ότι αρρωστήσατε lipithika otan akussa oti arostissate	Es hat mir leid getan, als ich gehört habe, daß Sie krank sind ες χατ μιρ λάϊντ γκετάν, αλς ιχ γκεχΕρτ χάμπε, ντας ζι κρανκ ζιντ
Λυπάμαι lipame	Es tut mir leid ες τουτ μιρ λάϊντ
Με βαθιά λύπη σας πληροφορώ... me vathia lipi sas pliroforo	In tiefer Trauer muß ich Ihnen mitteilen ιν τίφερ τράουερ μους ιχ ίνεν μίταϊλεν
Με συγχωρείτε για την ενόχληση (για την αργοπορία) me sinchorite ja tin enochlissi (ja tin arghoporia)	Entschuldigen Sie mich für die Störung (die Verspätung) εντΣούλντιγκεν ζι μιχ φΥρ ντι στΕρουνγκ (ντι φερσπέτουνγκ)
Μη μου κρατάτε κακία mi mu kratate kakia	Seien Sie nicht böse auf mich ζάϊεν ζι νιχτ μπΕζε άουφ μιχ
Να με πληροφορήσετε ότι φτάσατε καλά na me pliroforissete oti ftasate kala	Lassen Sie mich wissen, daß Sie gut angekommen sind λάσεν ζι μιχ βίσεν, ντας ζι γκουτ ανγκεκόμεν ζιντ
Παρακαλώ, μη με παρεξη-	Bitte, verstehen Sie mich

ξηγείτε parakalo, mi me pareksijite	**nicht falsch** μπίτε, φερστέεν ζι μιχ νιχτ φαλΣ
Πρέπει να σας ζητήσω συγγνώμη prepi na sas zhitisso sighnomi	**Ich muß mich bei Ihnen entschuldigen** ιχ μους μιχ μπάϊ ίνεν εντ-Σούλντιγκεν
Σας παρακαλώ να με συγχωρήσετε sas parakalo na me sinchoressete	**Bitte entschuldigen Sie mich** μπίτε εντΣούλντιγκεν ζι μιχ
Σου εύχομαι καλή υγεία su efchome kali ijia	**Ich wünsche dir alles Gute** ιχ βΥνΣε ντιρ άλες γκούτε
Συγγνώμη sighnomi	**Entschuldigung** εντΣούλντιγκουνγκ
Συγχαρητήρια (για τον αρραβώνα, για τον γάμο, για την επιτυχία...) sincharitiria (ja ton aravona, ja ton ghamo, ja tin epitichia)	**Ich gratuliere Ihnen (zu Ihrer Verlobung, zu Ihrer Hochzeit, zu Ihrem Erfolg)** ιχ γκρατουλίρε ίνεν (τσου ίρερ φερλόμπουνγκ, τσου ίρερ χόχτσαϊτ, τσου ίρεμ ερφόλγκ)
Συμμερίζομαι την λύπη σου simerizhome tin lipi su (sas)	**Ich leide mit dir (Ihnen)** ιχ λάϊντε μιτ ντιρ (ίνεν)
Τα συλλυπητήριά μου ta silipitiria mu	**Mein Beileid** μάϊν μπάϊλαϊντ
Τι κρίμα ti krima	**Wie Schade** βι Σάντε

06. ΗΛΙΚΙΑ / 06. ALTER

ilikia / άλτερ

Αγαμος (Αγαμη) aghamos	**Ledig** λέντιγκ

65 06. ALTER

Ανήλικος	**Minderjährig**
anilikos	μίντεργιεριγκ
Αντρας	**Mann**
andras	μαν
Ανύπαντρος (ανύπαντρη)	**Unverheirateter(e)**
anipandros (anipandri)	ουνφερχάϊρατετ(ε)
Απόγονοι	**Nachfolger**
apoghoni	νάχφολγκερ
Αρραβωνιαστικιά	**Verlobte**
aravoniastikia	φερλόμπτε
Αρραβωνιαστικός	**Verlobter**
aravoniastikos	φερλόμπτερ
Αρραβώνες	**Verlobung**
aravones	φερλόμπουνγκ
Γάμος	**Hochzeit**
ghamos	χόχτσαϊτ
Γενέθλια	**Geburtstag**
jenethlia	γκεμπούρτσταγκ
Γεννήθηκα στις 9 Ιουνίου	**Ich bin am neunten Juni geboren**
jenithika stis enea iuniu	ιχ μπιν αμ νόϊντεν γιούνι γκεμπόρεν
Γέννηση	**Geburt**
jenissi	γκεμπούρτ
Γεράματα	**Alter**
jeramata	άλτερ
Γερνάω	**Ich werde alt**
jernao	ιχ βέρντε αλτ
Γέρος (Γριά)	**Alter Mann, alte Frau**
jeros (ghria)	άλτερ μαν, άλτε φράου
Για ενηλίκους	**Für volljährige**
ja enilikus	φΥρ φόλγιεριγκε
Γυναίκα	**Frau**
jineka	φράου

Διαζύγιο	**Scheidung**
dhiazhighio	Σάϊντουνγκ
Εγγαμος	**Verheiratet**
engamos	φερχάϊρατετ
Είμαι είκοσι πέντε χρονών	**Ich bin fünfundzwanzig Jahre alt**
ime ikossi pente chronon	ιχ μπιν φΥνφουνττσβάντσιγκ γιάρε αλτ
Είμαστε ξαδέλφια	**Wir sind Kusins**
imaste xadhelfia	βιρ ζιντ κουζίνς
Είμαστε συνομήλικοι	**Wir sind gleichaltig**
imaste sinomiliki	βιρ ζιντ γκλάϊχαλτιγκ
Είστε παντρεμένος (παντρεμένη);	**Sind Sie verheiratet?**
iste pantremenos (pantremeni)?	ζιντ ζι φερχάϊρατετ;
Επίθετο (Επώνυμο)	**Nachname**
epitheto	νάχναμε
Εργένης	**Junggeselle**
erjenis	γιούνγκ-γκεζέλε
Εχω τρία παιδιά, μια κόρη και δύο γιούς	**Ich habe drei Kinder, eine Tochter und zwei Söhne**
echo tria pedhia, mia kori ke dhio jus	ιχ χάμπε ντράϊ κίντερ, άϊνε τόχτερ ουντ τσβάϊ ζΕνε
Ημερομηνία γεννήσεως	**Geburtsdatum**
imerominia jeniseos	γκεμπούρτσντάτουμ
Νεογέννητο	**Neugeboren**
neojenito	νόϊγκεμπόρεν
Ονομα	**Name**
onoma	νάμε
Πόσων χρονών είστε (είναι η κόρη σου, ο γιός σου);	**Wie alt sind Sie (ist Ihre Tochter, Ihr Sohn)?**
posso chronon iste (ine i kori su, o jos su)?	βι αλτ ζιντ ζι (ιστ ίρε τόχτερ, ιρ ζον);
Τόπος γεννήσεως	**Geburtsort**

topos jenisseos	γκεμπούρτστορτ
Χήρος (Χήρα)	**Witwer (Witwe)**
chiros (chira)	βίτβερ (βίτβε)
Χωρισμένη (Χωρισμένος)	**Geschiedene(er)**
chorismeni (chorismenos)	γκεΣίντενε(ερ)

07. ΟΙΚΟΓΕΝΕΙΑ — 07. FAMILIE

ikojenia — φαμίλιε

Αγόρι	**Junge**
aghori	γιούνγκε
Αδελφός (αδελφή)	**Bruder (Schwester)**
adhelfos (adhelfi)	μπρούντερ (Σβέστερ)
Ανιψιός (Ανιψιά)	**Neffe, Nichte**
anipsios (anipsia)	νέφε, νίχτε
Βαφτιστήρι	**Patenkind**
vaftistiri	πάτενκιντ
Γαμπρός	**Bräutigam**
ghambros	μπρόϊτιγκαμ
Γιαγιά	**Großmutter**
jaja	γκρόσμουτερ
Γιός	**Sohn**
jos	ζον
Γονείς	**Eltern**
ghonis	έλτερν
Εγγονός (Εγγονή)	**Enkel, Enkelin**
egonos (egoni)	ένκελ, ένκελιν
Θείος (Θεία)	**Onkel, Tante**
thios (thia)	όνκελ, τάντε
Κόρη	**Tochter**
kori	τόχτερ
Κορίτσι	**Mädchen**

koritsi	μέντχεν
Κουνιάδος (Κουνιάδα)	**Schwager, Schwägerin**
kuniadhos (kuniadha)	Σβάγκερ, Σβέγκεριν
Μαμά	**Mutti**
mama	μούτι
Μητέρα	**Mutter**
mitera	μούτερ
Μητριά	**Stiefmutter**
mitria	στίφμουτερ
Μπαμπάς	**Vater**
babas	φάτερ
Νονός (νονά)	**Taufpate, Taufpatin**
nonos (nona)	τάουφπατε, τάουφπατιν
Νύφη	**Braut**
nifi	μπράουτ
Ξάδελφος (Ξαδέλφη)	**Kousin, Kousine**
xadhelfos (xadhelfi)	κουζίν, κουζίνε
Οι δικοί μου (σας)	**Meine Familie (Ihre Familie)**
i dhiki mu (mas)	μάϊνε φαμίλιε (ίρε φαμίλιε)
Οικογένεια	**Familie**
ikojenia	φαμίλιε
Παιδί	**Kind**
pedhi	κιντ
Παππούς	**Großvater**
papus	γκρόσφατερ
Πατέρας	**Vater**
pateras	φάτερ
Πατριός	**Stiefvater**
patrios	στίφφατερ
Πεθερός (Πεθερά)	**Schwiegervater, Schwiegermutter**
petheros (pethera)	Σβίγκερφατερ, Σβίγκερμουτερ
Συγγενής	**Verwandte**
sigenis	φερβάντε

Σύζυγος sizhighos	**Ehemann** έεμαν

08. ΕΠΑΓΓΕΛΜΑΤΑ — 08. BERUFE

epaghelmata — μπερούφε

Αγρότης aghrotis	**Bauer** μπάουερ
Ανεργος anerghos	**Arbeitslos** άρμπαϊτσλος
Ανθρακωρύχος anthrakorichos	**Bergmann** μπέργκμαν
Αρτοποιός artopios	**Bäcker** μπέκερ
Αρχαιολόγος archeologhos	**Archäologe** αρχεολόγκε
Αρχιτέκτονας architektonas	**Architekt** αρκιτέκτ
Βιβλιοθηκάριος vivliothikarios	**Buchhalter** μπούχαλτερ
Βιβλιοπώλης vivliopolis	**Buchhändler** μπούχεντλερ
Βιολόγος viologhos	**Biologe** μπιολόγκε
Γεωλόγος jeologhos	**Geologe** γκεολόγκε
Γιατρός jatros	**Arzt** άρτστ
Γλύπτης ghliptis	**Bildhauer** μπίλντχαουερ
Γλωσσολόγος ghlossologhos	**Sprachenwissenschaftler** σπράχενβισενΣαφτλερ

08. ΕΠΑΓΓΕΛΜΑΤΑ

Γραμματέας	**Sekretärin**
ghramateas	σεκρετέριν
Δακτυλογράφος	**Typistin**
dhaktiloghrafos	τιπίστιν
Δάσκαλος (Δασκάλα)	**Lehrer, Lehrerin**
dhaskalos (dhaskala)	λέρερ, λέρεριν
Δερματολόγος	**Hautarzt**
dhermatologhos	χάουταρτστ
Δημοσιογράφος	**Journalist**
dhimossioghrafos	ζουρναλίστ
Δημόσιος υπάλληλος	**Beamte**
dhimossios ipalilos	μπεάμτε
Διαιτητής	**Schiedsrichter**
dhietitis	Σίντσριχτερ
Διερμηνέας	**Dolmetcher**
dhiermineas	ντόλμετσερ
Δικαστής	**Richter**
dhikastis	ρίχτερ
Διπλωμάτης	**Diplomat**
dhiplomatis	ντιπλομάτ
Εθνολόγος	**Völkerkundler**
ethnologhos	φΕλκερκούντλερ
Εκδότης	**Verleger**
ekdhotis	φερλέγκερ
Εκπαιδευτής (Εκπαιδεύτρια)	**Erzieher/ Erzieherin**
ekpedheftis (ekpedheftria)	ερτσίερ/ ερτσίεριν
Εκφορτωτής	**Entladungsarbeiter**
ekfortotis	εντλάντουνγκσαρμπάϊτερ
Ελαιοχρωματιστής	**Mahler**
eleochromatistis	μάλερ
Επιχειρηματίας	**Unternehmer**
epichirimatias	ουντερνέμερ
Εργάτης	**Arbeiter**
erghatis	αρμπάϊτερ

08. BERUFE

Εφαρμοστής	**Applikateur**
efarmostis	απλικατΥρ
Εφημεριδοπώλης	**Zeitungshändler**
efimeridhopolis	τσάϊτουνγκσχέντλερ
Ζαχαροπλάστης	**Konditor**
zhacharoplastis	κοντίτορ
Ηθοποιός	**Schauspieler/ Schauspielerin**
ithopios	Σάουσπιλερ/ Σάουσπιλεριν
Ηλεκτρολόγος	**Elektriker**
ilektrologhos	ελέκτρικερ
Καθηγητής	**Professor, Professorin**
kathighitis	προφέσορ, προφεσόριν
Καρδιοχειρούργος	**Kardiochirurg**
kardhiochirurghos	καρντιοκιρούργκ
Κηπουρός	**Gärtner**
kipuros	γκέρτνερ
Κουρέας	**Barbier**
kureas	μπαρμπιέρ
Κτηνίατρος	**Tierarzt**
ktiniatros	τίραρτστ
Κτίστης	**Bauer**
ktistis	μπάουερ
Κομμωτής	**Frisör**
kommotis	φριζΕρ
Λογιστής	**Buchhalter**
loghistis	μπούχχαλτερ
Μαγαζάτορας	**Ladenbesitzer**
maghazhatoras	λάντενμπεζίτσερ
Μάγειρας	**Koch**
majiras	κοχ
Μαέστρος	**Dirigent**
maestros	ντιριγκέντ
Μαθηματικός	**Mathematiker**

08. ΕΠΑΓΓΕΛΜΑΤΑ 72

mathimatikos	ματεμάτικερ
Μαθητής	**Schüler**
mathitis	ΣΥλερ
Μαμμή	**Hebamme**
mami	χέμπαμε
Μεταλλωρύχος	**Bergmann**
metalorichos	μπέργκμαν
Μηχανικός	**Ingenieur**
michanikos	ινζενιΥρ
Μηχανικός αυτοκινήτων	**Mechaniker**
michanikos aftokiniton	μεκάνικερ
Μουσικός	**Musiker**
mussikos	μούζικερ
Ναυτικός	**Seemann**
naftikos	ζέεμαν
Νευρολόγος	**Nervenarzt**
nevrologhos	νέρβεναρτστ
Νοσοκόμος	**Krankenpfleger**
nossokomos	κράνκενπφλέγκερ
Ξυλουργός	**Schreiner**
xilurghos	Σράϊνερ
Οδηγός	**Fahrer**
odhighos	φάρερ
Οδοντίατρος	**Zahnarzt**
odhontiatros	τσάνταρτστ
Οικονομολόγος	**Wirtschaftswissenschaftler**
ikonomologhos	βίρτΣαφτσβισενΣάφτλερ
Οπωροπόλης	**Obsthändler**
oporopolis	όμπστχεντλερ
Παθολόγος	**Pathologe**
pathologhos	πατολόγκε
Παντοπώλης	**Lebensmittelhändler**
pantopolis	λέμπενσμιτελχέντλερ

08. BERUFE

Πιανίστας	**Pianist / Pianistin**
pianistas	πιανίστ / πιανίστιν
Πιλότος	**Pilot**
pilotos	πιλότ
Ποιητής	**Dichter**
piitis	ντίχτερ
Ράπτης	**Schneider**
raptis	Σνάϊντερ
Σεισμολόγος	**Erdbebenkundewissenschaftler**
sismologhos	έρντμπεμπενκουντεβίσεν-Σάφτλερ
Σερβιτόρα	**Kellnerin**
servitora	κέλνεριν
Σερβιτόρος	**Kellner**
servitoros	κέλνερ
Σκηνοθέτης	**Regisseur**
skinothetis	ρεζισΥρ
Σπουδαστής	**Student/Studentin**
spudhastis	στουντέντ/στουντέντιν
Συγγραφέας	**Verfasser/Verfasserin**
sigrafeas	φερφάσερ/φερφάσεριν
Συμβολαιογράφος	**Notar**
simvoleoghrafos	νοτάρ
Σύμβουλος	**Berater**
simvulos	μπεράτερ
Σχεδιαστής	**Graphiker**
sHedhiastis	γκράφικερ
Ταχυδρόμος	**Briefträger**
tachidhromos	μπρίφτρεγκερ
Ταχυδρομικός υπάλληλος	**Postbeamte**
tachidhromikos ipalilos	πόστμπεαμτε

08. ΕΠΑΓΓΕΛΜΑΤΑ 74

Τεχνικός — **Techniker**
technikos — τέχνικερ

Τοπογράφος — **Topograph**
topoghrafos — τοπογκράφ

Τορνευτής — **Dreher**
torneftis — ντρέερ

Τραγουδιστής — **Sänger**
traghudhistis — ζένγκερ

Υδραυλικός — **Installateur**
idhravlikos — ινσταλατΥρ

Υπουργός — **Minister**
ipurghos — μινίστερ

Φαρμακοποιός — **Apotheker**
farmakopios — αποτέκερ

Φοιτητής — **Student**
fititis — στουντέντ

Φύλακας — **Wächter**
filakas — βέχτερ

Φυσικός — **Naturwissenschaftler**
fissikos — νατούρβισενΣάφτλερ

Φωτογράφος — **Photograph**
fotoghrafos — φοτογκράφ

Χασάπης — **Metzger**
chassapis — μέτσγκερ

Χειρούργος — **Chirurg**
chirurghos — χιρούργκ

Χρυσοχόος — **Goldschmied**
chrissochoos — γκόλντΣμιντ

Χημικός — **Chemiker**
chimikos — κέμικερ

Ψαράς — **Fischer**
psaras — φίΣερ

09. Ο ΚΑΙΡΟΣ
o keros

09. DAS WETTER
ντας βέτερ

Αδιάβροχο
adhiavrocho
Regenmantel
ρέγκενμαντελ

Αέρας
aeras
Wind
βιντ

Ανατολή ηλίου
anatoli iliu
Sonnenaufgang
ζόνεναουφγκανγκ

Ανεμος
anemos
Wind
βιντ

Αστατος καιρός
astatos keros
Typisches Aprilwetter
τίπιΣες απρίλβετερ

Αστραπή
astrapi
Blitz
μπλιτς

Αστράφτει
astrafti
Es blitzt
ες μπλιτστ

Αυγή
avghi
Frühe
φρΥε

Βρέχει
vrechi
Es regnet
ες ρέγκνετ

Βροντάει
vrontai
Es donnert
ες ντόνερτ

Βροντή
vronti
Donner
ντόνερ

Βροχερός
vrocheros
Regnerisch
ρέγκνεριΣ

Βροχή
vrochi
Regen
ρέγκεν

Γλυκός
ghlikos
Mild
μιλντ

Δελτίο καιρού
dheltio keru
Wetterbericht
βέτερμπεριχτ

09. Ο ΚΑΙΡΟΣ

Δροσερός
dhrosseros

Kühl
κΥλ

Δροσιά
dhrossia

Kühle
κΥλε

Δροσίζει
dhrossizhi

Es wird kühl
ες βιρντ κΥλ

Δύση ηλίου
dhissi iliu

Sonnenuntergang
ζόνενουντεργκανγκ

Είναι άσχημος ο καιρός
ine asHimos o keros

Das Wetter ist schlecht
ντας βέτερ ιστ Σλεχτ

Είναι ο δρόμος ελεύθερος από χιόνια (σε καλή κατάσταση);
ine o dhromos eleftheros apo chionia (se kali katastassi)?

Ist der Weg frei von Schnee (ist er in gutem Zustand)?
ντερ βεγκ ιστ φράϊ φον Σνε (ιστ ερ ιν γκούτεμ τσούσταντ);

Είναι πέντε βαθμούς πάνω από το μηδέν (κάτω από το μηδέν)
ine pente vathmus pano apo to midhen (kato apo to midhen)

Es ist fünf Grad über Null (unter Null)

ες ιστ φΥνφ γκραντ Υμπερ νουλ (ούντερ νουλ)

Εχει άπνοια (κουφόβραση, ομίχλη, παγωνιά, σύννεφα)
echi apnia (kufovrassi, omichli, paghonia, sinefa)

Es gibt Windstille (schwülle Hitze, Nebel, Eiskälte, Wolken)
ες γκιμπτ βίντστιλε (ΣβΥλε χίτσε, νέμπελ, άϊσκελτε, βόλκεν)

Εχετε αδιάβροχο (ομπρέλλα);

echete adhiavrocho (omprela)?

Haben Sie einen Regenmantel (einen Regenschirm)?
χάμπεν ζι άϊνεν ρέγκενμαντελ (άϊνεν ρέγκενΣιρμ);

Εχουμε...βαθμούς (υπό το μηδέν)
echume... vathmus (ipo to

Wir haben... Grad (unter Null)
βιρ χάμπεν...γκραντ (ούντερ

midhen)	νουλ)
Ζέστη	**Hitze**
zhesti	χίτσε
Ζεστός	**Warm**
zhestos	βαρμ
Η ατμόσφαιρα είναι βαριά	**Die Atmosphere ist schwer**
i atmosphera ine varia	ντι ατμοσφέρε ιστ Σβερ
Η βροχή σταμάτησε	**Der Regen hat aufgehört**
i vrochi stamatisse	ντερ ρέγκεν χατ άουφγκεχΕρτ
Η ζέστη είναι ανυπόφορη	**Die Hitze ist unerträglich**
i zhesti ine anipofori	ντι χίτσε ιστ ουνερτρέγκλιχ
Η οδική κατάσταση	**Die Straßenlage**
i odhiki katastassi	ντι στράσενλαγκε
Ηλιος	**Sonne**
ilios	ζόνε
Θα βρέξει	**Es wird regen**
tha vreksi	ες βιρντ ρέγκεν
Θα έχουμε θύελλα	**Wir werden Sturm haben**
tha echume thiela	βιρ βέρντεν στούρμ χάμπεν
Θα έχουμε καταιγίδα	**Wir werden Gewitter haben**
tha echume kateghidha	βιρ βέρντεν γκεβίτερ χάμπεν
Θα κάνει πολλή παγωνιά το βράδι	**Es wird sehr kalt abends**
tha kani poli paghonia to vradhi	ες βιρντ ζερ καλτ άμπεντς
Θα κάνει ωραίο καιρό αλλά κρύο	**Das Wetter wird schön aber kalt**
tha kani oreo kero ala krio	ντας βέτερ βιρντ ΣΕν άμπερ καλτ
Θα κάνει ωραίο καιρό και ζέστη	**Das Wetter wird schön und warm**
tha kani oreo kero ke zhesti	ντας βέτερ βιρντ ΣΕν ουντ βαρμ
Θα συνεχιστεί η καλοκαιρία (η κακοκαιρία)	**Das gute (schlechte) Wetter wird dauern**

09. Ο ΚΑΙΡΟΣ

tha sinechisti i kalokeria (i kakokeria)		ντας γκούτε (Σλέχτε) βέτερ βιρντ ντάουερν
Θα χιονίσει		**Es wird schneien**
tha chionissi		ες βιρντ Σνάϊεν
Θερμοκρασία		**Temperatur**
thermokrassia		τεμπερατούρ
Θύελλα		**Sturm**
thiela		στουρμ
Κάνει (πολλή) ζέστη		**Es ist heiß**
kani (poli) zhesti		ες ιστ χάϊς
Κάνει θαυμάσιο (καλό, κακό) καιρό		**Es gibt fantastisches (gutes, schlechtes) Wetter**
kani thavmassio (kalo, kako) kero		ες γκιμπτ φαντάστιΣες (γκούτες, Σλέχτες) βέτερ
Κάνει (πολύ) κρύο		**Es ist (sehr) kalt**
kani (poli) krio		ες ιστ (ζερ) καλτ
Κάνει ψύχρα (παγωνιά)		**Es ist kalt (eiskalt)**
kani psichra (paghonia)		ες ιστ καλτ (άϊσκαλτ)
Καύσωνας		**Hitze**
kafsonas		χίτσε
Κεραυνός		**Blitz**
keravnos		μπλιτς
Κλίμα		**Klima**
klima		κλίμα
Λέτε να βρέξει (να χιονίσει);		**Glauben Sie, daß es regen (schneien) wird?**
lete na vreksi (na chionissi)?		γκλάουμπεν ζι, ντας ες ρέγκεν (Σνάϊεν) βιρντ;
Μπόρα		**Gewitter**
bora		γκεβίτερ
Νιφάδες χιονιού		**Schneeflocken**
nifadhes chioniu		Σνέφλοκεν
Ομίχλη		**Nebel**
omichli		νέμπελ
Ομπρέλλα		**Regenschirm**
ombrela		ρέγκενΣιρμ

Πάγος	**Eis**
paghos	άϊς
Πάει για μπόρα	**Es wird regen**
pai ja bora	ες βιρντ ρέγκεν
Παγωμένος	**Gefroren**
paghomenos	γκεφρόρεν
Παγωνιά	**Frost**
paghonia	φροστ
Πέφτει η ένταση του ανέμου	**Der Wind wird milder**
pefti i entassi tu anemu	ντερ βιντ βιρντ μίλντερ
Πέφτει χαλάζι	**Es hagelt**
pefti chalazhi	ες χάγκελτ
Πίεση του αέρα	**Luftdruck**
piessi tu aera	λούφτντρουκ
Ποιά είναι η θερμοκρασία σήμερα;	**Wieviel Grad gibt es heute?**
pia ine i thermokrassia simera?	βίφιλ γκραντ γκίμπτ ες χοϊτε;
Ρεύμα αέρα	**Zug**
revma aeros	τσουγκ
Σεισμός	**Erdbeben**
sismos	ερντμπέμπεν
Σκοτεινός	**Dunkel**
skotinos	ντούνκελ
Συννεφιά	**Bewölkt**
sinefia	μπεβΕλκτ
Τι καιρό θα κάνει;	**Wie wird das Wetter?**
ti kero tha kani?	βι βιρντ ντας βέτερ;
Τι καιρό κάνει;	**Wie ist das Wetter?**
ti kero kani?	βι ιστ ντας βέτερ;
Τι προβλέπει η μετεωρολογική υπηρεσία;	**Was sagt der Wetterbericht voraus?**
ti provlepi i meteoroghiki ipiressia?	βας ζάγκτ ντερ βέτερμπεριχτ φοράους;
Το βαρόμετρο ανεβαίνει (κατεβαίνει)	**Das Wetterthermometer steigt (sinkt)**
to varometro aneveni (kateveni)	ντας βέτερτερμομέτερ στάϊγκτ (ζίνκτ)

10. Ο ΧΡΟΝΟΣ, ΟΙ ΕΠΟΧΕΣ, ΟΙ ΜΕΡΕΣ, ΟΙ ΜΗΝΕΣ

Τροπικός tropikos	**Tropisch** τρόπιΣ
Τυφώνας tifonas	**Taifun** ταϊφούν
Υγρασία ighrassia	**Feuchtigkeit** φοϊχτιγκκαϊτ
Υγρός ighros	**Feucht** φόϊχτ
Φυσάει fissai	**Es ist windig** ες ιστ βίντιγκ
Φωτεινός fotinos	**Hell** χέλ
Χαλάζι chalazhi	**Hagel** χάγκελ
Χιόνι chioni	**Schnee** Σνέε
Χιονίζει chionizhi	**Es schneit** ες Σνάϊτ
Χιονοθύελλα chionothiela	**Schneesturm** Σνέστουρμ
Χιονόπτωση chionoptossi	**Schneefall** Σνέφαλ
Χωρίς σύννεφα choris sinefa	**Unbevölkt** ουνμπεβΕλκτ

10. Ο ΧΡΟΝΟΣ, ΟΙ ΕΠΟΧΕΣ, ΟΙ ΜΕΡΕΣ, ΟΙ ΜΗΝΕΣ o chronos, i epoches, i meres, i mines	**10. DAS JAHR, DIE JAHRESZEITEN, DIE TAGE, DIE MONATE** ντας γιαρ, ντι γιάρεστσάϊτεν, ντι τάγκε, ντι μονάτε
Αιώνας eonas	**Jahrhundert** γιάρχουντερτ
Αιωνιότητα eoniotita	**Ewigkeit** έβιγκκαϊτ

81 10. DAS JAHR, DIE JAHRESZEITEN, DIE TAGE, DIE MONATE

Αλλοτε	**Damals**
alote	ντάμαλς
Αμεσος	**Direkt**
amessos	ντιρέκτ
Αμέσως	**Sofort**
amessos	ζοφόρτ
Ανοιξη	**Frühling**
aniksi	φρΥλινγκ
Από	**Seit**
apo	ζάϊτ
Απόγευμα	**Abend**
apoghevma	άμπεντ
Από καιρό σε καιρό	**Von Zeit zu Zeit**
apo kero se kero	φον τσάϊτ τσου τσάϊτ
Από τις επτά και πέρα	**Ab sieben**
apo tis epta ke pera	αμπ ζίμπεν
Από τις τέσσερις μέχρι τις έξι	**Von vier bis sechs**
apo tis tesseris mechri tis eksi	φον φιρ μπις σεχς
Απρίλιος	**April**
aprilios	απρίλ
Αργά	**Langsam**
argha	λάνγκζαμ
Αργία	**Feiertag**
arghia	φάϊερταγκ
Αρχή	**Anfang**
archi	άνφανγκ
Αργότερα	**Später**
arghotera	σπέτερ
Αύγουστος	**August**
avghustos	αουγκούστ
Αύριο (το πρωί, το απόγευμα, το βράδυ)	**Morgen (Vormittag, Nachmittag, Abend)**
avrio (to proi, to apoghevma, to vradhi)	μόργκεν (φόρμιταγκ, νάχμιταγκ, άμπεντ)

10. Ο ΧΡΟΝΟΣ, ΟΙ ΕΠΟΧΕΣ, ΟΙ ΜΕΡΕΣ, ΟΙ ΜΗΝΕΣ

Αυτές τις μέρες	**Diese Tage**
aftes tis meres	ντίζε τάγκε
Βραδιά	**Abend**
vradhia	άμπεντ
Βράδυ	**Abend**
vradhi	άμπεντ
Γρήγορα	**Schnell**
ghrighora	Σνέλ
Δεκαπενθήμερο	**Vierzehntätig**
dhekapenthimero	φιρτσεντέτιγκ
Δεκέμβρης	**Dezember**
dekemvris	ντετσέμπερ
Δευτέρα	**Montag**
dheftera	μόνταγκ
Δευτερόλεπτο	**Sekunde**
dhefterolepto	σεκούντε
Διακοπή	**Unterbrechung**
dhiakopi	ουντερμπρέχουνγκ
Δίσεκτο έτος	**Schaltjahr**
dhissekto etos	Σάλτγιαρ
Εβδομάδα	**Woche**
evdhomadha	βόχε
Εγκαίρως	**Rechtzeitig**
egeros	ρέχττσάϊτιγκ
Εδώ και	**Seit**
edho ke	ζάϊτ
Είκοσι τέσσερις ώρες το εικοσιτετράωρο	**Vierundzwanzigstunden am Tag**
ikosi tesseris ores to ikositetraoro	φιρουνττσβάντσιγκστούντεν αμ ταγκ
Εικοστός αιώνας	**Zwanzigster Jahrhundert**
ikostos eonas	τσβάντσιγκστερ γιαρχούντερτ
Είναι ακριβώς τρείς η ώρα	**Es ist genau drei Uhr**
ine akrivos tris i ora	ες ιστ γκενάου ντράϊ ουρ

10. DAS JAHR, DIE JAHRESZEITEN, DIE TAGE, DIE MONATE

Είναι τρείς και πέντε
ine tris ke pente
Es ist fünf nach drei
ες ιστ φΥνφ ναχ ντράϊ

Είναι τρείς και δέκα (και τέταρτο, και είκοσι, και εικοσιπέντε, και μισή)

ine tris ke dheka (ke tetarto, ke ikossi, ke ikossipente, ke missi)

Es ist zehn nach drei (viertel nach, zwanzig nach, fünfundzwanzig nach, es ist halbvier)

ες ιστ τσεν ναχ ντράϊ (φίρτελ ναχ, τσβάντσιγκ ναχ, φΥνφουνττσβάντσιγκ ναχ, ες ιστ χαλμπφίρ)

Είναι τέσσερεις παρά είκοσι πέντε (παρά είκοσι, παρά τέταρτο, παρά δέκα, παρά πέντε)

ine tesseris para ikossipente (para ikossi, para tetarto, para dheka, para pente)

Es ist fünfundzwanzig vor vier (zwanzig vor, viertel vor, zehn vor, fünf vor)

ες ιστ φΥνφουντστβάντσιγκ φορ φιρ (τσβάντσιγκ φορ, φίρτελ φορ, τσεν φορ, φΥνφ φορ)

Είναι νωρίς (αργά)
ine noris (argha)
Es ist früh (spät)
ες ιστ φρΥ (σπέτ)

Είναι δώδεκα το μεσημέρι
ine dhodheka to messimeri
Es ist Mittagszeit
ες ιστ μίταγκστσαϊτ

Είναι μεσάνυχτα
ine messanichta
Es ist Mitternacht
ες ιστ μίτερναχτ

Είναι δύο τη νύχτα
ine dhio ti nichta
Es ist zwei Uhr morgens
ες ιστ τσβάϊ ουρ μόργκενς

Είναι 4 Μαϊου
ine 4 maiu
Es ist der vierte Mai
ες ιστ ντερ φίρτε μάϊ

Εκκρεμές
ekremes
Pendel
πέντελ

Εξάμηνο
eksamino
Halbjahr
χάλμπγιαρ

Εποχή
epochi
Jahreszeit
γιάρεστσαϊτ

Εργάσιμη μέρα
erghassimi mera
Arbeitstag
άρμπαϊτσταγκ

10. Ο ΧΡΟΝΟΣ, ΟΙ ΕΠΟΧΕΣ, ΟΙ ΜΕΡΕΣ, ΟΙ ΜΗΝΕΣ

Ετος	**Jahr**
etos	γιάρ
Εχετε σωστή ώρα παρακαλώ;	**Haben Sie die richtige Uhrzeit, bitte?**
echete sosti ora parakalo?	χάμπεν ζι ντι ρίχτιγκε ούρτσαϊτ μπίτε;
Ηλικία	**Alter**
ilikia	άλτερ
Ημερολόγιο	**Kalender**
imerologhio	καλέντερ
Ημερομηνία	**Datum**
imerominia	ντάτουμ
Ημέρα	**Tag**
imera	ταγκ
Ημέρα αδείας	**Urlaubstag**
imera adhias	ούρλαουμπσταγκ
Θα φτάσουμε σε δύο ώρες	**Wir werden in zwei Stunden ankommen**
tha ftassume se dhio ores	βιρ βέρντεν ιν τσβάϊ στούντεν άνκομεν
Ιανουάριος	**Januar**
ianuarios	γιάνουαρ
Ιούλιος	**Juli**
iulios	γιούλι
Ιούνιος	**Juni**
iunios	γιούνι
Κάθε μέρα (πρωί)	**Jeden Tag (Morgen)**
kathe mera (proi)	γιέντεν ταγκ (μόργκεν)
Κάθε ώρα	**Jede Stunde**
kathe ora	γιέντε στούντε
Καθυστέρηση	**Verspätung**
kathisterissi	φερσπέτουνγκ
Καλοκαίρι	**Sommer**
kalokeri	ζόμερ
Καμιά φορά	**Manchmal**

kamia fora	μάνχμαλ
Κάμποσες φορές	**Mehrmals**
kambosses fores	μέρμαλς
Κατά τη διάρκεια της βραδιάς (του έτους, της ημέρας)	**Im Laufe des Abends (des Jahres, des Tages)**
kata ti dhiarkia tis vradhias (tu etus, tis imeras)	ιμ λάουφε ντες άμπεντς (ντες γιάρες, ντες τάγκες)
Κατά τις τρείς	**Gegen drei Uhr**
kata tis tris	γκέγκεν ντράϊ ουρ
Κυριακή	**Sonntag**
kiriaki	ζόνταγκ
Λεπτό	**Minute**
lepto	μινούτε
Λεπτοδείκτης	**Sekundenzeiger**
leptodhiktis	σεκούντεντσαϊγκερ
Λίγο μετά τις εννέα	**Kurz nach neun Uhr**
ligho meta tis enea	κούρτς ναχ νόϊν ουρ
Μάϊος	**Mai**
maios	μάϊ
Μάρτιος	**März**
martios	μέρτς
Μεθαύριο	**Übermorgen**
methavrio	Υμπερμόργκεν
Μέλλον	**Zukunft**
melon	τσούκουνφτ
Μελλοντικός	**Zukünftig**
melontikos	τσουκΥνφτιγκ
Μέρα παρά μέρα	**Alle zwei Tage**
mera para mera	άλε τσβάϊ τάγκε
Μεσάνυχτα	**Mitternacht**
messanichta	μίτερναχτ
Μέσα σε μια εβδομάδα	**Innerhalb einer Woche**
messa se mia evdhomadha	ίνερχαλμπ άϊνερ βόχε
Μεσημέρι	**Mittag**
messimeri	μίταγκ

Μετά	**Nach**
meta	ναχ
Μεταξύ πέντε και έξι η ώρα	**Zwischen fünf und sechs Uhr**
metaksi pente ke eksi i ora	τσβίΣεν φΥνφ ουντ σέχς ουρ
Μέχρι τις 15 Δεκεμβρίου	**Bis zum fünfzehnten Dezember**
mechri tis dhekapente dhekemvriu	μπις τσουμ φΥνφτσεντεν ντετσέμπερ
Μέχρι τον Ιούνιο	**Bis Juni**
mechri ton iunio	μπις γιούνι
Μήνας	**Monat**
minas	μόνατ
Μισή ώρα	**Halbe Stunde**
missi ora	χάλμπε στούντε
Νοέμβρης	**November**
noemvris	νοβέμπερ
Νύχτα	**Nacht**
nichta	ναχτ
Νωρίς	**Früh**
noris	φρΥ
Οκτώβρης	**Oktober**
oktovris	οκτόμπερ
Ολη την ημέρα (την εβδομάδα)	**Den ganzen Tag (die ganze Woche)**
oli tin imera (tin evdhomadha)	ντεν γκάντσεν ταγκ (ντι γκάντσε βόχε)
Ολο το μήνα	**Den ganzen Monat**
olo to mina	ντεν γκάντσεν μόνατ
Ολόκληρη ώρα	**Ganze Stunde**
olokliri ora	γκάντσε στούντε
Οταν	**Wenn**
otan	βεν
Πάντα	**Immer**
panta	ίμερ
Παραμονή	**Vorabend**

10. DAS JAHR, DIE JAHRESZEITEN, DIE TAGE, DIE MONATE

paramoni
φόραμπεντ

Παρασκευή
paraskevi
Freitag
φράϊταγκ

Παρελθόν
parelthon
Vergangenheit
φεργκάνγκενχαϊτ

Παρόν
paron
Gegenwart
γκέγκενβαρτ

Πέμπτη
pempti
Donnerstag
ντόνερσταγκ

Περασμένος
perasmenos
Vergangener
φεργκάνγκενερ

Περιμένω
perimeno
Ich warte
ιχ βάρτε

Πέρσι
persi
Voriges Jahr
φόριγκες γιάρ

Πιο νωρίς
pio noris
Früher
φρΥερ

Πολλή ώρα
poli ora
Lange
λάνγκε

Πολύς καιρός
polis keros
Lange Zeit
λάνγκε τσάϊτ

Πόσο θα διαρκέσει;
posso tha dhiarkessi?
Wie lange wird es dauern?
βι λάνγκε βιρντ ες ντάουερν;

Πόσο καιρό;
posso kero?
Wie lange;
βι λάνγκε;

Πότε;
pote?
Wann?
βαν;

Ποτέ
pote
Niemals
νίμαλς

Πότε-Πότε
pote-pote
Von Zeit zu Zeit
φον τσάϊτ τσου τσάϊτ

Πότε συνέβη;
pote sinevi?
Wann ist es passiert?
βαν ιστ ες πασίρτ;

Πριν
prin
Bevor
μπεφόρ

10. Ο ΧΡΟΝΟΣ, ΟΙ ΕΠΟΧΕΣ, ΟΙ ΜΕΡΕΣ, ΟΙ ΜΗΝΕΣ 88

Πριν από δύο μέρες (μία εβδομάδα)
prin apo dhio meres (mia evdhomadha)
Vor zwei Tagen (einer Woche)
φορ τσβάϊ τάγκεν (άϊνερ βόχε)

Πριν λίγο
prin ligho
Vor kurzem
φορ κούρτσεμ

Προθεσμία
prothesmia
Frist
φριστ

Προσωρινά
prossorina
Vorläufig
φόρλόϊφιγκ

Προχθές
prochthes
Vorgestern
φόργκεστερν

Πρωΐ
proi
Morgens
μόργκενς

Πρωϊνός
proinos
Früh
φρУ

Ρολόϊ
roloi
Uhr
ουρ

Σάββατο
savato
Samstag
σάμσταγκ

Σε μισή ώρα (μία εβδομάδα, ένα χρόνο)
se missi ora (mia evdhomadha, ena chrono)
In einer halben Stunde (in einer Woche, in einem Jahr)
ιν άϊνερ χάλμπεν στούντε (ιν άϊνερ βόχε, ιν άϊνεμ γιάρ)

Σεπτέμβρης
septemvris
September
σεπτέμπερ

Σήμερα (το πρωί, το μεσημέρι, το απόγευμα, το βράδυ)
simera (to proi, to messimeri, to apoghevma, to vradhi)
Heute (Morgen, Mittag, Abend, Nacht)
χόϊτε (μόργκεν, μίταγκ, άμπεντ, ναχτ)

Σήμερα είναι (τέσσερις
Heute ist (der vierte Juli,

10. DAS JAHR, DIE JAHRESZEITEN, DIE TAGE, DIE MONATE

Ιουλίου, Τρίτη)	**Dienstag)**
simera ine (tesseris iuliu, triti)	χόϊτε ιστ (ντερ φίρτε γιούλι, ντίνσταγκ)
Στιγμή	**Moment**
stighmi	μομέντ
Στις δέκα Ιουλίου 1981	**Am zehnten Juli 1981**
stis dheka iuliu 1981	αμ τσέντεν γιούλι 1981
Στις δέκα η ώρα	**Um zehn Uhr**
stis dheka i ora	ουμ τσέν ουρ
Συχνά	**Häufig**
sichna	χόϊφιγκ
Τελευταία	**Letzlich**
teleftea	λέτσλιχ
Τελευταίος	**Letzter**
telefteos	λέτστερ
Τέλος	**Ende**
telos	έντε
Τετάρτη	**Mittwoch**
tetarti	μίτβοχ
Τέταρτο	**Viertel**
tetarto	φίρτελ
Την επόμενη Τρίτη	**Am nächsten Dienstag**
tin epomeni triti	αμ νέχστεν ντίνσταγκ
Την ερχόμενη εβδομάδα	**In der kommenden Woche**
tin epomeni evdhomadha	ιν ντερ κόμεντεν βόχε
Την ημέρα	**Am Tag**
tin imera	αμ ταγκ
Την ημέρα της απελευθέρωσης	**Am Tag der Befreiung**
tin imera tis apeleftherossis	αμ τάγκ ντερ μπεφράϊουνγκ
Την μεθεπομένη	**Am Übernächsten**
tin methepomeni	αμ Υμπερνέχστεν

Την παραμονή tin paramoni	**Am Vorabend** αμ φόραμπεντ
Την περασμένη εβδομάδα tin perasmeni evdhomadha	**In letzter Woche** ιν λέτστερ βόχε
Την περασμένη Τρίτη tin perasmeni triti	**Am letzten Dienstag** αμ λέτστεν ντίνσταγκ
Την προπαραμονή tin proparamoni	**Am Tag bevor Vorabend** αμ ταγκ μπεφόρ φόραμπεντ
Την Πρωτομαγιά tin protomaja	**Am ersten Mai** αμ έρστεν μάϊ
Την Τρίτη tin triti	**Am Dienstag** αμ ντίνσταγκ
Τι μέρα είναι σήμερα; ti mera ine simera?	**Welcher Tag ist heute?** βέλχερ ταγκ ιστ χόϊτε;
Τι ημερομηνία είναι σήμερα; ti imerominia ine simera?	**Was ist das Datum heute?** βας ιστ ντας ντάτουμ χόϊτε;
Τι ώρα είναι; ti ora ine?	**Wie spät ist es?** βι σπετ ιστ ες;
Το 1994 to 1994	**Im Jahre 1994** ιμ γιάρε 1994
Το αυτοκίνητο ξεκινάει σε μισή ώρα to aftokinito xekinai se missi ora	**Das Auto fährt in einer halben Stunde ab** ντας άουτο φέρτ ιν άϊνερ χάλμπεν στούντε αμπ
Τον Απρίλη ton aprili	**In April** ιν απρίλ
Το ρολόϊ μου πάει καλά (μπροστά, πίσω) to roloi mu pai kala (brosta, pisso)	**Meine Uhr geht richtig (vorwärts, rückwarts)** μάϊνε ουρ γκετ ρίχτιγκ (φόρβερτς, ρΥκβερτς)
Το ρολόϊ μου σταμάτησε to roloi mu stamatisse	**Meine Uhr hat aufgehört** μάϊνε ουρ χατ άουφγκεχΕρτ

10. DAS JAHR, DIE JAHRESZEITEN, DIE TAGE, DIE MONATE

Τότε
tote
Damals
ντάμαλς

Του χρόνου
tu chronu
Im nächsten Jahr
ιμ νέχστεν γιάρ

Τρίμηνο
trimino
Quartal
κβαρτάλ

Τρίτη
triti
Dienstag
ντίνσταγκ

Τώρα
tora
Jetzt
γιέτστ

Φεβρουάριος
fevruarios
Februar
φέμπρουαρ

Φέτος
fetos
In diesem Jahr
ιν ντίζεμ γιάρ

Φθινόπωρο
fthinoporo
Herbst
χέρμπστ

Χειμώνας
chimonas
Winter
βίντερ

Χθές
chthes
Gestern
γκέστερν

Χρονιά
chronia
Jahre
γιάρε

Χρονόμετρο
chronometro
Stoppuhr
στόπουρ

Χρόνος
chronos
Jahr
γιαρ

Ώρα
ora
Stunde
στούντε

Ωροδείκτης
orodhiktis
Uhrzeiger
ούρτσαϊγκερ

11. ΟΙ ΑΡΙΘΜΟΙ i arithmi	**11. DIE NUMMER** ντι νούμερ
0. Μηδέν midhen	**Null** νούλ
1. Ενα, μία (Πρώτος) ena, mia (protos)	**Eins, eine (Erste)** άϊνς, άϊνε (έρστε)
2. Δύο (Δεύτερος) dhio (dhefteros)	**Zwei (Zweite)** τσβάϊ (τσβάϊτε)
3. Τρία (Τρίτος) tria (tritos)	**Drei (Dritte)** ντράϊ (ντρίτε)
4. Τέσσερα (Τέταρτος) tessera (tetartos)	**Vier (Vierte)** φιρ (φίρτε)
5. Πέντε (Πέμπτος) pente (pemptos)	**Fünf (Fünfte)** φΥνφ (φΥνφτε)
6. Εξι (‘Εκτος) eksi (ektos)	**Sechs (Sechste)** σεχς (σέχστε)
7. Επτά (Εβδομος) epta (evdhomos)	**Sieben (Siebte)** ζίμπεν (ζίπτε)
8. Οκτώ (Όγδοος) okto (ogdhoos)	**Acht (Achte)** αχτ (άχτε)
9. Εννέα (Ενατος) enea (enatos)	**Neun (Neunte)** νόϊν (νόϊντε)
10. Δέκα (Δέκατος) dheka (dhekatos)	**Zehn (Zehnte)** τσέν (τσέντε)
11. Εντεκα (Ενδέκατος) enteka (endhekatos)	**Elf (Elfte)** ελφ (έλφτε)
12. Δώδεκα (Δωδέκατος) dhodheka (dhodhekatos)	**Zwölf (Zwölfte)** τσβΕλφ (τσβΕλφτε)
13. Δεκατρία (Δέκατος τρίτος) dhekatria (dhekatos tritos)	**Dreizehn (Dreizehnte)** ντράϊτσεν (ντράϊτσεντε)
14. Δεκατέσσερα (Δέκατος	**Vierzehn (Vierzehnte)**

τέταρτος)	
dhekatessera (dhekatos tetartos)	φίρτσεν (φίρτσεντε)
15. Δεκαπέντε (Δέκατος πέμπτος)	**Fünfzehn (Fünfzehnte)**
dhekapente (dhekatos pemptos)	φΥνφτσεν (φΥνφτσεντε)
16. Δεκαέξι (Δέκατος έκτος)	**Sechszehn (Sechszehnte)**
dhekaeksi (dhekatos ektos)	σέχτσεν (σέχτσεντε)
17. Δεκαεπτά (Δέκατος έβδομος)	**Siebzehn (Siebzehnte)**
dhekaepta (dhekatos evdhomos)	ζίμπτσεν (ζίμπτσεντε)
18. Δεκαοχτώ (Δέκατος όγδοος)	**Achtzehn (Achtzehnte)**
dhekaochto (dhekatos oghdhoos)	άχττσεν (άχττσεντε)
19. Δεκαεννέα (Δέκατος ένατος)	**Neunzehn (Neunzehnte)**
dhekaenea (dhekatos enatos)	νόϊντσεν (νόϊντσεντε)
20. Είκοσι (Εικοστός)	**Zwanzig (Zwanzigste)**
ikossi (ikostos)	τσβάντσιγκ (τσβάντσιγκστε)
21. Είκοσι ένα (Εικοστός πρώτος)	**Einundzwanzig (Einundzwanzigste)**
ikossi ena (ikostos protos)	άϊνουνττσβάντσιγκ (αϊνουνττσβάντσιγκστε)
22. Είκοσι δύο (Εικοστός δεύτερος)	**Zweiundzwanzig (Zweiundzwanzigste)**
ikossi dhio (ikostos dhefteros)	τσβάϊουνττσβαντσιγκ (τσβάϊουνττσβάντσιγκστε)
23. Είκοσι τρία (Εικοστός τρίτος)	**Dreiundzwanzig (Dreiundzwanzigste)**
ikossi tria (ikostos tritos)	ντράϊουνττσβάντσιγκ (ντράϊουνττσβάντσιγκστε)
30. Τριάντα (Τριακοστός)	**Dreißig (Dreißigste)**
trianta (triakostos)	ντράϊσιγκ (ντράϊσιγκστε)
31. Τριάντα ένα (Τριακο-	**Einunddreißig**

στός πρώτος)	**(Einunddreißigste)**
trianta ena (triakostos protos)	άϊνουντντράϊσιγκ άϊνουντντράϊσιγκστε)
40 Σαράντα (Τεσσαρακοστός)	**Vierzig (Vierzigste)**
saranta (tessarakostos)	φίρτσιγκ (φίρτσιγκστε)
41. Σαράντα ένα (Τεσσαρακοστός πρώτος)	**Einundvierzig (Einundvierzigste)**
saranta ena (tessarakostos protos)	άϊουντφίρτσιγκ (άϊνουντφίρτσιγκστε)
50. Πενήντα (Πεντηκοστός)	**Fünfzig (Fünfzigste)**
peninta (pentikostos)	φΥνφτσιγκ (φΥνφτσιγκστε)
51. Πενήντα ένα (Πεντηκοστός πρώτος)	**Einundfünfzig (Einundfünfzigste)**
peninta ena (pentikostos protos)	άϊουντφΥνφτσιγκ (άϊουντφΥνφτσιγκστε)
60. Εξήντα (Εξηκοστός)	**Sechzig (Sechzigste)**
eksinta (eksikostos)	σέχτσιγκ (σέχτσιγκστε)
61. Εξήντα ένα (Εξηκοστός πρώτος)	**Einundsechzig (Einundsechzigste)**
eksinta ena (eksikostos protos)	άϊουντσέχτσιγκ (άϊουντσέχτσιγκστε)
70. Εβδομήντα (Εβδομηκοστός)	**Siebzig (Siebzigste)**
evdhominta (evdhomikostos)	ζίμπτσιγκ (ζίμπτσιγκστε)
71. Εβδομήντα ένα (Εβδομηκοστός πρώτος)	**Einundsiebzig (Einundsiebzigste)**
evdhominta ena (evdhomikostos protos)	άϊουντζίμπτσιγκ (άϊνουντζίμπτσιγκστε)
80. Ογδόντα (Ογδοηκοστός)	**Achzig (Achzigste)**
oghdhonta (oghdhoikostos)	άχτσιγκ (άχτσιγκστε)
81. Ογδόντα ένα (Ογδοηκοστός πρώτος)	**Einundachzig (Einundachzigste)**
oghdhonta ena (oghdhoikostos	άϊουντάχτσιγκ

protos)	(άϊνουντάχτσιγκστε)
90. Ενενήντα (Ενενηκοστός) eneninta (enenikostos)	**Neunzig (Neunzigste)** νόϊντσιγκ (νόϊντσιγκστε)
91. Ενενήντα ένα (Ενενηκοστός πρώτος) eneninta ena (enenikostos protos)	**Einundneunzig (Einundneunzigste)** άϊνουντνόϊντσιγκ (άϊνουντνόϊντσιγκστε)
100. Εκατό (Εκατοστός) ekato (ekatostos)	**Hundert (Hundertste)** χούντερτ (χούντερτστε)
101. Εκατόν ένα (Εκατοστός πρώτος) ekaton ena (ekatostos protos)	**Einhunderteins (Einhunderterste)** άϊνχουντερτάϊνς (άϊνχουντερτέρστε)
110. Εκατόν δέκα (Εκατοστός δέκατος) ekaton dheka (ekatostos dhekatos)	**Einhundertzehn (Einhundertzehnte)** άϊνχουντερττσεν (άϊνχουντερττσέντε)
120. Εκατόν είκοσι (Εκατοστός εικοστός) ekaton ikossi (ekatostos ikostos)	**Einhundertzwanzig (Einhundertzwanzigste)** άϊνχουντερττσβάντσιγκ άϊνχουντερττσβάντσιγκστε)
125. Εκατόν είκοσι πέντε (Εκατοστός εικοστός πέμπτος) ekaton ikossi pente (ekatostos ikostos pemptos)	**Einhundertfünfundzwanzig (Einhundertfünfundzwanzigste)** άϊνχουντερτφΥνφουντ-τσβάντσιγκ (άϊνχουντερτφΥνφουντ-τσβάντσιγκστε)
200. Διακόσια (Διακοσιοστός) dhiakossia (dhiakossiostos)	**Zweihundert (Zweihundertste)** τσβάϊχουντερτ (τσβάϊχούντερτστε)
300. Τριακόσια (Τριακοσιοστός)	**Dreihundert (Dreihundertste)**

triakossia (triakossiostos)	ντράϊχούντερτ (ντραϊχούντερτστε)
400. Τετρακόσια (Τετρακοσιοστός)	**Vierhundert (Vierhundertste)**
tetrakossia (tetrakossiostos)	φίρχουντερτ (φιρχούντερτστε)
500. Πεντακόσια (Πεντακοσιοστός)	**Fünfhundert (Fünfhundertste)**
pentakossia (pentakossiostos)	φΥνφχούντερτ (φΥνφχούντερτστε)
600. Εξακόσια (Εξακοσιοστός)	**Sechshundert (Sechshundertste)**
eksakossia (eksakossiostos)	σέχσχούντερτ (σεχσχούντερτστε)
700. Επτακόσια (Εφτακοσιοστός)	**Siebenhundert (Siebenhundertste)**
eptakossia (eftakossiostos)	ζίμπενχούντερτ (ζίμπενχούντερτστε)
800. Οχτακόσια (Οχτακοσιοστός)	**Achthundert (Achthundertste)**
ochtakossia (ochtakossiostos)	αχτχούντερτ (αχτχούντερτστε)
900. Εννιακόσια (Εννιακοσιοστός)	**Neunhundert (Neunhundertste)**
enniakossia (enniakossiostos)	νοϊνχούντερτ (νοϊνχούντερτστε)
1000 Χίλια (Χιλιοστός)	**Tausend (Tausendste)**
chilia (chiliostos)	τάουζεντ (τάουζεντε)
1001. Χίλια ένα (Χιλιοστός πρώτος)	**Eintausend (Eintausendste)**
chilia ena (chiliostos protos)	άϊνταουζεντ (αϊντάουζεντστε)
2.000 Δύο χιλιάδες	**Zweitausend**
dhio chiliadhes	τσβάϊταουζεντ

10.000 Δέκα χιλιάδες	**Zehntausend**
dheka chiliadhes	τσένταουζεντ
1.000.000 Ενα εκατομμύριο (Εκατομμυριοστός)	**Eine Million (Millionste)**
ena ekatomirio (ekatomiriostos)	άϊνε μιλιόν (μίλιονστε)
1.000.000.000 Ενα δισεκατομμύριο	**Eine Milliarde**
ena dhissekatomirio	άϊνε μιλιάρντε
Δύο τρίτα (2/3)	**Zwei Drittel**
dhio trita	τσβάϊ ντρίτελ
Δύο (τρείς) φορές	**Zwei (Drei) Mal**
dhio (tris) fores	τσβάϊ (ντράϊ) μαλ
Ενα δεύτερο (1/2)	**Ein Halb**
ena dheftero	άϊν χαλμπ
Ενα τρίτο (1/3)	**Ein Drittel**
ena trito	άϊν ντρίτελ
Ενα τέταρτο (1/4)	**Ein Viertel**
ena tetarto	άϊν φίρτελ
Ενα πέμπτο (1/5)	**Ein Fünftel**
ena pempto	άϊν φΥνφτελ
Ενα έκτο (1/6)	**Ein Sechstel**
ena ekto	άϊν σέχστελ
Ενα έβδομο (1/7)	**Ein Siebtel**
ena evdhomo	άϊν ζίμπτελ
Ενα δέκατο (1/10)	**Ein Zehntel**
ena dhekato	άϊν τσέντελ
Ενα εκατοστό (1/100)	**Ein Hundertstel**
ena ekatosto	άϊν χούντερτστελ
Ενα χιλιοστό (1/1000)	**Ein Tausendstel**
ena chiliosto	άϊν τάουζεντστελ
Ενα (τέσσερα) τοις εκατό (1%, 4%)	**Ein (Vier) Prozent**
ena (tessera) tis ekato	άϊν (φιρ) προτσέντ
Κλάσμα	**Bruch**

12. ΜΟΝΑΔΕΣ ΜΕΤΡΗΣΗΣ

klasma	μπρούχ
Μετράω	**Zahlen**
metrao	τσάλεν
Μία δεκαριά (δωδεκάδα, εικοσαριά, τριανταριά, εκατοστή)	**Zehn Stück (ein Dutzen, zwanzig Stück, dreißig Stück, hundert Stück)**
mia dhekaria, (dhodekada, ikossaria, triantaria, ekatosti)	τσεν στΥκ (άϊν ντούτσεν, τσβάντσιγκ στΥκ, ντράϊσιγκ στΥκ, χούντερτ στΥκ)
Μισή δωδεκάδα	**Ein halbes Dutzen**
missi dhodekada	άϊν χάλμπες ντούτσεν
Ο διπλός	**Der doppelte**
o dhiplos	ντερ ντόπελτε
Ο τριπλός	**Der dreifache**
o triplos	ντερ ντράϊφαχε
Πόσα;	**Wieviel?**
possa;	βιφίλ;
Το μισό	**Die Hälfte**
to misso	ντι χέλφτε
Το σύνολο	**Die Summe**
to sinolo	ντι ζούμε
Τέσσερα πέμπτα (4/5)	**Vier fünftel**
tessera pempta	φιρ φΥνφτελ
Τρία τέταρτα (3/4)	**Drei viertel**
tria tetarta	ντράϊ φίρτελ

12. ΜΟΝΑΔΕΣ ΜΕΤΡΗΣΗΣ	**12. MESSUNGSEINHEITEN**
monadhes metrissis	μέσουνγκσαϊνχάϊτεν
Ακτίνα	**Radius**
aktina	ράντιους
Βαθμός	**Grad**
vathmos	γκραντ

99 12. MESSUNGSEINHEITEN

Βατ	**Watt**
vat	βατ
Βολτ	**Volt**
volt	βολτ
Γραμμάριο	**Grammar**
ghrammario	γκράμαρ
Δεκάλιτρο	**Zehn Liter**
dhekalitro	τσέν λίτερ
Δεκατόμετρο	**Dezimeter**
dhekatometro	ντετσιμέτερ
Δευτερόλεπτο	**Sekunde**
dhefterolepto	σεκούντε
Διάμετρος	**Durchmesser**
dhiametros	ντιαμέτερ
Εκατοστό	**Zentimeter**
ekatosto	τσεντιμέτερ
Εκατοστόλιτρο	**Hundert Liter**
ekatostolitro	χούντερτ λίτερ
Εκατό κιλά	**Hundert Kilos**
ekato kila	χούντερτ κίλος
Εκτάριο (δέκα στρέμματα)	**Hektar (Zehn Hektar)**
ektario (dheka stremmata)	χεκτάρ (τσεν χεκτάρ)
Ενα τέταρτο του κιλού	**Ein Viertel Kilo**
ena tetarto tu kilu	άϊν φίρτελ κίλο
Ενα τέταρτο του λίτρου	**Ein Viertel Liter**
ena tetarto tu litru	άϊν φίρτελ λίτερ
Ιντσα	**Inch**
intsa	ιντς
Κιλό	**Kilo**
kilo	κίλο
Κυβικό εκατοστό	**Kubikzentimeter**
kiviko ekatosto	κουμπίκτσεντιμετερ
Κυβικό μέτρο	**Kubikmeter**
kiviko metro	κουμπίκμετερ

12. ΜΟΝΑΔΕΣ ΜΕΤΡΗΣΗΣ

Κύκλος	**Kreis**
kiklos	κράϊς
Λεπτό	**Minute**
lepto	μινούτε
Λίτρο	**Liter**
litro	λίτερ
Μίλι	**Meile**
mili	μάϊλε
Μισό κιλό	**Halbes Kilo**
misso kilo	χάλμπες κίλο
Μισό λίτρο	**Halbes Liter**
misso litro	χάλμπες λίτερ
Μοίρα	**Grad**
mira	γκραντ
Ορθή γωνία	**Rechter Winkel**
orthi ghonia	ρέχτερ βίνκελ
Περιφέρεια κύκλου	**Kreislinie**
periferia kiklu	κράϊσλινιε
Πόδι	**Bein**
podhi	μπάϊν
Στρέμμα	**Hektar**
strema	χεκτάρ
Τετραγωνικό μέτρο	**Kubikmeter**
tetraghoniko metro	κουμπίκμετερ
Τετραγωνικό χιλιόμετρο	**Kubikkilometer**
tetraghoniko chiliometro	κουμπίκκιλομέτερ
Τόνος	**Tonne**
tonos	τόννε
Χιλιόγραμμο	**Milligramm**
chilioghramo	μιλιγκράμ
Χιλιόμετρο	**Kilometer**
chiliometro	κιλομέτερ
Χιλιοστό	**Millimeter**
chiliosto	μιλιμέτερ

13. ΧΡΩΜΑΤΑ, ΙΔΙΟΤΗΤΕΣ
chromata, idhiotites

13. FARBEN, EIGENSCHAFTEN
φάρμπεν, άϊγκενΣαφτεν

Αγαπητός, -ή, -ό
aghapitos, aghapiti, aghapito
Lieber, -e, -es
λίμπερ, λίμπε, λίμπες

Αδειος, -α, -ο
adhios, adhia, adhio
Leerer, -e, -es
λέρερ, -ρε, -ρες

Αδέξιος, -α, -ο
adheksios, -ksia, -ksio
Ungeschickter, -e, es
ουνγκεΣίκτερ, -Σίκτε, -Σίκτες

Αδύναμος, -η, -ο
adhinamos, -mi, -mo
Schwacher, -e, -es
Σβάχερ, -χε, -χες

Αδύνατος, -η, -ο
adhinatos, -ti, -to
Düner, -e, -es
ντΥνερ, -νε, -νες

Ακριβός, -η, -ο
akrivos, -vi, -vo
Teuer, teure, teures
τόϊερ, τόϊρε, τόϊρες

Αληθινός, -η, -ο
alithinos, -ni, -no
Wahrer, -e, -es
βάρερ, -ρε, -ρες

Αλλος, -η, -ο
alos, ali, alo
Anderer, -e, -es
άντερερ, -ρε, -ρες

Αναγκαίος, -α, -ο
anageos, -a, -o
Notwendiger, -e, -es
νότβεντιγκερ, -γκε, -γκες

Ανακριβής, -ής, -ές
anakrivis, -vis, -ves
Ungenauer, -e, -es
ουνγκενάουερ, -ουε, -ουες

Ανεπαρκής, -ής, -ές
aneparkis, -kis, -kes
Unzulänglicher, -e, -es
ουντσουλένγκλιχερ, -χε, -χες

Ανετος, -η, -ο
anetos, -ti, -to
Bequemer, -e, es
μπεκβέμερ, -με, -μες

Ανοιχτός, -ή, -ό
anichtos, -ti, -to
Offener, -e, -es
όφενερ, -νε, -νες

Αντίθετος, -η, -ο
antithetos, -ti, -to
Gegensätzlicher, -e, -es
γκεγκενζέτσλιχερ, -χε, -χες

Απαγορευμένος, -η, -ο
apaghorevmenos, -ni, -no
Verbotener, -e, -es
φερμπότενερ, -νε, -νες

13. ΧΡΩΜΑΤΑ, ΙΔΙΟΤΗΤΕΣ

Αποτελεσματικός, -η, -ο	**Wirksamer, -e, -es**
apotelesmatikos, -ki, -ko	βίρκσαμερ, -βε, -βες
Απρόοπτος, -η, -ο	**Unvorhergesehener, -e, -es**
aprooptos, ti, -to	ουνφορχεργκεζέενερ, -νε, -νες
Αργός, -η, -ο	**Langsamer, -e, -es**
arghos, -ghi, -gho	λάνγκζαμερ, -με, -μες
Αρκετός, -η, -ο	**Genügender, -e, -es**
arketos, -ti, -to	γκενΥγκεντερ, -ντε, -ντες
Αρμόδιος, -α, -ο	**Zuständiger, -e, -es**
armodhios, -dhia, -dhio	τσούστεντιγκερ, -γκε, -γκες
Αρρωστος, -η, -ο	**Kranker, -e, -es**
arostos, -ti, -to	κράνκερ, -κε, -κες
Ασημής, -ιά, -ί	**Silbener, -e, -es**
assimis, -mia, -mi	ζίλμπενερ, -νε, -νες
Ασπρος, -η, -ο	**Weisser, -e, -es**
aspros, -ri, -ro	βάϊσερ, -σε, -σες
Αστείος, -α, -ο	**Lustiger, -e, -es**
astios, -tia, -tio	λούστιγκερ, -γκε, -γκες
Ασχημος, -η, -ο	**Häßlicher, -e, es**
asHimos, -mi, -mo	χέσλιχερ, -χε, -χες
Αχρηστος, -η, -ο	**Unbrauchbarer, -e, -es**
achristos, -ti, -to	ουνμπραουχμπάρερ, -ρε, -ρες
Βαθύς, -ιά, -ύ	**Tiefer, -e, -es**
vathis, -thia, -thi	τίφερ, -φε, -φες
Βαρύς, -ιά, ύ	**Schwerer, -e, -es**
varis, -ria, -ri	Σβέρερ, -ρε, -ρες
Βέβαιος, -η, -ο	**Sicherer, -e, -es**
veveos, -vei, -veo	ζίχερερ, -ρε, -ρες
Βίαιος, -α, -ο	**Gewaltiger, -e, -es**
vieos, -ea, -eo	γκεβάλτιγκερ, -γκε, -γκες
Βιολετί	**Violeter, -e, -es**
violeti	βιολέτερ, -ε, -ες
Βρώμικος, -η, -ο	**Schmutziger, -e, es**
vromikos, -ki, -ko	Σμούτσιγκερ, -γκε, -γκες

Γαλάζιος, -α, -ο	**Hellblauer, -e, -es**
ghalazhios, -zhia, -zhio	χέλμπλαου, -αουε, -αουες
Γελοίος, -α, -ο	**Lächerlicher, -e, -es**
ghelios, -lia, -lio	λέχερλιχερ, -χε, -χες
Γεμάτος, -η, το	**Voller, -e, -es**
ghematos, -ti, -to	φόλερ, -ε, -ες
Γενικός, -ή, το	**Allgemeiner, -e, -es**
ghenikos, -ki, -ko	αλγκεμάϊνερ, -ε, ες
Γκρι	**Grau**
gri	γκράου
Γκρίζος, -η, -το	**Grauer, -e, -es**
grizhos, -zhi, -zho	γκράουερ, -ουε, -ες
Γλυκός, -ιά, -ό	**Süßer, -e, -es**
ghlikos, -kia, -ko	σΥσερ, -σε, -σες
Γραφικός, -ή, -ό	**Malerischer, -sche, -sches**
ghrafikos, -ki, -ko	μαλέριΣερ, -Σε, -Σες
Γρήγορος, -η, -ο	**Schneller, -e, -es**
ghrighoros, -ri, -ro	Σνέλερ, -λε, -λες
Δημόσιος, -α, -ο	**Öffentlicher, -che, -ches**
dhimossios, -sia, sio	Εφεντλίχερ, -χε, -χες
Διασκεδαστικός, -η, ό	**Unterhalsamer, -me, -mes**
dhiaskedhastikos, -ki, -ko	ουντερχάλζαμερ, -με, -μες
Διαφορετικός, -ή, -το	**Verschiedener, -e, -es**
dhiaforetikos, -ki, -ko	φερΣίντενερ, -νε, -νες
Δίκαιος, -η, -ο	**Gerechter, -te, -tes**
dhikeos, -kei, -keo	γκερέχτερ, -χτε, -χτες
Δροσερός, -ή, -ό	**Kühler, -e, -es**
dhrosseros, -ri, -ro	κΥλερ, -λε, -λες
Δυνατός, -ή, -ό	**Kräftiger, -e, -es**
dhinatos, -ti, -to	κρέφτιγκερ, -γκε, -γκες
Δυσάρεστος, -η, -ο	**Unangenehmer, -me, -mes**
dhissarestos, -ti, -to	ούναγκενεμερ, -με, -μες
Δύσκολος, -η, -ο	**Schwieriger, -e, -es**
dhiskolos, -li- lo	Σβίριγκερ, -γκε, -γκες

Ελαφρύς, -ιά, -ύ elafris, -ria, -ri	**Leichter, -e, -es** λάϊχτερ, -χτε, -χτες
Ενδιαφέρων, ουσα, -ον endhiaferon, -usa, -on	**Interessanter, -e, -es** ιντερεσάντερ, -ντε, -ντες
Εξωτερικός, -ή, -ό eksoterikos, -ki, -ko	**Äußerlicher, -che, -ches** όϊσερλιχερ, -χε, -χες
Εξυπνος, -η, -ο eksipnos, -pni, -pno	**Kluger, -e, -es** κλούγκερ, -γκε, -γκες
Επικίνδυνος, -η, -ο epikindhinos, -ni, -no	**Gefährlicher, -e, -es** γκεφέρλιχερ, -χε, -χες
Επίπεδος, -η, -ο epipedhos, -dhi, -dho	**Flacher, -e, -es** φλάχερ, -ε, -ες
Επόμενος, -η, -ο epomenos, -ni, -no	**Nächster, -e, -es** νέχστερ, -στε, -στες
Εσωτερικός, -ή, -ό essoterikos, -ki, -ko	**Innere, -re, res** ίνερε, -ρε, -ρες
Ετοιμος, -η, -ο etimos, -i, -o	**Fertiger, -e, -es** φέρτιγκερ, -γκε, -γκες
Εύθυμος, -η, -ο efthimos, -mi, -mo	**Fröhlicher, -e, -es** φρΕλιχερ, -χε, -χες
Εύκολος, -η, -ο efkolos, -li, -lo	**Leichter, -e, -es** λάϊχτερ, -χτε, -χτες
Ευχαριστημένος, -η, -ο efcharistimenos, -ni, -no	**Zufriedener, -e, es** τσουφρίντενερ, -νε, -νες
Ευχάριστος, -η, -ο efcharistos, -ti, -to	**Angenehmer, -me, -mes** άνγκενεμερ, -με, -μες
Ζαχαρής, -ιά, -ί zhacharis, -ia, -i	**Perlweißer, -e, -es** πέρλβαϊσερ, -σε, -σες
Ζεστός, -ή, -ό zhestos, -ti, -to	**Warmer, -e, -es** βάρμερ, -με, -μες
Ησυχος , -η, -ο issichos, -chi, -cho	**Ruhiger, -e, -es** ρούιγκερ, -γκε, -γκες
Θαυμάσιος, -α, -ο thavmassios, -ssia, -ssio	**Toller, -le, les** τόλερ, -λε, -λες

13. FARBEN, EIGENSCHAFTEN

Θορυβώδης, -ης, -ες	**Lärmer, -e, -es**
thorivodhis, -dhi, -dhes	λέρμερ, -με, -μες
Ικανός, -ή, -ό	**Fähig, -e, -es**
ikanos, -ni, -no	φέϊγκ, -γκε, -γκες
Ισιος, -α, -ο	**Gerader, -de, -des**
issios, -sia, -sio	γκεράντερ, -ντε, -ντες
Ισος, -η, -ο	**Gleicher, -e, es**
issos, -si, -so	γκλάϊχερ, -χε, -χες
Καθαρός, -ή, -ό	**Sauberer, -e, -es**
katharos, -ri, -ro	ζάουμπερερ, -ρε, -ρες
Καινούριος, -α, -ο	**Neuer, -e, -es**
kenurghios, -ghia, -ghio	νόϊερ, -ϊε, -ϊες
Κακός, -ή, -ό	**Böser, -e, -es**
kakos, -ki, -ko	μπΕζερ, -ζε, -ζες
Καλός, -ή, -ό	**Guter, -e, -es**
kalos, -li, -lo	γκούτερ, -τε, -τες
Καστανός, -ή, -ό	**Brauner, -e, -es**
kastanos, -ni, -no	μπράουνερ, -νε, -νες
Καφέ	**Braun**
kafe	μπράουν
Κίτρινος, -η, -ο	**Gelber, -e, -es**
kitrinos, -ni, -no	γκέλμπερ, -ε, -ες
Κλειστός, -ή, -ό	**Geschlossener, -e, -es**
klistos, -ti, -to	γκεΣλόσενερ, -νε, -νες
Κοκκινομάλης, -α, -ικο	**Rothaariger, -ge, -ges**
kokinomalis, -la, -liko	ρότχαριγκερ, -γκε, -γκες
Κόκκινος, -η, -ο	**Rotter, -e, -es**
kokinos, -ni, -no	ρότερ, -τε, -τες
Κομψός, -ή, -ό	**Eleganter, -e, -es**
kompsos, -si, -so	ελεγκάντερ, -ντε, -ντες
Κοντός, ή, -ό	**Kleiner, -e, -es**
kontos, -ti, -to	κλάϊνερ, -νε, -νες
Κρύος, -α, -ο	**Kalter, -e, -es**
krios, -a, -o	κάλτερ, -τε, -τες

Κωμικός, -ή, -ό komikos, -ki, -ko	**Lustiger, -ge, ges** λούστιγκερ, -γκε, -γκες
Λευκός, -ή, -ό lefkos, -ki, -ko	**Weißer, -e, -es** βάϊσερ, -σε, -σες
Λυπημένος, -ή, -ο lipimenos, -ni, -nos	**Trauriger, -e, -es** τράουριγκερ, -γκε, -γκες
Μακρύς, -ιά, -ύ makris, -kria, -kri	**Langer, -e, -es** λάνγκερ, -γκε, -γκες
Μαυρισμένος, -η, -ο mavrismenos, -ni, -no	**Brauner, -ne, -nes** μπράουνερ, -νε, -νες
Μαύρος, -η, -ο mavros, -ri, -ro	**Schwarzer, -e, -es** Σβάρτσερ, -τσε, -τσε
Μεγάλος, -η, -ο meghalos, -li, lo	**Großer, -e, -es** γκρόσερ, -σε, -σες
Μελαχρινός, -ή, -ό melachrinos, -ni, -no	**Dunkelhaariger, -ge, -ges** ντούκελχαριγκερ, -γκε, -γκες
Μενεξεδής, -ιά, -ί menexedhis, -dhia, -dhi	**Veilchenblauer, -e-, -es** βάϊλχενμπλάουερ, -ε, -ες
Μικρός, -ή, -ό mikros, -ri, -ro	**Kleiner, -e, -es** κλάϊνερ, -νε, -νες
Μοναδικός, -ή, -ό monadhikos, -ki, -ko	**Einzelner, -e, -es** άϊντσελνερ, -νε, -νες
Μόνος, -η, -ο monos, -ni, -no	**Alleiner, -e, -es** αλάϊνερ, -νε, -νες
Μπεζ bezh	**Beige** μπεζ
Μπλε ble	**Blau** μπλάου
Νεκρός, -ή, -ό nekros, -ri, -ro	**Gestorbener, -e, -es** γκεστόρμπενερ, -νε, -νες
Νέος, -α, -ο neos, -a, -o	**Junger, -es, -es** γιούνγκερ, -γκε, -γκες
Ξανθός, -ή, -ό xanthos, -thi, -tho	**Blonder, -e, -es** μπλόντερ, -ντε, -ντες

13. FARBEN, EIGENSCHAFTEN

Ξένος, -η, -ο	Fremder, -e, -es
xenos, -ni, -no	φρέμντερ, -ντε, -ντες
Ολόκληρος, -η, -ο	Ganzer, -e, -es
olokliros, -ri, -ro	γκάντσερ, -ντσε, -ντσε
Ομορφος -η, -ο	Schöner, -e, -es
omorfos, -fi, -fo	ΣΕνερ, -νε, -νες
Ορθογώνιος, -α, -ο	Rechtseckiger, -ge, -ges
orhoghonios, -nia, -nio	ρέχτσεκιγκερ, -γκε, -γκες
Παγωμένος, -η, -ο	Gefrorener, -e, -es
paghomenos, -ni, -nos	γκεφρόρενερ, -νε, -νες
Παλιός, -ά, -ό	Alter, -e, -es
palios, -lia, -lio	άλτερ, -τε, -τες
Παράξενος, -η, -ο	Komischer, -me, -mes
paraxenos, -ni, -no	κόμιΣερ, -ε, -ες
Περασμένος, -η, -ο	Vergangener, -e, -es
perasmenos, -ni, -no	φεργκάνγκενερ, -νε, -νες
Πικρός, -ή, -ό	Bitterer, -re, -res
pikros, -ri, -ro	μπίτερερ, -ρε, -ρες
Πλατύς, -ιά, -ύ	Breiter, -e, -es
platis, -tia, -ti	μπράϊτερ, -τε, -τες
Πλήρης, -ης, -ες	Vollständiger, -e, -es
pliris, -ris, -res	φολστέντιγκερ, -ε, -ες
Πλούσιος, -α, -ο	Reicher, -e, -es
plussios, -sia, -sio	ράϊχερ, -χε, -χες
Ποικίλος, -η, -ο	Vielfältiger, -e, -es
pikilos, -li, -lo	φίλφελτιγκερ, -ε, -ες
Πολύχρωμος, -η, -ο	Farbiger, -e, -es
polichromos, -mi, -mo	φάρμπιγκερ, -γκε, -γκες
Πορτοκαλής, -ιά, -ί	Oranger, -e, -es
portokalis, -lia, -li	οράνζερ, -ζε, -ζες
Πορφυρός, -ή, -ό	Purpurfarbiger, -ge, -ges
porfiros, -ri, -ro	πουρπούρφαρμπιγκερ, -γκε, -γκες
Παρόμοιος, -α, -ο	Ähnlicher, -e, -es
paromios, -mia, -mio	ένλιχερ, -χε, -χες

13. ΧΡΩΜΑΤΑ, ΙΔΙΟΤΗΤΕΣ

Πραγματικός, -ή, -ό	**Wirklicher, -e, -es**
praghmatikos, -ki, -ko	βίρκλιχερ, -χε, -χες
Πράσινος, -η, -ο	**Grüner, -e, -es**
prassinos, -ni, -no	γκρΥνερ, -νε, -νες
Ροζ	**Rosa**
rozh	ρόζα
Σημαντικός, -ή, -ό	**Wichtiger, -e, -es**
simantikos, -ki, -ko	βίχτιγκερ, -γκε, -γκες
Σκληρός, -ή, -ό	**Harter, -e, -es**
skliros, -ri, -ro	χάρτερ, -τε, -τες
Σιωπηλός, -ή, -ό	**Stiller, -le, -les**
siopilos, -li, -lo	στίλερ, -λε, -λες
Σκοτεινός, -ή, -ό	**Dunkler, -e, -es**
skotinos, -ni, -no	ντούνκλερ, -λε, -λες
Σκούρος, -α, -ο	**Dunkler, -e, -es**
skuros, -ri, -ro	ντούνκλερ, -λε, -λες
Στενός, -ή, -ό	**Enger, -e, -es**
stenos, -ni, -no	ένγκερ, -γκε, -γκες
Στρογγυλός, -ή, -ό	**Runder, -e, -es**
strogilos, -li, -lo	ρούντερ, -ντε, -ντες
Συνετός, -ή, -ό	**Vernünftiger, -ge, -ges**
sinetos, -ti, -to	φερνΥνφτιγκερ, -γκε, -γκες
Τελευταίος, -α, -ο	**Letzter, -e, -es**
telefteos, -ftea, -fteo	λέτστερ, -τε, -τες
Τετράγωνος, -η, -ο	**Viereckiger, -ge, ges**
tetraghonos, -ni, -no	φίρεκιγκερ, -γκε, -γκες
Τίμιος, -α, -ο	**Anständiger, -ge, -ges**
timios, -mia, -mio	άνστεντιγκερ, -γκε, -γκες
Υπέροχος, -η, -ο	**Fantastischer, -sche, -sches**
iperochos, -chi, -cho	φαντάστιΣερ, -Σε, -Σες
Φαρδύς, -ιά, -ύ	**Breiter, -e, -es**
fardhis, -dhia, -dhi	μπράϊτερ, -τε, -τες
Φρέσκος, -ια, -ο	**Frischer, -e, -es**
freskos, -kia, -ko	φρίΣερ, -Σε, -Σες

13. FARBEN, EIGENSCHAFTEN

Φτηνός, -ή, -ό
ftinos, -ni, -no
Billiger, -e, -es
μπίλιγκ, -γκε, -γκες

Φτωχός, -ή, -ό
ftochos, -chi, -cho
Armer, -e, -es
άρμερ, -με, -μες

Φυσικός, -ή, -ό
fissikos, -ki, -ko
Natürlicher, -e, -es
νατΥρλιχερ, -χε, -χες

Φωτεινός, -ή, -ό
fotinos, -ni, -no
Heller, -e, -es
χέλερ, -λε, -λες

Χλιαρός, -ή, -ό
chliaros, -ri, -ro
Lauwarmer, -me, -mes
λάουβαρμερ, -με, -μες

Χοντρός, -ή, -ό
chontros, -ri, -ro
Dicker, -e, -es
ντίκερ, -κε, -κες

Χρήσιμος, -η, -ο
chrissimos, -mi, -mo
Nützlicher, -re, -res
νΥτσλιχερ, -ρε, -ρες

Χρυσαφί
chrissafi
Golden
γκόλντεν

Χρυσός, -ή, -ό
chrissos, -si, -so
Goldener, -e, -es
γκόλντενερ, -νε, -νες

Ψεύτικος, -η, -ο
pseftikos, -ki, -ko
Falscher, -e, -es
φάλΣερ, -Σε, -Σες

Ψηλός, -ή, -ό
psilos, -li, -lo
Großer, -e, -es
γκρόσερ, -σε, -σε

Ψημένος, -η, -ο
psimenos, -ni, -no
Gebratener, -ne, -nes
γκεμπράτενερ, -νε, -νες

Ωμός, -ή, -ό
omos, -mi, -mo
Roher, -he, -hes
ρόερ, -ε, -ες

Ωραίος, -α, -ο
oreos, -a, -o
Schöner, -e, -es
ΣΕνερ, -νε, -νες

Ώριμος, -η, -ο
orimos, -mi, -mo
Reifer, -e, -es
ράϊφερ, -φε, -φες

Ωχρός, -ή, -ό
ochros, -ri, -ro
Blaßer, -ße, -ßes
μπλάσερ, -σε, -σες

14. ΕΠΙΓΡΑΦΕΣ, ΤΑΜΠΕΛΕΣ

14. ΕΠΙΓΡΑΦΕΣ, ΤΑΜΠΕΛΕΣ epigrafes, tabeles	**14. ADRESSEN, SCHILDER** αντρέσεν, Σίλντερ

Αίθουσα αναμονής — **Wartesaal**
ethussa anamonis — βάρτεζααλ

Ανοιχτό — **Offen**
anichto — όφεν

Ανδρών — **Männer**
andhron — μένερ

Ανελκυστήρες — **Aufzüge**
anelkistires — άουφτσΥγκε

Ανθοπωλείο — **Blumenladen**
anthopolio — μπλούμενλαντεν

Απαγορεύεται η είσοδος — **Eintritt verboten**
apaghorevete i issodhos — άϊντριτ φερμπότεν

Απαγορεύεται το κάπνισμα — **Rauchen verboten**
apaghorevete to kapnizhma — ράουχεν φερμπότεν

Αρτοποιείο — **Bäckerei**
artopiio — μπεκεράϊ

Ασανσέρ — **Aufzug**
assanser — άουφτσουγκ

Βιβλιοπωλείο — **Buchhandlung**
vivliopolio — μπούχχαντλουνγκ

Γούνες — **Pelze**
ghunes — πέλτσε

Γραφείο πληροφοριών — **Auskunftsbüro**
ghrafio pliroforion — άουσκουνφτσμπΥρό

Γυναικών — **Frauen**
jinekon — φράουεν

Δεύτερος όροφος — **Zweite Etage**
dhefteros orofos — τσβάϊτε ετάζε

Είσοδος — **Eingang**
issodhos — άϊνγκανγκ

14. ADRESSEN, SCHILDER

Εκπτώσεις	**Ausverkauf**
ekptossis	άουσφερκαουφ
Εξοδος	**Ausgang**
eksodhos	άουσγκανγκ
Εξοδος κινδύνου	**Notausgang**
eksodhos kindhinu	νότaουσγκανγκ
Επιπλα	**Möbel**
epipla	μEμπελ
Ζαχαροπλαστείο	**Konditorei**
zhacharoplastio	κοντιτοράϊ
Θέαμα ακατάλληλο για νέους κάτω των 18 ετών	**Film ungeeignet für Jugendliche unter 18 Jahre**
theama akatalilo ja neus kato ton 18 eton	φιλμ ουνγκεάϊγκνετ φYρ γιούγκεντλιχε ούντερ 18 γιάρε
Θέαμα ακατάλληλο για ανηλίκους	**Film ungeeignet für Jugendliche**
theama akatalilo ja anilikus	φιλμ ουνγκεάϊγκνετ φYρ γιούγκεντλιχε
Θέαμα ακατάλληλο για παιδιά	**Film ungeeignet für Kinder**
theama akatalilo ja pedhia	φιλμ ουνγκεάϊγκνετ φYρ κίντερ
Θέση διάβασης	**Übergang**
thessi dhiavassis	Υμπεργκανγκ
Ισόγειο	**Erdgeschoss**
issojio	έρντγκεΣος
Κατάστημα αθλητικών ειδών	**Sportladen**
katastima athlitikon idhon	σπόρτλαντεν
Κατάστημα καλλυντικών	**Parfümerie**
katastima kalindikon	παρφYμερί
Κλειστό	**Geschlossen**
klisto	γκεΣλόσεν
Κλειστό λόγω διακοπών	**Geschlossen wegen Ferien**
klisto logho dhiakopon	γκεΣλόσεν βέγκεν φέριεν

14. ΕΠΙΓΡΑΦΕΣ, ΤΑΜΠΕΛΕΣ

Κρέας, ψάρι kreas, psari	**Fleisch, Fisch** φλάϊΣ, φιΣ
Κρεοπωλείο kreopolio	**Metzgerei** μετσγκεράϊ
Λαχανικά lachanika	**Gemüse** γεμΥζε
Λουλούδια luludhia	**Blumen** μπλούμεν
Ξενοδοχείο xenodhochio	**Hotel** χοτέλ
Παντοπωλείο pantopolio	**Lebensmittelhändlung** λέμπενσμιτελχεντλουνγκ
Προσοχή (χρώμα) prossochi (chroma)	**Vorsicht (Farbe)** φόρσιχτ (φάρμπε)
Πρώτες βοήθειες protes voithies	**Erste Hilfe** έρστε χίλφε
Πρώτος όροφος protos orofos	**Erste Etage** έρστε ετάζε
Στοπ stop	**Stop** στοπ
Στάση λεωφορείου stassi leoforiu	**Bushaltestelle** μπούσχαλτεστελε
Συναγερμός sinaghermos	**Alarm** αλάρμ
Ταμείο tamio	**Kasse** κάσε
Υποδήματα ipodhimata	**Schuhe** Σούε
Υφασματοπωλείο ifasmatopolio	**Textilienladen** τεξτίλιενλαντεν
Φαρμακείο farmakio	**Apotheke** αποτέκε
Φρούτα fruta	**Obst** όμπστ

15. ΤΑΞΙΔΙ ΜΕ ΑΕΡΟΠΛΑΝΟ — 15. FLUGREISE

15. ΤΑΞΙΔΙ ΜΕ ΑΕΡΟΠΛΑΝΟ taxidhi me aeroplano	**15. FLUGREISE** φλούγκραϊζε
Αεριωθούμενο αεροπλάνο aeriothumeno aeroplano	**Düsenflugzeug** ντΥζενφλουγκτσοϊγκ
Αεροδρόμιο aerodhromio	**Flughafen** φλούγκχαφεν
Αεροπορία aeroporia	**Luftwaffe** λούφτβαφε
Αεροπορική εταιρία aeroporiki eteria	**Fluggesellschaft** φλούγκγκεζέλΣαφτ
Αεροπορικό ατύχημα aeroporiko atichima	**Flugunfall** φλούγκουνφαλ
Αεροσκάφος aeroskafos	**Flugzeug** φλούγκτσοϊγκ
Αεροσυνοδός aerossinodhos	**Stewardess** στγιούαρντες
Αεροταξί aerotaxi	**Lufttaxi** λούφτταξι
Ακυρώνω akirono	**Absagen** άμπζαγκεν
Αμεση επιβίβαση amessi epivivassi	**Sofort einsteigen** ζοφόρτ άϊνσταϊγκεν
Αναχώρηση anachorissi	**Abfahrt** άμπφαρτ
Ανεβαίνω aneveno	**Einsteigen** άϊνσταϊγκεν
Απογείωση apoghiossi	**Abflug** άμπφλουγκ
Αποθήκη αποσκευών του αεροπλάνου apothiki aposkevon tu aeroplanu	**Aufbewahrung von Fluggepäck** αουφμπεβάρουνγκ φον φλούγκγκεπεκ
Από που παίρνουνε τις	**Wo holt man das Gepäck**

15. ΤΑΞΙΔΙ ΜΕ ΑΕΡΟΠΛΑΝΟ

αποσκευές;	ab?
apo pu pernune tis aposkeves?	βο χολτ μαν ντας γκεπέκ αμπ;
Απόσταση	**Distanz**
apostassi	ντιστάντς
Βαλίτσα	**Koffer**
valitsa	κόφερ
Δέστε τις ζώνες ασφαλείας	**Schnallen Sie sich an**
dheste tis zhones asfalias	Σνάλεν ζι ζιχ αν
Δέχεστε τα μικρά ζώα μέσα στο αεροπλάνο;	**Sind kleine Tiere im Flugzeug erlaubt?**
dhecheste ta mikra zhoa messa sto aeroplano?	ζιντ κλάϊνε τίρε ιμ φλούγκτσοϊγκ ερλάουμπτ;
Διάδρομος	**Gang**
dhiadhromos	γκανγκ
Διακεκριμένη θέση	**Extraplätze**
dhiakekrimeni thessi	έξτραπλετσε
Ελικόπτερο	**Hubschrauber**
elikoptero	χούμπΣραουμπερ
Εμπόρευμα	**Ware**
emborevma	βάρε
Ενα εισιτήριο με επιστροφή για ...την 13η Ιουλίου	**Ein Hin- und Rückflug für den 13en Juli**
ena issitirio me epistrofi ja... tin dhekati triti iuliu	άϊν χιν- ουντ ρΥκφλουγκ φΥρ ντεν ντράϊτσεντεν γιούλι
Ενδιάμεση στάση	**Zwischenstation**
endhiamessi stassi	τσβίΣενστατιον
Εξοδος κινδύνου	**Notausgang**
eksodhos kindhinu	νόταουσγκανγκ
Επιβάτης	**Passagier**
epivatis	πασαζίρ
Επικυρώνω	**Bestätigen**
epikirono	μπεστέτιγκεν
Επικύρωσα την κράτηση της θέσης μου πριν τρείς	**Ich habe vor drei Tagen meine Buchung bestätigt**

μέρες	
epikirossa tin kratissi tis thessis mu prin tris meres	ιχ χάμπε φορ ντράϊ τάγκεν μάϊνε μπούχουνγκ μπεστέτιγκτ
Εχει αεροπλάνο απευθείας για... στις...;	**Gibt es am... ein direkter Flug nach...?**
echi aeroplano apefthias ja...stis...?	γκιμπτ ες αμ... άϊν ντιρέκτερ φλούγκ ναχ...;
Η μεταβίβαση στο αεροδρόμιο συμπεριλαμβάνεται;	**Ist der Transport zum Flughafen enthalten?**
i metavivassi sto aerodhromio simberilamvanete?	ιστ ντερ τρανσπόρτ τσουμ φλούγκχαφεν εντχάλτεν;
Η μη τουριστική περίοδος	**Die Zeit wo kein Tourismus ist**
i mi turistiki periodhos	ντι τσάϊτ βο κάϊν τουρίσμους ιστ
Η πτήση ακυρώθηκε	**Der Flug wurde abgesagt**
i ptisi akirothike	ντερ φλούγκ βούρντε αμπγκεζάγκτ
Η πτήση έχει καθυστέρηση	**Der Flug hat Verspätung**
i ptisi echi kathisterissi	ντερ φλούγκ χατ φερσπέτουνγκ
Η σκάλα του αεροπλάνου	**Die Flugzeugstreppe**
i skala tu aeroplanu	ντι φλούγκτσοϊγκστρέπε
Θα ήθελα ένα κάθισμα μπροστά (πίσω, κοντά σ' ένα παράθυρο, στο διάδρομο, στη ζώνη "καπνίζοντες", στη ζώνη "μη καπνίζοντες")	**Ich möchte vorne sitzen (hinten, am Gang am Fenster, in der Raucher, in der nicht-Raucher Zone)**
tha ithela ena kathisma brosta (pisso, konda sena parathiro, sto dhiadhromo, sti zhoni kapnizhondes, sti zhoni mi kapnizhondes)	ιχ μΕχτε φόρνε ζίτσεν (χίντεν, αμ γκάνγκ αμ φένστερ, ιν ντερ ράουχερ, ιν ντερ νιχτ-ράουχερ τσόνε)
Θα ήθελα κάτι να πιώ	**Ich möchte etwas trinken**
tha ithela kati na pio	ιχ μΕχτε έτβας τρίνκεν

Θα ήθελα μία κουβέρτα	**Ich möchte eine Decke**
tha ithela mia kuverta	ιχ μΕχτε άϊνε ντέκε
Καμπίνα χειριστού	**Griffskabine**
kabina chiristu	γκρίφσκαμπίνε
Καπνίζοντες	**Raucher**
kapnizhontes	ράουχερ
Κάρτα επιβίβασης	**Bordkarte**
karta epivivassis	μπόρτκαρτε
Κατά την πτήση	**Während des Fluges**
kata tin ptissi	βέρεντ ντες φλούγκες
Καταστήματα αφορολόγητων ειδών	**Zollfreie Geschäfte**
katastimata aforologhiton idhon	τσόλφραϊε γκεΣέφτε
Κράτηση θέσης	**Buchung**
kratissi thessis	μπούχουνγκ
Κυβερνήτης	**Kapitän**
kivernitis	καπιτέν
Μείνετε καθιστοί μέχρι να σταματήσει εντελώς το αεροσκάφος	**Bleiben Sie sitzen bis das Flugzeug ganz still steht**
minete kathisti mechri na stamatissi entelos to aeroskafos	μπλάϊμπεν ζι ζίτσεν μπις ντας φλούγκτσοϊγκ γκάντς στιλ στέτ
Μη καπνίζετε κατά την απογείωση (κατά την προσγείωση, στις τουαλέτες)	**Rauchen Sie während dem Abflug (der Landung, in den Toiletten) nicht**
mi kapnizhete kata tin apojiossi (kata tin prosjiossi, stis tualetes)	ράουχεν ζι βέρεντ ντεμ άμπφλουγκ (ντερ λάντουνγκ, ιν ντεν τοϊλέτεν) νιχτ
Μη καπνίζοντες	**Nicht Raucher**
mi kapnizhondes	νιχτ ράουχερ
Μπορείτε να αλλάξετε την κράτηση της θέσης μου;	**Können Sie meine Buchung ändern?**
borite na alaksete tin kratissi	κΕνεν ζι μάϊνε μπούχουνγκ

tis thessis mu? — έντερν;

Μπορώ να κρατήσω αυτή τη βαλίτσα σαν χειραποσκευή; — **Darf ich diesen Koffer als Handgepäck mitnehmen?**
boro na kratisso afti ti valitsa san chiraposkevi? — νταρφ ιχ ντίζεν κόφερ αλς χάντεγκεπεκ μίτνεμεν;

Οι επιβάτες αποβιβάζονται — **Die Passagiere steigen aus**
i epivates apovivazhonte — ντι πασαζίρε στάϊγκεν άους

Ομαδικό εισητήριο — **Gruppenticket**
omadhiko issitirio — γρούπεντικετ

Παράθυρο — **Fenster**
parathiro — φένστερ

Παρακαλούμε να επιστρέψετε στις θέσεις σας — **Bitte, kehren Sie an Ihre Plätze zurück**
parakalume na epistrepsete stis thessis sas — μπίτε, κέρεν ζι αν ίρε πλέτσε τσουρΥk

Πάρτε αυτό, είναι κατά της ναυτίας — **Nehmen Sie das ein, es ist gegen der Übelkeit**
parte afto, ine kata tis naftias — νέμεν ζι ντας άϊν, ες ιστ γκέγκεν ντερ Υμπελκαϊτ

Πετώ — **Fliegen**
peto — φλίγκεν

Πιλότος — **Pilot**
pilotos — πιλότ

Πίστα — **Piste**
pista — πίστε

Πλήρωμα — **Besatzung**
pliroma — μπεζάτσουνγκ

Ποιά είναι η θερμοκρασία στο έδαφος; — **Wie ist die Bodentemperatur?**
pia ine i thermokrassia sto edhafos? — βι ιστ ντι μπόντεντεμπερατούρ;

Πόση ώρα σταματά το αεροπλάνο στο...; — **Wie lange hält das Flugzeug in... an?**

possi ora stamata to aeroplano sto...?	βι λάνγκε χελτ ντας φλούγκτσοϊγκ ιν... αν;
Πόσο κοστίζει το εισιτήριο για...;	**Wieviel kostet das Ticket nach...;**
posso kostizhi to issitirio ja...?	βίφιλ κόστετ ντας τίκετ ναχ...;
Πόσο κοστίζει το υπέρβαρο;	**Wieviel kostet das Übergewicht?**
posso kostizhi to ipervaro?	βίφιλ κόστετ ντας Υμπεργκεβιχτ;
Πότε έρχεται το αεροπλάνο από...;	**Wann kommt das Flugzeug aus...?**
pote erchete to aeroplano apo...?	βαν κομτ ντας φλούγκτσοϊγκ άους...;
Πότε πρέπει να είμαι εκεί;	**Wann muß ich da sein?**
pote prepi na ime eki?	βαν μους ιχ ντα ζάϊν;
Πότε φεύγει το αεροπλάνο;	**Wann fliegt das Flugzeug ab?**
pote fevghi to aeroplano?	βαν φλίγκτ ντας φλούγκτσοϊγκ αμπ;
Πότε φθάνουμε στο...;	**Wann kommen wir in ... an?**
pote fthanume sto...;	βαν κόμεν βιρ ιν...αν;
Ποτό	**Getränk**
poto	γκετρένκ
Που είναι η αίθουσα αναμονής (τα αφορολόγητα είδη, το γραφείο πληροφοριών);	**Wo ist der Wartesaal (die steuerfreie Sachen, das Auskunftsbüro)?**
pu ine i ethussa anamonis (ta aforologhita idhi, to ghrafio pliroforion)?	βο ιστ ντερ βάρτεζααλ (ντι στόϊερφραϊε ζάχεν, ντας άουσκουνφτσμπΥρο;
Πρέπει να αναβάλω το ταξίδι	**Ich muß die Reise veschieben**
prepi na anavalo to taxidhi	ιχ μους ντι ράϊζε φερΣίμπεν
Πρέπει να δηλώσω αυτή την αποσκευή (να πληρώσω	**Ich muß dieses Gepäckstück anmelden (Über-**

15. FLUGREISE

υπέρβαρο)
prepi na dhiloso afti tin aposkevi (na plirosso ipervaro)

gewicht zahlen)
ιχ μους ντίζες γκεπέκστΥκ άνμελντεν (ΥμπεργκεβιχΤ τσάλεν)

Προσγείωση
prosjiossi

Landung
λάντουνγκ

Προσδεθείτε
prosdhethite

Schnallen Sie sich an
Σνάλεν ζι ζιχ αν

Πτήση
ptissi

Flug
φλουγκ

Πως μπορώ να πάω στο αεροδρόμιο;
pos boro na pao sto aerodhromio?

Wie komme ich zum Flughafen?
βι κόμε ιχ τσουμ φλούγκ-χαφεν;

Σας παρακαλούμε, για τη δική σας ασφάλεια, να μείνετε στις θέσεις σας μέχρι να σβήσει η επιγραφή "Προσδεθείτε"
sas parakalume, ja ti dhiki sas asfalia, na minete stis thessis sas mechri na svissi i epighrafi ~prosdhethite~

Wir bitten Sie, für Ihre Sicherheit, Sie an Ihre Plätze sitzen zu bleiben, bis die Überschrift "Anschnallen" ausgeht
βιρ μπίτεν ζι, φΥρ ίρε ζίχερχαϊτ, ζι αν ίρε πλέτσε ζίτσεν τσου μπλάϊμπεν, μπις ντι ΥμπερΣριφτ "άνΣναλεν" άουσγκετ

Σε ποιά πόρτα είναι η επιβίβαση;
se pia porta ine i epivivassi?

Wo ist der Einstieg?
βο ιστ ντερ άϊνστιγκ;

Σερβίρεται γεύμα στο αεροπλάνο;
servirete ghevma sto aeroplano?

Wird im Flugzeug Mittagessen serviert?
βιρντ ιμ φλούγκτσοϊγκ μίταγκεσεν σερβίρτ;

Σε τι ύψος πετάμε;
se ti ipsos petame?

Wie hoch fliegen wir?
βι χοχ φλίγκεν βιρ;

Σταματά το αεροπλάνο στο...; stamata to aeroplano sto...?	**Hält das Flugzeug in... an?** χέλτ ντας φλούγκτσοϊγκ ιν...αν;
Στιούαρτ stiuart	**Steward** στγιούαρντ
Συγκυβερνήτης sighivernitis	**Zweiter Kapitän** τσβάϊτερ καπιτέν
Συμπληρωματικό εισιτήριο simpliromatiko issitirio	**Zusätzliches Ticket** τσούζετσλιχες τίκετ
Σωσίβιο sossivio	**Schwimmweste** Σβίμβεστε
Τα ακουστικά μου δεν λειτουργούν ta akustika mu dhen liturghun	**Meine Kopfhörer funktionieren nicht** μάϊνε κόπφχΕρερ φουνκτιονίρεν νιχτ
Τα σωσίβια βρίσκονται κάτω από τα καθίσματα σας ta sossivia vriskonde kato apo ta kathismata sas	**Die Schwimmwesten befinden sich unter Ihrem Sitz** ντι Σβίμβεστεν μπεφίντεν ζιχ ούντερ ίρεμ ζίτς
Ταχύτητα tachitita	**Geschwindigkeit** γκεΣβίντιγκκαϊτ
Τελευταία αναγγελία teleftea anagelia	**Letzte Mitteilung** λέτστε μίταϊλουνγκ
Τελωνείο telonio	**Zollamt** τσόλαμτ
Τι ώρα είναι η επιβίβαση; ti ora ine i epivivassi?	**Wann geht man an Bord?** βαν γκετ μαν αν μπορντ;
Το αεροπλάνο για...φεύγει σε δέκα λεπτά to aeoroplano ja... fevghi se dheka lepta	**Das Flugzeug nach... fliegt in zehn Minuten ab** ντας φλούγκτσοϊγκ ναχ... φλίγκτ ιν τσεν μινούτεν αμπ
Τουριστική θέση turistiki thessi	**Touristenklasse** τουρίστενκλασε
Τουριστική περίοδος	**Touristische Saison**

turistiki periodhos τουρίστιΣε σεζόν

Τσάντα **Tasche**
tsanda τάΣε

Υπάρχει ακόμη θέση στο αεροπλάνο; **Gibt es im Flugzeug noch einen freien Platz?**
iparchi akomi thessi sto aeroplano? γκιμπτ ες ιμ φλούγκτσοϊγκ νοχ άϊνεν φράϊεν πλατς;

Υπερηχητικό αεροπλάνο **Überschallflugzeug**
iperichitiko aeroplano ΥμπερΣαλφλούγκτσοϊγκ

Υψόμετρο **Höhe**
ipsometro χΕε

Φτερό **Flügel**
ftero φλΥγκελ

Χειραποσκευή **Handgepäck**
chiraposkevi χάντγκεπεκ

Χρόνος πτήσης **Flugdauer**
chronos ptissis φλούγκνταουερ

Ωράριο δρομολογίων **Flugplan**
orario dhromolojion φλούγκπλαν

16. ΤΑΞΙΔΙ ΜΕ ΠΛΟΙΟ — 16. SCHIFFSREISE

taxidhi me plio Σίφσραϊζε

Αγκυρα **Anker**
anghira άνκερ

Ακτή **Küste**
akti κΥστε

Ακυρώνω **Absagen**
akirono άμπζαγκεν

Αμπάρι **Laderaum**
ambari λάντεραουμ

Αναχώρηση **Abfahrt**
anachorissi άμπφαρτ

16. ΤΑΞΙΔΙ ΜΕ ΠΛΟΙΟ

Ανεβαίνω	**Aufsteigen**
aneveno	άουφσταϊγκεν
Αποβάθρα	**Kai**
apovathra	κάϊ
Αποβίβαση	**Ausschiffung**
apovivassi	άουσΣίφουνγκ
Από ποιό λιμάνι θα πάρω το πλοίο για...;	**An welchem Hafen gehe ich an Bord...?**
apo pio limani tha paro to plio ja... ?	αν βέλχεμ χάφεν γκέε ιχ αν μπορτ...;
Από που φεύγει το πλοίο;	**Wo läuft das Schiff aus?**
apo pu fevji to plio?	βο λόϊφτ ντας Σιφ άους;
Αποσκευές	**Gepäck**
aposkeves	γκεπέκ
Αύρα	**Brise**
avra	μπρίζε
Αφιξη	**Ankunft**
afiksi	άνκουνφτ
Βαλίτσα	**Koffer**
valitsa	κόφερ
Βάρκα	**Boot**
varka	μποτ
Βάρκα διάσωσης	**Rettungsboot**
varka dhiassossis	ρέτουνγκσμποτ
Βίζα	**Visum**
vizha	βίζουμ
Γέφυρα	**Brücke**
jefira	μπρΥκε
Γραμμή	**Linie**
ghrami	λίνιε
Διαβατήριο	**Paß**
dhiavatirio	πας
Εισιτήριο	**Karte**
issitirio	κάρτε

16. SCHIFFSREISE

Ενδιάμεση στάση	**Zwischenstation**	
endhiamessi stassi	τσβίΣενστατιον	
Επιβάτης	**Passagier**	
epivatis	πασαζίρ	
Επιβίβαση	**Einschiffung**	
epivivassi	άϊνΣιφουνγκ	
Επικύρωση	**Bestätigung**	
epikirossi	μπεστέτιγκουνγκ	
Εχω ναυτία	**Ich bin seekrank**	
echo naftia	ιχ μπιν ζέεκρανκ	
Θάλασσα	**Meer**	
thalassa	μέερ	
Θαλάσσιος	**See**	
thalassios	ζέε	
Καθυστέρηση	**Verspätung**	
kathisterissi	φερσπέτουνγκ	
Καμπίνα	**Kabine**	
kabina	καμπίνε	
Κανάλι	**Kanal**	
kanali	κανάλ	
Κάνουμε μια κρουαζιέρα με πλοίο;	**Machen wir eine Kreuzfahrt?**	
kanume mia kruazhiera me plio?	μάχεν βιρ άϊνε κρόϊτσφαρτ;	
Καπετάνιος	**Kapitän**	
kapetanios	καπιτέν	
Καπνίζοντες	**Raucher**	
kapnizhondes	ράουχερ	
Κατάστρωμα	**Deck**	
katastroma	ντεκ	
Κατεβαίνω	**Ich gehe unten**	
kateveno	ιχ γκέε ούντεν	
Κιγκλίδωμα	**Gitter**	
kiglidhoma	γκίτερ	
Κόμβος	**Knoten**	
komvos	κνότεν	

16. ΤΑΞΙΔΙ ΜΕ ΠΛΟΙΟ

Κουβέρτα	**Decke**
kuverta	ντέκε
Κουκέτα	**Koje**
kuketa	κόγιε
Κουπί	**Ruder**
kupi	ρούντερ
Κράτηση θέσης	**Buchung**
kratissi thessis	μπούχουνγκ
Κρουαζιέρα	**Kreuzfahrt**
kruazhiera	κρόϊτσφαρτ
Κύμα	**Welle**
kima	βέλε
Κύτος	**Hohlraum**
kitos	χόλραουμ
Λιμάνι	**Hafen**
limani	χάφεν
Μαούνα	**Lastkahn**
mauna	λάστκαν
Μη καπνίζοντες	**Nicht-Raucher**
mi-kapnizhondes	νιχτ-ράουχερ
Μίλι	**Meile**
mili	μάϊλε
Μπορείτε να μου δώσετε τα δρομολόγια των πλοίων για...	**Können Sie mir die Abfahrtzeiten der Schiffe nach... geben?**
borite na mu dhossete ta dhromoloja ton plion ja...	κΕνεν ζι μιρ ντι άμπφαρττσάϊτεν ντερ Σίφε ναχ... γκέμπεν;
Μπροστινό κατάστρωμα	**Vorderdeck**
brostino katastroma	φόρντερντεκ
Ναυτιλιακή εταιρία	**Reederei**
naftiliaki eteria	ρεντεράϊ
Ναύτης	**Matrose**
naftis	ματρόζε
Ναυτία	**Seekrankheit**
naftia	ζέεκρανκχαϊτ

16. SCHIFFSREISE

Ναυτικό μίλι	Seemeile
naftiko mili	ζέεμαϊλε
Ναυτικός	Seemann
naftikos	ζέεμαν
Νησί	Insel
nissi	ίνσελ
Ξαπλώστρα	Liegestuhl
xaplostra	λίγκεστουλ
Παλαμάρι	Tau
palamari	τάου
Πέλαγος	Offenes Meer
pelaghos	όφενες μέερ
Πηδάλιο	Steuer
pidhalio	στόϊερ
Πλήρωμα	Mannschaft
pliroma	μανΣαφτ
Πλώρη	Bug
plori	μπουγκ
Πορεία	Fahrt
poria	φαρτ
Πόσο διαρκεί το ταξίδι;	Wie lange dauert die Reise?
posso dhiarki to taxidhi?	βι λάνγκε ντάουερτ ντι ράϊζε;
Πότε έρχεται το πλοίο από...;	Wann kommt das Schiff von... an?
pote erchete to plio apo;	βαν κομτ ντας Σιφ φον... αν;
Πότε πρέπει να είμαστε στο πλοίο;	Wann müssen wir auf dem Schiff sein?
pote prepi na imaste sto plio?	βαν μΥσεν βιρ άουφ ντεμ Σιφ ζάϊν;
Πότε φεύγει το επόμενο πλοίο για...;	Wann fährt das nächste Schiff nach... ab?
pote fevji to epomeno plio ja...?	βαν φέρτ ντας νέχστε Σιφ ναχ... αμπ;
Που είναι το ναυτιλιακό πρακτορείο;	Wo ist das Reedereibüro?
pu ine to naftiliako praktorio?	βο ιστ ντας ρεντεράϊμπΥρο;

16. ΤΑΞΙΔΙ ΜΕ ΠΛΟΙΟ

Προκυμαία	**Mole**
prokimea	μόλε
Πρύμνη	**Heck**
primni	χέκ
Ρυμουλκό	**Schlepper**
rimulko	Σλέπερ
Σεζλόγκ	**Liegestuhl**
seslong	λίγκεστουλ
Σημαδούρα	**Boje**
simadhura	μπότζε
Σημαία	**Fahne**
simea	φάνε
Σκάλα	**Treppe**
skala	τρέπε
Σκοινί	**Leine**
skini	λάϊνε
Συμπληρωματικό εισιτήριο	**Zusätzliches Ticket**
simpliromatiko issitirio	τσούζετσλιχες τίκετ
Σωσίβια βάρκα	**Rettungsboot**
sossivia varka	ρέτουνγκσμποτ
Σωσίβιο	**Schwimmweste**
sossivio	Σβίμβεστε
Ταξιδέψατε καλά;	**Hatten Sie eine gute Reise?**
taxidhepsate kala?	χάτεν ζι άϊνε γκούτε ράϊζε;
Ταξιδιώτης	**Reisender**
taxidhiotis	ράϊζεντερ
Τελωνείο	**Zollamt**
telonio	τσόλαμτ
Τι ώρα είναι η αναχώρηση (η επιβίβαση, η άφιξη);	**Um wieviel Uhr ist die Abfahrt (die Einschiffung, die Ankunft)?**
ti ora ine i anachorissi (i epivivassi, i afiksi)	ουμ βίφιλ ουρ ιστ ντι άμπφαρτ (ντι άϊνΣιφουνγκ, ντι άνκουνφτ);

Το κατάρτι to katarti	**Das Mast** ντας μάστ
Τουαλέτες tualetes	**Toiletten** τοϊλέτεν
Τραπεζαρία trapezharia	**Eßzimmer** έστσιμερ
Τρικυμία trikimia	**Sturm** στούρμ
Υπάρχουν ακόμα ελεύθερες καμπίνες; iparchun akoma eleftheres kabines?	**Gibt es noch freie Kabinen?** γκιμπτ ες νοχ φράϊε καμπίνεν;
Υπεύθυνος καταστρώματος ipefthinos katastromatos	**Decksteward** ντέκτστγιουαρντ
Φάρος faros	**Leuchtturm** λόϊχττουρμ
Φινιστρίνι finistrini	**Bullauge** μπούλλαουγκε
Φόροι του λιμανιού fori tu limaniu	**Hafenzoll** χάφεντσολ
Ωράριο δρομολογίων orario dhromolojion	**Abfahrzeiten der Schiffe** άμφαρτσαϊτεν ντερ Σίφε

17. ΤΑΞΙΔΙ ΜΕ ΑΥΤΟΚΙΝΗΤΟ — 17. AUTOREISE

taxidhi me aftokinito — άουτοραϊζε

Αδεια κυκλοφορίας adhia kikloforias	**Kraftfahrzeugbrief** κράφτφαρτσοϊγκμπριφ
Αλλαγή λαδιών alaji ladhion	**Ölwechsel** Ελβεχσελ
Αλυσίδα alissidha	**Kette** κέτε

17. ΤΑΞΙΔΙ ΜΕ ΑΥΤΟΚΙΝΗΤΟ 128

Αμάξωμα	**Karosserie**
amaksoma	καροσερί
Αμόλυβδη	**Bleifrei**
amolivdhi	μπλάϊφραϊ
Αμορτισέρ	**Stoßdämpfer**
amortisser	στόσντεμπφερ
Αμπραγιάζ	**Kupplung**
abrajazh	κούπλουνγκ
Αναφλεκτήρας	**Zündkerze**
anaflektiras	τσΥντκερτσε
Αναχώρηση	**Abfahrt**
anachorissi	άμπφαρτ
Ανεμιστήρας	**Ventilator**
anemistiras	βεντιλάτορ
Ανταλλακτικά	**Ersatzteile**
antalaktika	ερζάτσταϊλε
Αντανακλαστήρας	**Rückspiegel**
antanaklastiras	ρΥκσπιγκελ
Αντικαθιστώ	**Ersetzen**
antikathisto	ερζέτσεν
Αντιψυκτικό	**Antifrostmittel**
antipsiktiko	αντιφρόστμιτελ
Αντλία πετρελαίου (νερού, λαδιού, βενζίνης, ιντζέξιον)	**Gaspumpe (Wasser-, Öl-, Gas-, Injection-)**
adlia petreleu, (neru, ladhiu, venzhinis, inzektsion)	γκάσπουμπε (βάσερ-, Ελ-, γκάσ-, ιντζέξιον-)
Αξελερατέρ	**Gaspedale**
akselerater	γκάσπενταλε
Αξονας διεύθυνσης (μετάδοσης, του τιμονιού)	**Lenkachse**
axonas dhiefthinsis (metadhossis, tu timoniu)	λένκαχσε
Απαγορεύεται η στάθμευση	**Anhalten ist verboten**
apaghorevete i stathmefsi	άνχαλτεν ιστ φερμπότεν

129 17. AUTOREISE

Αποθαμβωτής	**Dämpfer**
apothamvotis	ντέμπφερ
Αποσταγμένο νερό	**Destiliertes Wasser**
apostaghmeno nero	ντεστιλίρτες βάσερ
Αποσυνδεμένος	**Nicht verbunden**
apossindhemenos	νιχτ φερμπούντεν
Αργά	**Langsam**
argha	λάνγκζαμ
Αργός	**Langsam**
arghos	λάνγκζαμ
Αριθμός του ασφαλιστηρίου	**Versicherungsnummer**
arithmos tu asfalistiriu	φερσίχερουνγκσνουμερ
Αριστερά	**Links**
aristera	λινκς
Ασθενοφόρο	**Krankenwagen**
asthenoforo	κράνκενβαγκεν
Αυτό το λάστιχο θέλει φτιάξιμο	**Dieser Reife muß repariert werden**
afto to lasticho theli ftiaksimo	ντίζερ ράϊφε μους ρεπαρίρτ βέρντεν
Αυτός είναι ο δρόμος για...;	**Ist das die Straße nach...?**
aftos ine o dhromos ja...?	ιστ ντας ντι στράσε ναχ...;
Αυτός ερχόταν από δεξιά (αριστερά, απέναντι)	**Er kam von rechts (links, gegenüber)**
aftos erchotan apo dheksia (aristera, apenanti)	ερ καμ φον ρέχτς (λίνκς, γκεγκενΥμπερ)
Αυτός πήγαινε στη μέση του δρόμου	**Der ist in der Mitte der Straße gefahren**
aftos pijene sti messi tu dhromu	ντερ ιστ ιν ντερ μίτε ντερ στράσε γκεφάρεν
Αυτός πήγαινε σαν τρελός	**Der fuhr wie verrückt**
aftos pijene san trelos	ντερ φουρ βι φερΥκτ
Αφιξη	**Ankunft**

17. ΤΑΞΙΔΙ ΜΕ ΑΥΤΟΚΙΝΗΤΟ

afiksi	άνκουνφτ
Βάζω μπροστά	**Anstellen**
vazho brosta	άνστελεν
Βαλβίδα	**Ventil**
valvidha	βεντίλ
Βγάλτε τη μίζα	**Ziehen Sie den Anlasser raus**
vghalte ti mizha	τσίεν ζι ντεν άνλασερ ράους
Βενζινάδικο	**Tankstelle**
venzhinadhiko	τάνκστελε
Βενζίνη	**Benzin**
venzhini	μπεντζίν
Βεντιλατέρ	**Ventilator**
ventilater	βεντιλάτορ
Βίδα	**Schraube**
vidha	Σράουμπε
Βοηθήστε με λίγο, σας παρακαλώ	**Helfen Sie mir ein bißchen, bitte**
voithiste me ligho, sas parakalo	χέλφεν ζι μιρ άϊν μπίσχεν, μπίτε
Βραχυκύκλωμα	**Kurzschluß**
vrachikikloma	κούρτσΣλους
Βρώμικος	**Schmutzig**
vromikos	Σμούτσιγκ
Γαλλικό κλειδί	**Rohrschlüssel**
ghaliko klidhi	ρόρΣλΥσελ
Γεμίζω	**Voll machen**
jemizho	φολ μάχεν
Γέφυρα	**Brücke**
jefira	μπρΥκε
Γκάζι	**Gas**
gazhi	γκας
Γρανάζι	**Getriebe**
ghranazhi	γκετρίμπε
Γρασάρισμα	**Schmieren**

ghrassarisma	Σμίρεν
Γράσο	**Schmiermittel**
ghrasso	Σμίρμιτελ
Γρύλος	**Wagenwindel**
ghrilos	βάγκενβιντελ
Δακτυλίδι	**Ring**
dhaktilidhi	ρινγκ
Δείκτης λειτουργίας του φλας	**Blinker**
dhiktis liturghias tu flas	μπλίνκερ
Δείκτης βενζίνης (λαδιού)	**Benzinuhr (Ölanzeige)**
dhiktis venzhinis (ladhiu)	μπεντζίνουρ (Ελαντσαϊγκε)
Δε βλέπετε το σήμα;	**Sehen Sie das Schild nicht?**
dhe vlepete to sima?	ζέεν ζι ντας Σιλντ νιχτ;
Δεν ακούγατε την κόρνα;	**Hören Sie die Hupe nicht?**
dhen akughate tin korna?	χΕρεν ζι ντι χούπε νιχτ;
Δεν λειτουργούν τα φρένα	**Die Bremsen funktionieren nicht**
dhen litughun ta frena	ντι μπρέμσεν φουνκτιονίρεν νιχτ
Δεν λειτουργεί	**Es funktioniert nicht**
dhen liturghi	ες φουνκτιονίρτ νιχτ
Δεν μπορώ να βάλω ταχύτητα	**Ich kann den Gang nicht schalten**
dhen boro na valo tachitita	ιχ καν ντεν γκανγκ νιχτ Σάλτεν
Δεξιά	**Rechts**
dheksia	ρεχτς
Δέχεστε να είστε μάρτυρας;	**Sind Sie bereit als Zeuge auszusagen?**
dhecheste na iste martiras?	ζιντ ζι μπεράϊτ αλς τσόϊγκε άουστσουζάγκεν;
Διάβαση βουνού	**Bergüberquerung**
dhiavassi vunu	μπερκγΥμπερκβέρουνγκ

Διακόπτης μίζας dhiakoptis mizhas	**Anlasser** άνλασερ
Διανομέας dhianomeas	**Verteiler** φερτάϊλερ
Διασταύρωση dhiastavrossi	**Kreuzung** κρόϊτσουνγκ
Διαφορετικό dhiaforetiko	**Verschieden** φερΣίντεν
Διόδια dhiodhia	**Autobahngebühren** άουτομπανγκεμπΥρεν
Δίπλα dhipla	**Neben** νέμπεν
Δισκόφρενο dhiskofreno	**Bremsenscheibe** μπρέμσενΣαϊμπε
Διωστήρας dhiostiras	**Treibstange** τράϊμπστανγκε
Δοχείο βενζίνης (λαδιού, πετρελαίου) dhochio venzhinis (ladhiu, petreleu)	**Benzinbehälter (Ölbehälter, Gasbehälter)** μπεντσίνμπεχέλτερ (Ελμπεχέλτερ, γκάσμπεχελτερ)
Δρόμος (φιδίσιος) dhromos (fidhissios)	**Kurvenstraße** κούρβενστράσε
Δυναμό dhinamo	**Lichtmaschine** λίχτμαΣινε
Δώστε μου τα χαρτιά του αυτοκινήτου (την πράσινη κάρτα, την ασφάλεια) dhoste mu ta chartia tu aftokinitu (tin prassini karta, tin asfalia)	**Geben Sie mir die Autopapiere (die grüne Karte, die Versicherung)** γκέμπεν ζι μιρ ντι άουτοπαπίρε (ντι γκρΥνε κάρτε, ντι φερσίχερουνγκ)
Δώστε μου τα χαρτιά σας (την άδεια οδήγησης...) dhoste mu ta chartia sas (tin adhia odhighissis...)	**Geben Sie mir Ihre Papiere (Ihren Führerschein...)** γκέμπεν ζι μιρ ίρε παπίρε (ίρεν φΥρερΣαϊν...)

Εγώ πήγαινα δεξιά	**Ich bin rechts gefahren**
egho pijena dheksia	ιχ μπιν ρεχτς γκεφάρεν
Είναι καλός ο δρόμος;	**Ist die Straße in gutem Zustand?**
ine kalos o dhromos?	ιστ ντι στράσε ιν γκούτεμ τσούσταντ;
Είναι σπασμένη μία σούστα	**Eine Springfeder ist gebrochen**
ine spasmeni mia susta	άϊνε σπρίνγκφεντερ ιστ γκεμπρόχεν
Είναι ένα επείγον περιστατικό	**Es ist ein Notfall**
ine ena epighon peristatiko	ες ιστ άϊν νότφαλ
Είναι τρύπιο το λάστιχο	**Der Reifen hat ein Loch**
ine tripio to lasticho	ντερ ράϊφεν χατ άϊν λοχ
Είστε ανοιχτά τη νύκτα;	**Sind Sie nachts geöffnet?**
iste anichta ti nichta?	ζιντ ζι ναχτς γκεΕφνετ;
Είχα δικαίωμα προσπέρασης	**Ich hatte das Recht zu überholen**
icha dhikeoma prosperassis	ιχ χάτε ντας ρεχτ τσου Υμπερχόλεν
Είχα ένα αυτοκινητιστικό ατύχημα	**Ich hatte einen Autounfall**
icha ena aftokinitistiko atichima	ιχ χάτε άϊνεν άουτοουνφαλ
Είχα ένα ατύχημα πλευρικά	**Ich hatte einen seitlichen Zusammenstoß**
icha ena atichima plevrika	ιχ χάτε άϊνεν ζάϊτλιχεν τσουζάμενστος
Εκανα ζημιά στο αμάξωμα	**Ich habe die Karosserie geschädigt**
ekana zhimia sto amaksoma	ιχ χάμπε ντι καροσερί γκεΣέντιγκ
Εκανα μία παρέκλιση για να αποφύγω έναν πεζό (ποδηλάτη, σκύλο, αυτοκίνητο...)	**Ich bin ausgewichen um einen Fußgänger (einen Fahradfahrer, einen Hund,**

ekana mia pareklissi ja na apofigho enan pezho (podhilati, skilo, aftokinito)	**ein Auto) vorbeizulassen** ιχ μπιν άουσγκεβιχεν ουμ άϊνεν φούσγκενγκερ (άϊνεν φάραντφαρερ, άϊνεν χούντ, άϊν άουτο) φορμπάϊτσουλασεν
Εκδρομή ekdhromi	**Ausflug** άουσφλουγκ
Εκκεντροφόρος άξονας ekendroforos axonas	**Nockenwelle** νόκενβελε
Ελατήριο elatirio	**Feder** φέντερ
Ελαττωματικός elatomatikos	**Mangelhaft** μάνγκελχαφτ
Ελέγχετε τη στάθμη των υγρών φρένων; elenchete tin stathmi ton ighron frenon?	**Kontrollieren Sie die Bremsflüssigkeit?** κοντρολίρεν ζι ντι μπρέμσφλΥσιγκκαϊτ;
Εμβολο emvolo	**Kolpen** κόλπεν
Εμεινα από βενζίνη emina apo venzhini	**Mir ist das Benzin ausgegangen** μιρ ιστ ντας μπεντζίν άουσγκεγκάνγκεν
Εμπρός embros	**Vorwärts** φόρβερτς
Εξάτμιση eksatmisi	**Auspuff** άουσπουφ
Εξήντα λίτρα πετρέλαιο, παρακαλώ eksinda litra petreleo, parakalo	**Sechzig Liter Gas, bitte** σέχτσιγκ λίτερ γκας, μπίτε
Εξωτερικό καθρεφτάκι eksoteriko kathreftaki	**Außenspiegel** άουσενσπίγκελ
Επιδιορθώνω epidhiorthono	**Reparieren** ρεπαρίρεν

Επισκευή	**Reparatur**
episkevi	ρεπαρατούρ
Εσβυσε η μηχανή	**Die Maschine ist ausgegangen**
esvisse i michani	ντι μαΣίνε ιστ άουσγκεγκανγκεν
Εσωτερικό καθρεφτάκι	**Rückspiegel**
essoteriko kathreftaki	ρΥκσπιγκελ
Ευθεία	**Geradeaus**
efthia	γκεράντεαους
Ευθυγράμμιση	**Auswuchten**
efthighramissi	άουσβουχτεν
Ευθύνη	**Verantwortung**
efthini	φεράντβορτουνγκ
Ευθύς δρόμος	**Gerader Weg**
efthis dhromos	γκεράντερ βεγκ
Εχει κανένα γκαράζ (χώρο στάθμευσης) εδώ;	**Gibt es hier eine Garage (einen Parkplatz)?**
echi kanena garazh (choro stathmefsis) edho?	γκιμπτ ες χιρ άϊνε γκαράζε (άϊνεν πάρκπλατς);
Εχει πέσει η μπαταρία, χρειάζεται φόρτιση	**Die Batterie ist leer, sie muß aufgeladen werden**
echi pessi i bataria, chriazhete fortisi	ντι μπατερί ιστ λέερ, ζι μους αουφγκελάντεν βέρντεν
Εχετε την καλοσύνη να ειδοποιήσετε την αστυνομία;	**Seien Sie so nett die Polizei zu rufen?**
echete tin kalossini na idhopiissete tin astinomia?	ζάϊεν ζι ζο νετ ντι πολιτσάϊ τσου ρούφεν;
Εχετε άδεια οδήγησης (ανταλλακτικά για..., φαρμακείο);	**Haben Sie eine Fahrgenehmigung (Ersatzteile für..., Sanitätskasten)?**
echete adhia odhighissis (antalaktika ja..., farmakio)?	χάμπεν ζι άϊνε φαργκενέμιγκουνγκ (ερσάτσταϊλε φΥρ..., ζανιτέτσκαστεν);

Εχω τραυματιστεί	**Ich bin verletzt**
echo travmatisti	ιχ μπιν φερλέτστ
Ζεσταίνεται πολύ	**Es wird warm**
zhestenete poli	ες βιρντ βάρμ
Ζιγκλέρ	**Spritzdüse**
zhigler	σπρίτσντΥζε
Ζώνη ασφαλείας	**Sicherheitsgürtel**
zhoni asfalias	σίχερχαϊτσγκΥρτελ
Ηλεκτρικό σύστημα	**Elektrische Anlage**
ilektriko sistima	ελέκτριΣε άνλαγκε
Η μπαταρία είναι τελείως πεσμένη	**Die Batterie ist ganz leer**
i bataria ine telios pezhmeni	ντι μπατερί ιστ γκαντς λέερ
Ηταν δικό σας σφάλμα	**Es war Ihr Fehler**
itan dhiko sas sfalma	ες βαρ ιρ φέλερ
Θαμπώνω	**Blenden**
thambono	μπλέντεν
Θα σταματήσουμε στο ...	**Wir werden an ...halten**
tha stamatissume sto...	βιρ βέρντεν αν...χάλτεν
Θέλω είκοσι λίτρα σούπερ (ένα μπιτόνι λάδι)	**Ich möchte zwanzig Liter Super (ein Ölkanister)**
thelo ikossi litra super (ena bitoni ladhi)	ιχ μέχτε τσβάντσιγκ λίτερ σούπερ (άϊν Ελκανίστερ)
Θέλω να νοικιάσω ένα (ελαφρό/δυνατό) αυτοκίνητο για δύο μέρες (με / χωρίς οδηγό)	**Ich will für zwei Tage ein (leichtes / starkes) Auto mieten (mit / ohne Fahrer)**
thelo na nikiasso ena (elafri./ dhinato) aftokinito ja dhio meres (me/choris odhigho)	ιχ βιλ φΥρ τσβάϊ τάγκε άϊν (λαϊχτες / στάρκες) άουτο μίτεν (μιτ / όνε) φάρερ
Θέρμανση	**Heizung**
thermansi	χάϊτσουνγκ
Θερμοστάτης	**Thermostat**
thermostatis	θερμοστάτ

17. AUTOREISE

Θόρυβος	**Lärm**
thorivos	λερμ
Κάθισμα	**Sitz**
kathisma	ζιτς
Κάθισμα μπροστινό (πισινό)	**Vordersitz (Rücksitz)**
kathisma brostino (pissino)	φόρντερσιτς (ρΥκσιτς)
Καλέστε γρήγορα ένα ασθενοφόρο (ένα γιατρό, την αστυνομία...)	**Rufen Sie sofort einen Krankenwagen (einen Arzt, die Polizei)**
kaleste ghrighora ena asthenoforo (ena jatro, tin astinomia)	ρούφεν ζι ζοφόρτ άϊνεν κράνκενβαγκεν (άϊνεν άρτστ, ντι πολιτσάϊ)
Κάλυμμα κυλίνδρου	**Zylinderdeckel**
kalima kilindhru	τσιλίντερντεκελ
Κάλυμμα των αποσκευών του αυτοκινήτου	**Kofferraumdeckel**
kalima ton aposkevon tu aftokinitu	κόφερραουμντεκελ
Κάναμε ένα πολύ καλό ταξίδι	**Wir hatten eine sehr gute Reise**
kaname ena poli kalo taxidhi	βιρ χάτεν άϊνε ζερ γκούτε ράϊζε
Κανόνες οδικής κυκλοφορίας	**Fahrregelung**
kanones odhikis kikloforias	φάρεγκελουνγκ
Κάνουμε μια μικρή στάση εδώ;	**Halten wir kurz hier an?**
kanume mia mikri stassi edho?	χάλτεν βιρ κουρτς χιρ αν;
Κάνω όπισθεν (στροφή επί τόπου)	**Ich fahre rückwarts (Kehrtwendung)**
kano opisthen (strofi epi topu)	ιχ φάρε ρΥκβερτς (κέρτβεντουνγκ)
Καπό	**Motorhaube**
kapo	μοτόρχαουμπε
Καρμπιρατέρ	**Vergasser**
karbirater	φεργκάσερ

Καροσερί	**Karosserie**
karosseri	καροσερί
Κατσαβίδι	**Schraubenzieher**
katsavidhi	Σράουμπεντσιερ
Κατεύθυνση	**Richtung**
katefthinsi	ρίχτουνγκ
Κεραία	**Antenne**
kerea	αντένε
Κεφαλή κυλίδνρου	**Zylinderkopf**
kefali kilindhru	τσιλίντερκοπφ
Κιβώτιο διεύθυνσης (ταχυ-τήτων)	**Getriebekasten**
kivotio dhiefthinsis (tachititon)	γκετρίμπεκαστεν
Κινητήρας	**Motor**
kinitiras	μοτόρ
Κλάξον	**Hupe**
klaxon	χούπε
Κλειδαριά	**Schloß**
klidharia	Σλος
Κλειδί (της μίζας)	**Zundschlüssel**
klidhi (tis mizhas)	τσούντΣλΥσελ
Κλιματισμός	**Klimaanlage**
klimatismos	κλίμααναλαγκε
Κοκκοράκι	**Kipphebel**
kokoraki	κίπχεμπελ
Κολλημένο	**Geklebt**
kolimeno	γκεκλέμπτ
Κοντέρ	**Tachometer**
konter	ταχομέτερ
Κόρνα	**Hupe**
korna	χούπε
Κυκλοφορία	**Verkehr**
kikloforia	φερκέρ
Κύλινδρος	**Zylinder**

17. AUTOREISE

kilindhros	τσιλίντερ	
Κύριος δρόμος	**Hauptstraße**	
kirios dhromos	χάουπτστρασε	
Λάδι	**Öl**	
ladhi	Ελ	
Λάμπα	**Lampe**	
lamba	λάμπε	
Λασπωτήρας	**Kotflügel**	
laspotiras	κότφλΥγκελ	
Λάστιχο (χιονιού)	**Winterreifen**	
lasticho (choniu)	βίντερραϊφεν	
Λίμα	**Feile**	
lima	φάϊλε	
Λίπανση	**Schmierung**	
lipansi	Σμίρουνγκ	
Λιπαντικό	**Schmiermittel**	
lipantiko	Σμίρμιτελ	
Λιώνω τη μπιέλα	**Ich löse den Pleuel**	
liono ti biela	ιχ λΕζε ντεν πλόϊελ	
Λουρί του βεντιλατέρ	**Treibriemen**	
luri tu ventilater	τράϊμπριμεν	
Λωρίδα κυκλοφορίας	**Verkehrsspur**	
loridha kikloforias	φερκέρσσπουρ	
Μάρτυρας	**Augenzeuge**	
martiras	άουγκεντσοϊγκε	
Μάσκα	**Maske**	
maska	μάσκε	
Με στράβωσαν τα φώτα	**Mich haben die Scheinwerfer geblendet**	
me stravossan ta fota	μιχ χάμπεν ντι Σάϊνβερφερ γκεμπλέντετ	
Μετάδοση	**Übertragung**	
metadhossi	Υμπερτράγκουνγκ	
Μετασχηματιστής	**Transformator**	

17. ΤΑΞΙΔΙ ΜΕ ΑΥΤΟΚΙΝΗΤΟ

metasHimatistis	τρασφορμάτορ
Μετρητής χιλιομέτρων	**Kilometerzähler**
metritis chiliometron	κιλομέτερτσελερ
Μην εμποδίζετε τη διέλευση	**Blockieren Sie nicht den Fußgängerübergang**
min embodhizhete ti dhielefsi	μπλοκίρεν ζι νιχτ ντεν φούσγκενγκερΥμπεργκανγκ
Μήπως ήσασταν μάρτυρας;	**Waren Sie vielleicht Augenzeuge?**
mipos issastan martiras?	βάρεν ζι φιλάϊχτ άουγκεντσόϊγκε;
Μήπως πηγαίνετε για...;	**Fahren Sie vielleicht nach...?**
mipos pijenete ja...?	φάρεν ζι φιλάϊχτ ναχ...;
Μήπως πρέπει να αλλάξω το μπουζί;	**Soll ich vielleicht die Zündkerze wechseln?**
mipos prepi na alakso to buzhi?	ζολ ιχ φιλάϊχτ ντι τσΥντκερτσε βέχσελν;
Μηχανή	**Motor**
michani	μοτόρ
Μηχανικός	**Mechaniker**
michanikos	μεκάνικερ
Μια καινούρια σαμπρέλα, παρακαλώ	**Einen neuen Schlauch, bitte**
mia kenurja sambrela parakalo	άϊνεν νόϊεν Σλάουχ, μπίτε
Μίζα	**Anlass**
mizha	άνλας
Μονόδρομος	**Einbahnstraße**
monodhromos	άϊνμπανστρασε
Μοτέρ	**Motor**
moter	μοτόρ
Μοχλός ταχυτήτων	**Gangshebel**
mochlos tachititon	γκάνγκσχεμπελ
Μπαταρία	**Batterie**
bataria	μπατερί

17. AUTOREISE

Μπιέλα
biela
Μπλεγμένος
bleghmenos
Μπομπίνα
bobina
Μπορείτε να κολλήσετε αυτή τη σαμπρέλλα (να με ρυμουλκήσετε, να μου πλύνετε το αυτοκίνητο, να το επισκευάσετε, να το γεμίσετε, να αλλάξετε αυτό το λάστιχο, να γεμίσετε την μπαταρία, να καθαρίσετε το καρμπιρατέρ/το παρμπρίζ, να ρυθμίσετε τα φώτα, να με βοηθήσετε να αλλάξω αυτή τη ρόδα/να σπρώξω, να μου δανείσετε ένα γρύλο, ν'αλλάξετε τα λάδια, να γεμίσετε αυτό το δοχείο, να ελέγξετε το νερό και τα τα λάδια/τον αέρα στα λάστιχα/τα φρένα/ το καρμπιρατέρ, να ρίξετε λίγο νερό στο ψυγείο, να μου κάνετε ένα γενικό σέρβις μέχρι αύριο);
borite na kolissete afti ti sabrela na me rimulkissete, na mu plinete to aftokinito, na to episkevassete, na to jemissete, na alaksete afto to lasticho, na jemissete tin bataria, na katharissete to karbirater/to parbrizh, na

Pleuelstange
πλόϊελστανγκε
Verwickelt
φερβίκελτ
Spule
σπούλε
Können Sie diesen Schlauch reparieren (mich ziehen, meinen Wagen waschen, ihn reparieren, ihn voll tanken, diesen Reifen wechseln, die Batterie aufladen, den Vergasser sauber machen/ die Windschutzscheibe, das Licht regulieren, mir helfen diesen Reifen zu wechseln, mich schieben, mir eine Wagenwinde ausleihen, das Öl wechseln, diesen Behälter füllen, das Wasser und das Öl kontrollieren/die Bremsen/den Vergasser, in den Kühler etwas Wasser gießen, mir eine Generalinspektion bis morgen machen)?

κEνεν ζι ντίζεν Σλάουχ ρεπαρίρεν (μιχ τσίεν, μάϊνεν βάγκεν βάΣεν, ιν ρεπαρίρεν ιν φολ τάνκεν, ντίζεν ράϊφεν βέχσελν, ντι μπατερί άουφλαντεν, ντεν φεργκάσερ ζάουμπερ μάχεν / ντι βιντ-

17. ΤΑΞΙΔΙ ΜΕ ΑΥΤΟΚΙΝΗΤΟ

rithmissete ta fota, na me voithissete na alakso afti ti rodha/ na sprokso, na mu dhanissete ena ghrilo, nalaksete ta ladhia, na jemissete afto to dhochio, na na elenksete to nero ke ta ladhia/ton aera sta lasticha/ta frena/to karbirater, na riksete ligho nero sto psijio, na mu kanete ena jeniko servis mechri avrio)?

Μπορείτε να με *πάτε* στο...;

borite na me pate sto...?

Μπορείτε να μου το δείξετε στον χάρτη;

borite na mu to dhiksete ston charti?

Μπορείτε να τους πείτε που βρίσκομαι και ότι το αυτοκίνητό μου έχει βλάβη;

borite na tus pite pu vriskome ke oti to aftokinito mu echi vlavi?

Μπορούμε να καλέσουμε την οδική βοήθεια;

borume na kalesume tin odhiki voithia?

Μπορώ να ανοίξω το *παράθυρο*;

boro na anikso to parathiro?

Μπορώ να αφήσω το αυτο-

ΣουτσΣάιμπε, ντας λιχτ ρεγκουλίρεν, μιρ χέλφεν ντίζεν ράϊφεν τσου βέχσελν, μιχ Σίμπεν, μιρ άϊνε βάγκενβίντε άουσλαϊεν, ντας Ελ βέχσελν, ντίζεν μπεχέλτερ φΥλεν, ντας βάσερ ουντ Ελ κοντρολίρεν/ ντι μπρέμσεν/ ντεν φεργκάσερ, ιν ντεν κΥλερ έτβας βάσερ γκίσεν, μιρ άϊνε γκενεράλισπεκτιον μπις μόργκεν μάχεν);

Können Sie mich nach... fahren?

κΕνεν ζι μιχ ναχ... φάρεν;

Können Sie mir es auf der Karte zeigen?

κΕνεν ζι μιρ ες άουφ ντερ κάρτε τσάϊγκεν;

Können Sie ihnen sagen, wo ich mich befinde und daß mein Auto kaputt ist?

κΕνεν ζι ίνεν ζάγκεν, βο ιχ μιχ μπεφίντε ουντ ντας μάϊν άουτο καπούτ ιστ;

Können wir die Straßenhilfe rufen?

κΕνεν βιρ ντι στράσενχιλφε ρούφεν;

Darf ich das Fenster aufmachen?

νταρφ ιχ ντας φένστερ άουφμαχεν;

Darf ich das Auto hier

17. AUTOREISE

κίνητο εδώ (να κλείσω το παράθυρο, να χρησιμοποιήσω το τηλέφωνο);
boro na afisso to aftokinito edho (na klisso to parathiro, na chrissimopiisso to tilefono)?
lassen (das Fenster zumachen, das Telefon benutzen)?
νταρφ ιχ ντας άουτο χίρ λάσεν (ντας φένστερ τσούμαχεν, ντας τελεφόν μπενούτσεν)

Μπουζί
buzhi
Zündkerze
τσΥντκερτσε

Μπουλόνι
buloni
Schraube
Σράουμπε

Μπροστινός τροχός
brostinos trochos
Vorderrad
φόρντερραντ

Να αλλάξετε τα λάδια, παρακαλώ
na alaksete ta ladhia parakalo
Wechseln Sie das Öl, bitte
βέχσελν ζι ντας Ελ, μπίτε

Να το γεμίσετε σούπερ, παρακαλώ
na to jemisete super, parakalo
Es mit Super voll tanken bitte
ες μιτ σούπερ φολ τάνκεν μπίτε

Νερό (αποσταγμένο)
nero (apostaghmeno)
Destilliertes Wasser
ντεστιλιίρτες βάσερ

Νοσοκομείο
nossokomio
Krankenhaus
κράνκενχαους

Ντεπόζιτο νερού τζαμιών
depozhito neru tzamion
Scheibenwasserbehälter
Σάϊμπενβασερμπεχέλτερ

Ντεπόζιτο της βενζίνης
depozhito tis venzhinis
Gasbehälter
γκάσμπεχελτερ

Ντίζα
dizha
Drahtseil
ντράτζαϊλ

Ντουλαπάκι
dulapaki
Handschuhfach
χάντΣουφαχ

Ξεβιδώνω
xevidhono
Abschrauben
άμπΣραουμπεν

Ξεπαγώνω	**Auftauen**
xepaghono	άουφταουεν
Ξεσφιγμένος	**Locker**
xesfighmenos	λόκερ
Οδικός κώδικας	**Fahrregelung**
odhikos kodhikas	φάρρεγκελουνγκ
Οδικός χάρτης	**Straßenkarte**
odhikos chartis	στράσενκαρτε
Οδός άνευ (μετά) διοδίων	**Weg mit (ohne) Autobahngebühren**
odhos anef (meta) dhiodhion	βεγκ μιτ (όνε) άουτομπανγκεμπΥρεν
Οροφή	**Dach**
orofi	νταχ
Οχημα βυτιοφόρο	**Wasserwagen**
ochima vitioforo	βάσερβαγκεν
Πάγος	**Eis**
paghos	άϊς
Παραμορφωμένος	**Mißgebildet**
paramorfomenos	μίσγκεμπίλντετ
Παρέκκλιση	**Abweichung**
pareklissi	άμπβαϊχουνγκ
Παμπρίζ	**Scheibe**
parbrizh	Σάϊμπε
Πατάω γκάζι	**Gas geben**
patao gazhi	γκας γκέμπεν
Πατάω αμπραγιάζ	**Auf die Kupplung treten**
patao to ambrajazh	άουφ ντι κούπλουνγκ τρέτεν
Πατάω το ντεμπραγιάζ	**Auf die Kupplung treten**
patao to dembrajazh	άουφ ντι κούπλουνγκ τρέτεν
Πάτωμα	**Boden**
patoma	μπόντεν
Πένσα	**Zange**
pensa	τσάνγκε

17. AUTOREISE

Πεντάλι του γκαζιού (του φρένου, του αμπραγιάζ)	Gaspedale (Bremspedale, Klatschpedale)
pentali tu gazhiu (tu frenu, tu ambrajazh)	γκάσπενταλε (μπρέμσπενταλε, κλάτΣπενταλε)
Πετάχτηκε στο δρόμο	Auf die Straße geschleudert
petachtike sto dhromo	άουφ ντι στράσε γκεΣλόϊντερτ
Πετρέλαιο	Diesel
petreleo	ντίζελ
Πετρελαιομηχανή	Dieselmotor
petreleomichani	ντιζελμοτόρ
Πίεση λάστιχου	Raddruck
piessi lastichu	ράντντρουκ
Πινακίδα	Schild
pinakidha	Σιλντ
Πιστόνι	Kolben
pistoni	κόλμπεν
Πίσω	Hinten
pisso	χίντεν
Πίσω κάθισμα (παράθυρο, φώτα)	Rücksitz (Rückscheibe, Scheinwerfer)
pisso kathisma (parathiro, fota)	ρΥκζίτς (ρΥκΣάϊμπε, Σάϊνβερφερ)
Πλαίσιο	Rahmen
plessio	ράμεν
Πλύσιμο	Waschen
plissimo	βάΣεν
Ποιές είναι οι ώρες στάθμευσης;	Wie sind die Parkzeiten?
pies ine i ores stathmefsis?	βι ζιντ ντι πάρκτσάϊτεν;
Ποιό είναι το μέγιστο επιταχύτητας στη Γερμανία;	Welche ist die Höchstgeschwindigkeitsgrenze in Deutschland?
pio ine to mejisto epitrepomeno orio tachitas sti jermania?	βέλχε ιστ ντι χΕχστγκεΣβίντιγκαϊτσγκρέντσε ίν

17. ΤΑΞΙΔΙ ΜΕ ΑΥΤΟΚΙΝΗΤΟ 146

	ντόϊτΣλαντ;
Πορτμπαγκάζ	**Kofferraum**
portbagazh	κόφεραουμ
Πόσο είναι από εδώ μέχρι...;	**Wie lange dauert es von hier bis....?**
posso ine apo edho mechri...?	βι λάνγκε ντάουερτ ες φον χιρ μπις ...;
Πόσο είναι το ενοίκιο αυτού του αυτοκινήτου για μία μέρα;	**Wie hoch ist die Mietgebühr für dieses Auto für einen Tag?**
posso ine to enikio aftu tu aftokinitu ja mia mera?	βι χοχ ιστ ντι μίτγκεμπΥρ φΥρ ντίζες άουτο φΥρ άϊνεν τάγκ;
Πόσο έχει το πάρκιγκ για μία νύχτα;	**Wieviel kostet das Parken für eine Nacht?**
posso echi to parking ja mia nichta?	βίφιλ κόστετ ντας πάρκεν φΥρ άϊνε ναχτ;
Πόσο θα μείνουμε εδώ;	**Wie lange bleiben wir hier?**
posso tha minume edho?	βι λάνγκε μπλάϊμπεν βιρ χιρ;
Πόσο θα στοιχίσει η επισκευή;	**Wieviel wird die Reparatur kosten?**
posso tha stichissi i episkevi?	βίφιλ βιρντ ντι ρεπαρατούρ κόστεν;
Πόσο κοστίζει;	**Wieviel kostet es?**
posso kostizhi?	βίφιλ κόστετ ες;
Πόσο μπορώ να αφήσω το αυτοκίνητό μου εδώ;	**Wie lange darf ich mein Auto hier lassen?**
posso boro na afisso to aftokinito mu edho?	βι λάνγκε νταρφ ιχ μάϊν άουτο χιρ λάσεν;
Πότε θα είναι έτοιμο, παρακαλώ;	**Wann wird es fertig sein, bitte?**
pote tha ine etimo, parakalo?	βαν βιρντ ες φέρτιγκ ζάϊν, μπίτε;
Πότε θα φθάσουμε στο...;	**Wann kommen wir in.... an?**

17. AUTOREISE

pote tha ftassume sto...?
Πότε κλείνετε;
pote klinete?
βαν κόμεν βιρ ιν... αν;
Wann machen Sie zu?
βαν μάχεν ζι τσου;

Πού είναι το επόμενο βενζινάδικο;
pu ine to epomeno venzhinadhiko?
Wo ist die nächste Tankstelle?
βο ιστ ντι νέχστε τάνκστελε;

Που έχει ανοιχτό βενζινάδικο;
pu echi anichto venzhinadhiko?
Wo gibt eine offene Tankstelle?
βο γκιμπτ άϊνε όφενε τάνκστελε;

Που θα μπορούσα να φάω;
pu tha borusa na fao?
Wo könnte ich essen?
βο κΕντε ιχ έσεν;

Που μπορώ να αφήσω το αυτοκίνητό μου (να παρκάρω, να βρω λίγο νερό/μηχανικό);

pu boro na afisso to aftokinito (na parkaro, na vro ligho nero / michaniko)?
Wo kann ich mein Auto lassen (parken, ein bißchen Wasser finden, einen Mechaniker)?
βο καν ιχ μάϊν άουτο λάσεν άϊν μπίσχεν βάσερ φΥλεν, άϊνεν μεκάνικερ);

Που μπορώ να κάνω ένα τηλεφώνημα;
pu boro na kano ena tilefonima?
Wo kann ich einen Anruf machen?
βο καν ιχ άϊνεν άνρουφ μάχεν;

Πράσινη κάρτα
prassini karta
Grüne Karte
γκρΥνε κάρτε

Πρέπει να σας αφήσω εγγύηση;
prepi na sas afisso egiisi?
Muß ich Ihnen Garantie hinterlassen?
μους ιχ ίνεν γκαραντί χιντερλάσεν;

Προβολέας (ομίχλης)
provoleas (omichlis)
Scheinwerfel (für Nebel)
Σάϊνβερφελ (φΥρ νέμπελ)

Προσοχή (χώρος εργοταξίου, γλιστερή επιφάνεια...)
Vorsicht (Baustelle, glatte Fläche)

17. ΤΑΞΙΔΙ ΜΕ ΑΥΤΟΚΙΝΗΤΟ

prossochi (choros erghotaxiu, ghlisteri epifania...) φόρσιχτ (μπάουστελε, γκλάτε φλέχε)
Προσπέρασμα **Überholung**
prosperasma Υμπερχόλουνγκ
Πρόστιμο **Strafe**
prostimo στράφε
Προτεραιότητα **Vorfahrtsrecht**
protereotita φόρφαρτσρεχτ
Προφυλακτήρας **Stoßstange**
profilaktiras στόσστανγκε
Πτώση λίθων **Erdrutsch**
ptossi lithon έρντρουτΣ
Πως μπορώ να πάω στο...; **Wie muß ich nach... fahren?**
pos boro na pao sto...? βι μους ιχ ναχ... φάρεν;
Ραδιόφωνο **Radio**
radhiofono ράντιο
Ρεζέρβα **Ersatzreifen**
rezherva ερζάτσραϊφεν
Ρεζερβουάρ **Tank**
rezhervuar τανκ
Ρελαντί **Leerlauf**
relanti λέρλαουφ
Ρόδα **Rad**
rodha ραντ
Ρολόι **Uhr**
roloi ουρ
Ρουλεμάν **Kugellager**
ruleman κούγκελλαγκερ
Ρυθμίζω **Einstellen**
rithmizho άϊνστελεν
Ρυμουλκούμενο **Abschleppdienst**
rimulkumeno άμπΣλεπντινστ
Ρυμουλκώ **Abschleppen**
rimulko άμπΣλεπεν

Σαμπρέλα sambrela	**Schlauch** Σλάουχ
Σασί sassi	**Karosserie** καροσερί
Σασμάν αυτόματο sasman aftokinitu	**Automatisches Getriebe** αουτομάτιΣες γκετρίμπε
Σε πόσα χιλιόμετρα είναι το κοντινότερο βενζινάδικο; se possa chiliometra ine to kontinotero venzhnadhiko?	**Wievielen Kilometern ist die nächste Tankstelle von hier?** ιν βίφιλεν κιλομέτερν ιστ ντι νέχστε τάνκστελε φον χίρ;
Σήματα κυκλοφορίας simata kikloforias	**Verkehrsschilder** φερκέρσΣιλντερ
Σηματοδότης φωτεινός simatodhotis fotinos	**Ampel** άμπελ
Σιδηροδρομική διάβαση (μη) φυλασσόμενη sidhirodhromiki dhiavasi (mi) filassomeni	**Eisenbahnübergang (un)bewachte** άϊσενμπανΥμπεργκανγκ (ουν)μπεβάχτε
Σκοινί ρυμούλκησης skini rimulkissis	**Abschleppseide** άμπΣλεπζαϊντε
Σκουριασμένος skuriasmenos	**Verrostet** φερόστετ
Σούπερ super	**Super** σούπερ
Σούστα susta	**Feder** φέντερ
Σπάω spao	**Brechen** μπρέχεν
Σταματώ stamato	**Anhalten** άνχαλτεν
Στάση stassi	**Anhalt** άνχαλτ
Σταυροδρόμι stavrodhromi	**Kreuzung** κρόϊτσουνγκ

17. ΤΑΞΙΔΙ ΜΕ ΑΥΤΟΚΙΝΗΤΟ

Στόπ	**Stop**
stop	στοπ
Στουπί	**Weng**
stupi	βενγκ
Στρίβω	**Abbiegen**
strivo	άμπιγκεν
Στριμωγμένο	**Zusammengedrängt**
strimoghmeno	τσουζάμενγκεντρενγκτ
Στρίψτε αριστερά (δεξιά)	**Links (rechts) abbiegen**
stripste aristera (dhexia)	λινκς (ρεχτς) άμπιγκεν
Στροφαλοφόρος άξονας	**Kurbelwelle**
strofaloforos axonas	κούρμπελβελε
Στροφή	**Kurve**
strofi	κούρβε
Στροφόμετρο	**Drehzahlmesser**
stofometro	ντρέτσαλμεσερ
Συμπεριλαμβάνεται και η βενζίνη στην τιμή;	**Ist das Benzin im Preis enthalten?**
simberilanvanete ke i venzhini stin timi?	ιστ ντας μπεντζίν ιμ πράϊς εντχάλτεν;
Συμπυκνωτής	**Verdichter**
simbiknotis	φερντίχτερ
Συμπλέκτης	**Kupplung**
simblektis	κούπλουνγκ
Συρτό επιστέγασμα	**Schiebedach**
sirto episteghasma	Σίμπενταχ
Συσπανσιόν	**Aufhängung**
sispansion	άουφχενγκουνγκ
Σύστημα ανάφλεξης	**Zündungssystem**
sistima anaflexis	τσΥντουνγκσιστέμ
Σύρμα	**Draht**
sirma	ντρατ
Σφίγγω	**Fest verbinden**
sfingo	φέστ φερμπίντεν

17. AUTOREISE

Σφυρί	**Hammer**
sfiri	χάμερ
Σωλήνα της εξάτμισης	**Verdampfungsrohr**
solina tis eksatmissis	φερντάμπφουνγκσρορ
Σώμα της μηχανής	**Maschine**
soma tis michanis	μαΣίνε
Ταμπλό	**Armaturenbrett**
tablo	αρματούρενμπρετ
Τάπα	**Deckel**
tapa	ντέκελ
Τασάκι	**Aschenbecher**
tassaki	άΣενμπεχερ
Τανάλια	**Kneifzange**
tanalia	κνάϊφτσανγκε
Τάσι	**Radkappe**
tassi	ράντκαπε
Ταχύτητα	**Geschwindigkeit**
tachitita	γκεΣβίντιγκκαϊτ
Τζάμι	**Scheibe**
tzami	Σάϊμπε
Τιμόνι	**Steuer**
timoni	στόϊερ
Τι ώρα κλείνουν τα βενζινάδικα;	**Um wieviel Uhr machen die Tankstellen zu?**
ti ora klinun ta venzhinadhika?	ουμ βίφιλ ουρ μάχεν ντι τάνκστελεν τσου;
Το αμπραγιάζ πατινάρει	**Die Kupplung schleift**
to abrajazh patinari	ντι κούπλουνγκ Σλάϊφτ
Το αυτοκίνητό μου δεν ξεκινά (έχει βλάβη)	**Mein Auto springt nicht an (es ist kaputt)**
to aftokinito mu dhen xekina (echi vlavi)	μάϊν άουτο σπρινγκτ νιχτ αν (ες ιστ καπούτ)
Το έφερα για πλύσιμο και λίπανση	**Ich habe es zum Waschen und Ölwechsel gebracht**

17. ΤΑΞΙΔΙ ΜΕ ΑΥΤΟΚΙΝΗΤΟ

to efera ja plisimo ke lipansi	ιχ χάμπε ες τσουμ βάΣεν ουντ Ελβεχσελ γκεμπράχτ
Το καλοριφέρ δεν λειτουργεί	**Die Heizung funktioniert nicht**
to kalorifer dhen liturghi	ντι χάϊτσουνγκ φουνκτιονίρτ νιχτ
Το κιβώτιο ταχυτήτων στάζει λάδι	**Aus dem Getriebe tropft Öl**
to kivotio tachititon stazhi ladhi	άους ντε γκετρίμπε τροπφτ Ελ
Τούνελ	**Tunnel**
tunel	τούνελ
Το ταμπούρο του φρένου	**Bremstrommel**
to tamburo tu frenu	μπρέμστρομελ
Το ψυγείο στάζει	**Der Kühler tropft**
to psijio stazhi	ντερ κΥλερ τροπφτ
Τραύμα	**Wunde**
travma	βούντε
Τραυματίας	**Verletzter**
travmatias	φερλέτστερ
Τρέμω	**Zittern**
tremo	τσίτερν
Τρέχει το ψυγείο	**Aus dem Kühler läuft Wasser**
trechi to psijio	άους ντεμ κΥλερ λόϊφτ βάσερ
Τρέχουν τα λάδια	**Das Öl tropft**
trechun ta ladhia	ντας Ελ τροπφτ
Τροχαία	**Polizei**
trochea	πολιτσάϊ
Τροχονόμος	**Polizist**
trochonomos	πολιτσίστ
Τροχός μπροστινός (πίσω τροχός)	**Vorderrad (Hinterrad)**
trochos brostinos (pisso trochos)	φόρντερραντ (χίντερραντ)
Υαλοκαθαριστήρας	**Scheibenwischer**
ialokatharistiras	ΣάϊμπενβιΣερ

17. AUTOREISE

Υγρό φρένων	**Bremsflüssigkeit**
ighro frenon	μπρέμσφλΥσιγκκαϊτ
Υλικές ζημιές	**Materielle Schaden**
ilikes zhimies	ματεριέλε Σάντεν
Υπάρχουν πολλοί μάρτυρες	**Es gibt viele Zeugen**
iparchun poli martires	ες γκιμπτ φίλε τσόϊγκεν
Υπάρχουν τραυματίες	**Es gibt Verletzte**
iparchun travmaties	ες γκιμπτ φερλέτστε
Υπάρχει δυνατότητα να ειδοποιήσεις την Τροχαία;	**Ist es möglich die Polizei zu rufen?**
iparchi dhinatotita na idhopiissis tin trochea?	ιστ ες μΕγκλιχ ντι πολιτσάϊ τσου ρούφεν;
Υπάρχει κανένα συνεργείο εδώ κοντά;	**Gibt es in der Nähe eine Werkstatt?**
iparchi kanena sinerjio edho konta?	γκιμπτ ες ιν ντερ νέε άϊνε βέρκστατ;
Υπάρχει υπηρεσία οδικής βοήθειας;	**Gibt es Straßenhilfe (Autodienst)?**
iparchi ipiressia odhikis voithias?	γκιμπτ ες στράσενχιλφε (άουτοντινστ);
Υπέρβαση	**Überschreitung**
ipervassi	ΥμπερΣράϊτουνγκ
Υπερβολική ταχύτητα	**Zu hohe Geschwindigkeit**
ipervoliki tachitita	τσου χόε γκεΣβίντιγκαϊτ
Φανάρι	**Ampel**
fanari	άμπελ
Φθαρμένος	**Verbraucht**
ftharmenos	φερμπράουχτ
Φίλτρο αέρα (βενζίνης, λαδιού)	**Luftfilter (Benzin-, Öl-)**
filtro aera (venzhinis, ladhiu)	λούφτφιλτερ (μπεντζίν-, Ελ)
Φλας	**Blitzlicht**
flas	μπλίτσλιχτ

17. ΤΑΞΙΔΙ ΜΕ ΑΥΤΟΚΙΝΗΤΟ 154

Φλάτζα	**Gummiring**
flatza	γκούμιρινγκ
Φλάτζα του σταυρού	**Dichtungsring**
flatza tu stavru	ντίχτουνγκσρινγκ
Φορτηγό	**Lastwagen**
fortigho	λάστβαγκεν
Φορτίζω	**Laden**
fortizho	λάντεν
Φρένα	**Bremsen**
frena	μπρέμσεν
Φτάνει το λάδι που έχει	**Der Ölstand ist richtig**
ftani to ladhi pu echi	ντερ Ελσταντ ιστ ρίχτιγκ
Φτερό	**Kotflügel**
ftero	κότφλΥγκελ
Φως του σαλονιού	**Innenlicht**
fos tu saloniu	ίνενλιχτ
Φώτα	**Scheinwerfer**
fota	Σάϊνβερφερ
Φώτα χαμηλά (μεσαία, μακρινά, στοπ, στάθμευσης, αλάρμ, της όπισθεν)	**Abgeblendete Scheinwerfer (mittlere, aufgeblendete, Stoplicht, Blinkanlage, Licht für Rückwärtsgang)**
fota chamila (messea, makrina, stop, stathmefsis, alarm, tis opisthen)	άμπγκεμπλέντετε Σάϊνβερφερ (μίτλερε, άουφγκεμπλέντετε, στόπλιχτ, μπλίνκανλαγκε, λιχτ φΥρ ρΥκβερτσγκανγκ)
Χειρόφρενο	**Handbremse**
chrirofreno	χάντμπρεμσε
Χερούλι της πόρτας	**Türgriff**
cheruli tis portas	τΥργκριφ
Χρειάζομαι ένα...	**Ich brauche ein...**
chriazhome ena...	ιχ μπράουχε άϊν...
Χωνί του διαφορικού	**Differenzialrichter**

choni tu dhiaforiku	ντιφερεντσιάλριχτερ
Χώρος στάθμευσης	**Parkingsplatz**
choros stathmefsis	πάρκινγκπλατς
Ψύξη	**Kühlung**
psiksi	κΥλουνγκ
Ψυγείο	**Kühler**
psijio	κΥλερ

18. ΤΑΞΙΔΙ ΜΕ ΜΟΤΟΣΥΚΛΕΤΑ — 18. MOTORFAHRT

taxidhi me motossikleta — μοτόρφαρτ

Ακτίνα	**Radius**
aktina	ράντιους
Αλυσίδα	**Kette**
alissidha	κέτε
Γκάζι	**Gas**
gkazhi	γκας
Κάθισμα	**Sitz**
kathisma	ζιτς
Λασπωτήρας	**Schutzblech**
laspotiras	Σούτζμπλεχ
Μαρσπιέδες	**Trittbrett**
marspiedhes	τρίτμπρετ
Μοτοποδήλατο	**Mofa**
motopodhilato	μόφα
Μοτοσυκλέτα	**Motorrad**
motossikleta	μοτορραντ
Μοτοσυκλετιστής	**Motorradfahrer**
motossikletistis	μοτόρραντφαρερ
Μπουκάλες	**Flaschen**
bukales	φλάΣεν

16. ΤΑΞΙΔΙ ΜΕ ΤΡΕΝΟ

Μπροστινός άξονας	**Vorderachse**
brostinos aksonas	φόρντεραχσε
Σέλλα	**Sattel**
sela	ζάτελ
Σταντ	**Stand**
stant	στάντ
Τιμόνι	**Steuer**
timoni	στόϊερ
Χερούλι	**Griff**
cheruli	γκριφ
Ψαλίδι	**Schere**
psalidhi	Σέρε

19. ΤΑΞΙΔΙ ΜΕ ΤΡΕΝΟ	**19. ZUGREISE**
taxidhi me treno	τσούγκραϊζε

Αίθουσα αναμονής	**Wartesaal**
ethussa anamonis	βάρτεζααλ
Αλλαγή	**Änderung**
alaji	έντερουνγκ
Αναχώρηση	**Abfahrt**
anachorissi	άμπφαρτ
Ανταπόκριση	**Korrespondenz**
antapokrissi	κορεσποντέντς
Απλό εισιτήριο	**Einfache Karte**
aplo issitirio	άϊνφαχε κάρτε
Αποβάθρα	**Bahnsteig**
apovathra	μπάνσταϊγκ
Αποσκευές	**Gepäck**
aposkeves	γκεπέκ
Απωλεσθέντα αντικείμενα	**Verlorene Sachen**
apolesthenta antikimena	φερλόρενε ζάχεν

19. ZUGREISE

Αυτή η θέση είναι πιασμένη
afti i thessi ine piasmeni
Dieser Platz ist besetzt
ντίζερ πλατς ιστ μπεζέτστ

Αυτό το τρένο πηγαίνει κατευθείαν στο...
afto to treno pijeni katefthian sto...
Dieser Zug fährt direkt nach...
ντίζερ τσουγκ φερτ ντιρέκτ ναχ...

Αφιξη
afiksi
Ankunft
άνκουνφτ

Βαγόνι (Βαγκονλί, Βαγκόν-ρεστοράν)
vaghoni (vagonli, vagonrestoran)
Wagen (Schlafwagen, Speisewagen)
βάγκεν (σλάφβαγκεν, σπάιζεβαγκεν)

Βαλίτσα
valitsa
Koffer
κόφερ

Γραφείο αποσκευών
ghrafio aposkevon
Gepäckaufbewahrung
γκεπέκαουφμπεβάρουνγκ

Διάδρομος
dhiadhromos
Gang
γκάνγκ

Διαμέρισμα
dhiamerisma
Abteil
άμπταϊλ

Δίχτυ
dhichti
Netz
νετς

Είσοδος
issodhos
Eingang
άϊνγκανγκ

Εισιτήριο πρώτης (δεύτερης) θέσης
issitirio protis (defteris) thessis
Karte erster (zweiter) Klasse
κάρτε έρστερ (τσβάϊτερ) κλάσε

Εκτροχιάστηκε
ektrochiastike
Entgleist worden
εντγκλάϊστ βόρντεν

Ελεγκτής
elenktis
Kontrolleur
κοντρολεΥρ

Ενα εισιτήριο για Βόννη παρακαλώ
Eine Karte nach Bonn bitte

ena issitirio ja vonni parakalo	άϊνε κάρτε ναχ μπον μπίτε
Εξοδος	**Ausgang**
eksodhos	άουσγκανγκ
Εξπρές	**Express**
expres	εξπρές
Επιστροφή	**Rückfahrt**
epistrofi	ρΥκφαρτ
Θα ήθελα ένα απλό εισιτήριο (ένα εισιτήριο με επιστροφή, μία κουκέτα στη δεύτερη θέση, μία θέση βαγκονλί)	**Ich möchte eine einfache Karte (eine Hin- und Rückfahrtkarte, einen Schlafwagenplatz)**
tha ithela ena aplo issitirio (ena issitirio me epistrofi, mia kuketa sti defteri thessi, mia thessi vagonli)	ιχ μΕχτε άϊνε άϊνφαχε κάρτε (άϊνε χιν- ουντ ρΥκφαρτ-καρτε, άϊνεν Σλάφβαγκεν-πλατς)
Θέση	**Platz**
thessi	πλατς
Θυρίδα	**Schalter**
thiridha	Σάλτερ
Καθυστέρηση	**Verspätung**
kathisterissi	φερσπέτουνγκ
Καπνίζοντες	**Raucher**
kapnizhondes	ράουχερ
Καροτσάκι για τις αποσκευές	**Gepäckswagen**
karotsaki ja tis aposkeves	γκεπέκσβαγκεν
Κατευθείαν	**Direkt**
katefthian	ντιρέκτ
Κουκέτα	**Bett**
kuketa	μπετ
Κουπέ	**Abteil**
kupe	άμπταϊλ
Κρατήσεις θέσεων	**Platzreservierung**
kratissis thesseon	πλάτσρεζερβίρουνγκ
Κυλικείο	**Speisewaggon**

kilikio	σπάϊζεβαγκόν
Κυλιόμενη σκάλα	**Rolltreppe**
kiliomeni skala	ρόλτρεπε
Μη καπνίζοντες	**Nicht-Raucher**
mi kapnizhondes	νίχτ-ράουχερ
Μήπως πρέπει να αλλάξω βαγόνι;	**Soll ich vielleicht in den anderen Waggon einsteigen?**
mipos prepi na alakso vaghoni?	ζολ ιχ φιλάϊχτ ιν ντεν άντερεν βαγκόν άϊνσταϊγκεν;
Μπορείτε να μου δείξετε που είναι ο σιδηροδρομικός σταθμός;	**Können Sie mir den Weg zum Bahnhof zeigen?**
borite na mu diksete pu ine o sidhirodhromikos stathmos?	κΕνεν ζι μιρ ντεν βεγκ τσουμ μπάνχοφ τσάϊγκεν;
Μπουφές	**Büffet**
bufes	μπΥφέ
Παράθυρο	**Fenster**
parathiro	φένστερ
Περίπτερο	**Kiosk**
periptero	κίοσκ
Πίνακας των δρομολογίων	**Stundenfahrplan**
pinakas ton dhromologhion	στούντενφαρπλαν
Πληροφορίες	**Auskunft**
plirofories	άουσκουνφτ
Πόρτα	**Tür**
porta	τΥρ
Πότε φτάνει το τρένο στο...;	**Wann kommt der Zug in ... an?**
pote ftani to treno sto...?	βαν κομτ ντερ τσουγκ ιν... αν;
Πού βγάζουν εισιτήρια;	**Wo kann man die Fahrkarten kaufen?**
pu vghazhun issitiria?	βο καν μαν ντι φάρκαρτεν κάουφεν;
Που βρίσκεται (-ονται) η	**Wo ist die Gepäckauf-**

16. ΤΑΞΙΔΙ ΜΕ ΤΡΕΝΟ

αποθήκη για τις αποσκευές (οι πληροφορίες, οι τουαλέτες, το κυλικείο);
pu vriskete (-onte) i apothiki ja tis aposkeves (i plirofories, i tualetes, to kilikio)?

Πρέπει να αλλάξω τρένο
prepi na alakso treno

Σταθμάρχης
stathmarchis

Σε πόση ώρα φτάνουμε;
se possi ora ftanume?

Σιδηροδρομικός σταθμός
sidhirodhromikos stathmos

Συγγνώμη, αυτή η θέση είναι πιασμένη
sighnomi, afti i thessi ine piasmeni

Συμπληρωματικό εισιτήριο
simpliromatiko issitirio

Ταχεία
tachia

Τι ώρα φτάνει το τρένο από..;
ti ora ftani to treno apo...?

Τι ώρα φτάνει στο...;
ti ora ftani sto...?

Τι ώρα φεύγει το τρένο;
ti ora fevji to treno?

Το τρένο έχει καθυστέρηση

bewahrung (die Informationen, die Toiletten, der Speisewaggon)?
βο ιστ ντι γκεπέκαουφμπεβάρουνγκ (ντι ινφορματιόνεν, ντι τοϊλέτεν, ντερ σπάϊζεβαγκόν);

Ich muß umsteigen
ιχ μους ούμσταϊγκεν

Bahnhofsvosteher
μπάνχοφσφόρστεερ

Wie lange brauchen wir noch?
βι λάνγκε μπράουχεν βιρ νοχ;

Bahnhof
μπάνχοφ

Entschuldigung, dieser Platz ist nicht frei
εντσούλτιγκουνγκ, ντίζερ πλατς ιστ νίχτ φράϊ

Zusätzliche Fahrkarte
τσούζετσλιχε φάρκαρτε

Schnellbahn
Σνέλμπαν

Um wieviel Uhr kommt der Zug aus ....an?
ουμ βίφιλ ουρ κομτ ντερ τσουγκ άους... αν;

Wann kommt er in ... an?
βαν κομτ ερ ιν...αν;

Um wieviel Uhr fährt der Zug ab?
ουμ βίφιλ ουρ φέρτ ντερ τσουγκ αμπ;

Der Zug hat Verspätung

to treno echi kathisterissi	ντερ τσουγκ χατ φερσπέτουνγκ
Υπάρχει έκπτωση για τα παιδιά (εστιατόριο στο τρένο);	**Gibt es eine Ermäßigung für Kinder (Restaurant im Zug)?**
iparchi ekptossi ja ta pedhia (estiatorio sto treno)?	γκιμπτ ες άϊνε ερμέσιγκουνγκ φΥρ κίντερ (ρεστοράντ ιμ τσουγκ);
Υπάρχουν καροτσάκια για τις αποσκευές (κουκέτες);	**Gibt es Gepäckswagen (Bette)?**
iparchun karotsakia ja tis aposkeves (kuketes)?	γκιμπτ ες γκεπέκσβαγκεν (μπέτε);

20. ΤΑΞΙΔΙ ΜΕ ΛΕΩΦΟΡΕΙΟ — 20. BUSFAHRT

taxidhi me leoforio	μπούσφαρτ
Ανοδος	**Aufgang**
anodhos	άουφγκανγκ
Ανταπόκριση	**Korrespondenz**
antapokrissi	κορεσποντέντς
Αποσκευή	**Gepäck**
aposkevi	γκεπέκ
Αργό	**Langsam**
argho	λάνγκζαμ
Γεμάτο	**Voll**
jemato	φόλ
Γρήγορο	**Schnell**
ghrighoro	Σνελ
Εισιτήριο	**Karte**
issitirio	κάρτε
Είσοδος	**Eintritt**
issodhos	άϊντριτ
Εξοδος	**Austritt**

20. ΤΑΞΙΔΙ ΜΕ ΛΕΩΦΟΡΕΙΟ

eksodhos
Έχετε ένα χάρτη των δρομολογίων (τις ώρες των δρομολογίων);
echete ena charti ton dhromologhion (tis ores ton dhromologhion)?
Θα ήθελα ένα εισιτήριο για...

tha ithela ena issitirio ja...
Μπορείτε να με ειδοποιήσετε πότε να κατέβω;
borite na me idhopiissete pote

Θυρίδα
thiridha
Κάθοδος
kathodhos
Μισή τιμή εισιτηρίου
missi timi issitiriu
Μπορείτε να μου δείξετε που είναι ο σταθμός των λεωφορείων, παρακαλώ;
borite na mu dhiksete pu ine o stathmos ton leoforion, parakalo?
Μπορείτε να σταματήσετε στο...;
borite na stamatissete sto...?
Μπορώ να κλείσω (ανοίξω) λίγο το παράθυρο;

boro na klisso (anikso) ligho to parathiro?

άουστριτ
Haben Sie einen Fahrplan (die Abfahrts-, Ankunftszeiten)?
χάμπεν ζι άϊνεν φάρπλαν (ντι άμπφαρτσ-, άνκουφτστσάϊτεν);
Ich möchte eine Karte nach ....
ιχ μΕχτε άϊνε κάρτε ναχ...
Können Sie mir sagen wann ich aussteigen muß?
κΕνεν ζι μιρ ζάγκεν βαν ιχ άουσταϊγκεν μους;
Schalter
Σάλτερ
Untergang
ούντεργκανγκ
Halber Kartenpreis
χάλμπερ κάρτενπραϊς
Können Sie mir bitte die Bushaltestelle, zeigen?

κΕνεν ζι μιρ μπίτε ντι μπούσχαλτεστελε τσάϊγκεν;

Können Sie in... anhalten?

κΕνεν ζι ιν... άνχαλτεν;
Darf ich ein bißchen das Fenster zumachen (aufmachen)?

νταρφ ιχ άϊν μπίσχεν ντας φένστερ τσούμαχεν (άουφ-

	μαχεν);
Οδηγός	**Führer**
odhighos	φΥρερ
Πλήρες	**Voll**
plires	φολ
Πληροφορίες	**Auskunft**
plirofories	άουσκουνφτ
Πόσο κάνει η διαδρομή μέχρι...;	**Wieviel kostet die Fahrt bis...?**
posso kani i dhiadhromi mechri..?	βίφιλ κόστετ ντι φαρτ μπις...;
Που βγάζουν εισιτήρια;	**Wo kann man die Fahrkarten kaufen?**
pu vghazhun issitiria?	βο καν μαν ντι φάρκαρτεν κάουφεν;
Πούλμαν	**Bus**
pulman	μπους
Πότε φεύγει το πρώτο (τελευταίο) λεωφορείο για...;	**Wann fährt der erste (letzte) Bus nach...?**
pote fevji to proto (telefteo) leoforio ja...?	βαν φερτ ντερ έρστε (λέτστε) μπους ναχ...;
Που είμαστε εδώ;	**Wo sind wir hier?**
pu imaste edho?	βο ζιντ βιρ χιρ;
Που είναι η στάση του λεωφορείου (των ταξί);	**Wo ist die Bushaltestelle (der Taxistand)?**
pu ine i stassi tu leoforiu (ton taxi)?	βο ιστ ντι μπούσχαλτεστελε (ντερ τάξισταντ);
Που σταματάει το λεωφορείο γιά φαγητό;	**Wo hält der Bus zum Essen an?**
pu stamatai to leoforio ja fajito?	βο χελτ ντερ μπους τσουμ έσεν αν;
Προαιρετική στάση	**Freiwilliger Anhalt**
proeretiki stassi	φράϊβιλιγκερ άνχαλτ
Προάστιο	**Vorort**
proastio	φόρορτ

21. ΣΤΟ ΤΕΛΩΝΕΙΟ

Προορισμός	**Bestimmungsort**
proorismos	μπεστίμουνγκσορτ
Σταθμός λεωφορείων	**Busstation**
stathmos leoforion	μπούσστατιον
Στάση	**Bushaltestelle**
stassi	μπούσχαλτεστελε
Συμπληρωματικό εισιτήριο	**Zusatzkarte**
simpliromatiko issitirio	τσούζατσκαρτε
Τιμή εισιτηρίου	**Kartenpreis**
timi issitiriu	κάρτενπραϊς
Τι ώρα περνάει (φεύγει) το λεωφορείο;	**Um wieviel Uhr fährt der Bus vorbei?**
ti ora pernai (fevji) to leoforio?	ουμ βίφιλ ουρ φέρτ ντερ μπους φορμπάϊ;
Ωράριο δρομολογίων	**Stundenfahrplan**
orario dhromolojion	στούντενφαρπλαν

21. ΣΤΟ ΤΕΛΩΝΕΙΟ — 21. AM ZOLLAMT

sto telonio — αμ τσόλαμτ

Αγαμος	**Ledig**
aghamos	λέντιγκ
Αδεια κυκλοφορίας	**Kraftfahrzeugnis**
adhia kikloforias	κραφτφάρτσοϊγκνις
Αδεια οδήγησης	**Führerschein**
adhia odhighissis	φΥρερΣαϊν
Ανάστημα	**Wuchs**
anastima	βούχς
Αναχώρηση	**Abfahrt**
anachorissi	άμπφαρτ
Ανοίξτε το πορτμπαγκάζ (τη βαλίτσα) παρακαλώ	**Machen Sie den Kofferraum (den Koffer), bitte auf**

165 21. AM ZOLLAMT

anikste to portbagazh (ti valitsa) parakalo	μάχεν ζι ντεν κόφερραουμ (ντεν κόφερ), μπίτε άουφ
Αριθμός διαβατηρίου	**Paßnummer**
arithmos dhiavatiriu	πάσνουμερ
Αρωμα	**Parfüm**
aroma	παρφΥμ
Αυτές είναι οι αποσκευές μου	**Das ist mein Gepäck**
aftes ine i aposkeves mu	ντας ιστ μάϊν γκεπέκ
Αυτά είναι χωρίς δασμό	**Das ist steuerfrei**
afta ine choris dhasmo	ντας ιστ στόϊερφραϊ
Βίζα	**Visum**
visa	βίζουμ
Γι' αυτό πρέπει να πληρώσετε δασμό	**Dafür müssen Sie Steuer zahlen**
jafto prepi na plirossete dhasmo	νταφΥρ μΥσεν ζι στόϊερ τσάλεν
Γούνα	**Pelz**
ghuna	πελτς
Δασμός για εισαγωγή εμπορεύματος (για εξαγωγή εμπορεύματος, τελωνείου)	**Importgebühren (Exportgebühren, Zoll)**
dhasmos ja issaghoghi emborevmatos (ja exaghoghi emborevmatos, teloniu)	ιμπόρτγκεμπΥρεν (εξπόρτγκεμπΥρεν, τσολ)
Δεν έχω πιστοποιητικό εμβολίου	**Ich habe kein Impfzeugnis**
dhen echo pistopiitiko emvoliou	ιχ χάμπε κάϊν ίμπφτσοϊγκνις
Δεν έχω τίποτα άλλο	**Ich habe nichts mehr**
dhen echo tipota alo	ιχ χάμπε νιχτς μερ
Δεν έχω τίποτα να δηλώσω	**Ich habe nichts anzumelden**
dhen echo tipota na dhilosso	ιχ χάμπε νιχτς άντσουμελντεν
Δήλωση τελωνείου	**Zollerklärung**
dhilossi teloniu	τσόλερκλερουνγκ
Διαβατήριο	**Paß**

21. ΣΤΟ ΤΕΛΩΝΕΙΟ

dhiavatirio	πας
Εθνικότητα	**Nationalität**
ethnikotita	νατιοναλιτέτ
Είναι για δώρο	**Es ist zum Verschenken**
ine ja dhoro	ες ιστ τσουμ φερΣένκεν
Είσοδος	**Eingang**
issodhos	άϊνγκανγκ
Εκτελωνισμός	**Verzollung**
ektelonismos	φερτσόλουνγκ
Ελεγχος διαβατηρίου	**Paßkontrolle**
elenchos dhiavatiriu	πάσκοντρολε
Ενθύμιο	**Souvenir**
enthimio	σουβενίρ
Εντυπο	**Formular**
entipo	φορμουλάρ
Εξοδος	**Ausgang**
eksodhos	άουσγκανγκ
Επάγγελμα	**Beruf**
epangelma	μπερούφ
Επώνυμο	**Nachname**
eponimo	νάχναμε
Εχετε τίποτε να δηλώσετε;	**Haben Sie etwas zu verzollen?**
echete tipota na dhilossete?	χάμπεν ζι έτβας τσου φερτσόλεν;
Εχω δύο αρώματα (δύο μπουκάλια κρασί, ένα κουτί πούρα)	**Ich habe zwei Parfüms (zwei Flaschen Wein, eine Schachtel Zigarren)**
echo dhio aromata (dhio bukalia krassi, ena kuti pura)	ιχ χάμπε τσβάϊ παρφΥμς (τσβάϊ φλάΣεν βάϊν, άϊνε Σάχτελ τσιγκάρεν)
Εχω έρθει εδώ για διακοπές (για δουλειές)	**Ich bin hier auf Urlaub (geschäftlich)**
echo erthi edho ja dhiakopes	ιχ μπιν χιρ άουφ ούρλαουμπ

(ja dhulies)

(γκεΣέφτλιχ)

Εχω κάνει εμβόλιο κατά της ευλογιάς (της χολέρας)
echo kani emvolio kata tis evlojas (tis choleras)

Ich bin gegen Pocken (Cholera) geimpft
ιχ μπιν γκέγκεν πόκεν (κολέρα) γκεΐμπφτ

Θα μείνω μόνο λίγες μέρες (μια εβδομάδα, ένα μήνα)
tha mino mono lighes meres (mia evdhomadha, ena mina)

Ich werde nur ein paar Tagen (eine Woche, einen Monat) bleiben
ιχ βέρντε νουρ άϊν πάρ τάγκεν (άϊνε βόχε, άϊνεν μόνατ) μπλάϊμπεν

Κανονισμοί
kanonismi

Vorschriften
φόρΣριφτεν

Καπνός
kapnos

Tabak
τάμπακ

Κοσμήματα
kosmimata

Schmuck
Σμούκ

Κούτα με τσιγάρα
kuti me tsighara

Zigarettenschachtel
τσιγκαρέτενΣάχτελ

Κρασί
krassi

Wein
βάϊν

Μπορείτε να περιμένετε στο μπαρ μέχρι να τελειώσουν όλοι;
borite na perimenete sto bar mechri na teliossun oli?

Können Sie an der Bar warten bis alle abgefertigt sind?
κΕνεν ζι αν ντερ μπαρ βάρτεν μπις άλε αμπγκεφέρτιγκτ ζιντ;

Μπορώ να τηλεφωνήσω στη πρεσβεία;
boro na tilefonisso sti presvia?

Kann ich die Botschaft anrufen?
καν ιχ ντι μπότΣαφτ άνρουφεν;

Μπορώ να φύγω;
boro na figho;

Darf ich gehen?
νταρφ ιχ γκέεν;

Οι τελωνειακές διατυπώσεις είναι απλές

Die Zollformulierungen sind einfach

i teloniakes dhiatipossis ine aples
ντι τσόλφορμουλιρουνγκεν ζιντ άϊνφαχ

Οικογενειακή κατάσταση
ikogheniaki katastassi
Familiäre Situation
φαμιλιέρε σιτουατιόν

Οινοπνευματώδες ποτό
inopnevmatodhes poto
Alkoholische Getränke
αλκοχόλιΣε γκετρένκε

Ονομα
onoma
Name
νάμε

Ονομα της μητέρας (του πατέρα)
onoma tis miteras (tu patera)
Name der Mutter (des Vaters)
νάμε ντερ μούτερ (ντες φάτερς)

Ορίστε η ταυτότητά μου (τα διαβατήρια μας, οι αποσκευές μας)
oriste i taftotita mu (ta dhiavatiria mas, i aposkeves mas)
Hier ist mein Ausweiß (unsere Pässe, unsere Gepäcke)
χιρ ιστ μάϊν άουσβαϊς (ούνζερε πέσε, ούνζερε γκεπέκε)

Πατρικό επώνυμο
patriko eponimo
Familienname
φαμίλιενναμε

Πινακίδα αυτοκινήτου
pinakidha aftokinitu
Autonummer
άουτονουμερ

Πιστοποιητικό εμβολιασμού
pistopiitiko emvoliasmu
Impfungsschein
ίμπφουνγκσΣάϊν

Πιστωτική κάρτα
pistotiki karta
Kreditkarte
κρεντίτκαρτε

Πόσα χρήματα έχετε μαζί σας;
possa chrimata echete mazhi sas?
Wieviel Geld haben Sie mit?
βίφιλ γκελντ χάμπεν ζι μιτ;

Ποσό
posso
Menge
μένγκε

Πόσο δασμό θα πληρώσω γι' αυτό;
posso dhasmo tha plirosso jafto?
Wieviel Steuer werde ich dafür zahlen?
βίφιλ στόϊερ βέρντε ιχ νταφΥρ

τσάλεν;

Πόσο επιτρέπεται χωρίς δασμό;
posso epitrepete choris dhasmo?
Wieviel steuerfrei ist es erlaubt?
βίφιλ στόϊερφραϊ ιστ ες ερλάουμπτ;

Πόσο θα μείνετε;
posso tha minete?
Wie lange bleiben Sie?
βι λάνγκε μπλάϊμπεν ζι;

Που μπορώ να πάρω τις αποσκευές;
pu boro na paro tis aposkeves?
Wo kann ich das Gepäck abholen?
βο καν ιχ ντας γκεπέκ άμπχολεν;

Πρέπει να εκτελωνίσω αυτό (να πληρώσω δασμό γι' αυτό, να υπογράψω);
prepi na ektelonisso afto (na plirosso dhasmo jafto, na ipoghrapso)?
Muß ich das verzollen (Steuer dafür zahlen, unterschreiben)?
μους ιχ ντας φερτσόλεν (στόϊερ νταφΥρ τσάλεν, ουντερΣράϊμπεν);

Προσωπικά είδη
prossopika idhi
Persöhnliche Gegenstände
περζΕνλιχε γκέγκενστεντε

Συμπληρώστε αυτό το πιστοποιητικό
simpliroste afto to pistopiitiko
Fühlen Sie dieses Formular aus
φΥλεν ζι ντίζες φορμουλάρ άους

Συνάλλαγμα
sinalaghma
Wechselgeld
βέχσελγκελντ

Σύνορο
sinoro
Grenze
γκρέντσε

Ταξιδεύω για δουλειές
taxidhevo ja dhulies
Ich bin geschäftlich unterwegs
ιχ μπιν γκεΣέφτλιχ ουντερβέγκς

Τα παιδιά είναι γραμμένα στο διαβατήριό μου
Die Kinder stehen in meinem Pass

21. ΣΤΟ ΤΕΛΩΝΕΙΟ

ta pedhia ine ghramena sto dhiavatirio mu
ντι κίντερ στέεν ιν μάϊνεμ πας

Τα χαρτιά μου, παρακαλώ
ta chartia mu, parakalo
Meine Papiere bitte
μάϊνε παπίρε μπίτε

Τα χαρτιά του αυτοκινήτου
ta chartia tu aftokinitu
Die Autopapiere
ντι άουτοπαπιρε

Ταυτότητα
taftotita
Ausweiß
άουσβαϊς

Τελείωσα τη δουλειά με το τελωνείο
teliossa ti dhulia me to telonio
Ich bin mit der Arbeit am Zollamt fertig
ιχ μπιν μιτ ντερ άρμπαϊτ αμ τσόλαμτ φέρτιγκ

Τελωνειακοί δασμοί
teloniaki dhazhmi
Zoll
τσολ

Τελωνειακός έλεγχος
teloniakos elenchos
Zollkontrolle
τσόλκοντρολε

Τι έχετε εκεί μέσα;
ti echete eki messa?
Was haben Sie dadrin?
βας χάμπεν ζι ντραντρίν;

Το αυτοκίνητο είναι έτοιμο
to aftokinito ine etimo
Das Auto ist fertig
ντας άουτο ιστ φέρτιγκ

Το διαβατήριό σας, παρακαλώ
to dhiavatirio sas, parakalo
Ihren Paß, bitte
ίρεν πας, μπίτε

Τόπος (γέννησης, διαμονής)
topos (jenissis, dhiamonis)
Ort (Geburtsort, Wohnort)
ορτ (γκεμπούρτσορτ, βόνορτ)

Τσιγάρα
tsighara
Zigaretten
τσιγκαρέτεν

Υπογραφή
ipoghrafi
Unterschrift
ούντερΣριφτ

Υπογράφω
ipoghrafo
Unterschreiben
ουντερΣράϊμπεν

Χρώμα μαλλιών (ματιών)
chroma malion (mation)
Haarfarbe (Augenfarbe)
χάαρφαρμπε (άουγκενφαρμπε)

22. ΣΤΗΝ ΤΡΑΠΕΖΑ	**22. IN DER BANK**
stin trapezha	ιν ντερ μπάνκ
Αλλάζω χρήματα	**Ich wechsle Geld**
alazho chrimata	ιχ βέχσλε γκελντ
Απόδειξη	**Quittung**
apodhiksi	κβίτουνγκ
Γερμανικό Μάρκο	**Deutsche Mark**
jermaniko marko	ντόϊτΣε μαρκ
Γραμμάτιο	**Schuldschein**
ghramatio	ΣούλντΣαϊν
Δολλάριο	**Dollar**
dholario	ντόλαρ
Δραχμή	**Drachmen**
dhrachmi	ντράχμεν
Εισπράττω	**Kassieren (Geld)**
isprato	κασίρεν (γκελντ)
Εμβασμα	**Überweisung**
emvasma	Υμπερβάϊζουνγκ
Εντυπο	**Formular**
entipo	φορμουλάρ
Επιταγή	**Scheck**
epitaji	Σεκ
Ευρωτσέκ	**Euroscheck**
evrotsek	όϊροΣεκ
Θα ήθελα να αλλάξω ελληνικές δραχμές	**Ich möchte griechischen Drachmen wechseln**
tha ithela na alakso elinikes drachmes	ιχ μΕχτε γκρίχιΣεν ντράχμεν βέχσελν
Θυρίδα	**Schalter**
thiridha	Σάλτερ
Κατάθεση	**Einzahlung**
katathessi	άϊντσαλουνγκ

22. ΣΤΗΝ ΤΡΑΠΕΖΑ 172

Κέρματα	**Münze**
kermata	μΥντσε
Λεφτά	**Geld**
lefta	γκελντ
Λογαριασμός	**Konto**
loghariasmos	κόντο
Λυπάμαι, δεν έχω ψιλά	**Es tut mir leid, ich habe kein Kleingeld**
lipame, dhen echo psila	ες τουτ μιρ λάϊντ, ιχ χάμπε κάϊν κλάϊνγκελντ
Μεταφορά λογαριασμού	**Kontoüberweisung**
metafora loghariasmu	κόντοΥμπερβάϊζουνγκ
Μετρητά	**Bargeld**
metrita	μπάργκελντ
Μπλοκ επιταγών	**Scheckbuch**
blok epitaghon	Σέκμπουχ
Μπορείτε να με βοηθήσετε να συμπληρώσω το έντυπο (να μου αλλάξετε αυτό το πεντακοσάρικο, να μου δώσετε εκατοστάρικα, να μου χαλάσετε ένα πεντοχίλιαρο)	**Können Sie mir helfen das Formular auszufüllen (diesen Fünfhundertschein zu wechseln, mir Hundertmark Scheine geben, mir ein Fünftausendschein zu wechseln)**
borite na me voithissete na simplirosso to entipo (na mu alaksete afto to pentakossariko, na mu dhossete ekatostarika, na mu chalassete ena pentochiliaro)	κΕνεν ζι μιρ χέλφεν ντας φορμουλάρ άουστσουφΥλεν (ντίζεν φΥνφχουερτΣάϊν τσου βέχσελν, μιρ χούντερμάρκ Σάϊνε γκέμπεν, μιρ άϊν φΥνφτάουζεντΣάϊν τσου βέχσελν)
Νόμισμα	**Münze**
nomisma	μΥντσε
Παίρνω χρήματα	**Ich hole Geld ab**
perno chrimata	ιχ χόλε γκελντ αμπ

22. IN DER BANK

Πληρωμή	**Bezahlung**
pliromi	μπετσάλουνγκ
Πληρώνω	**Zahlen**
plirono	τσάλεν
Ποσό	**Menge**
posso	μένγκε
Πόσο πάει το Μάρκο σήμερα;	**Wie steht die DM?**
posso pai to marko simera?	βί στετ ντι ντόϊτΣε μάρκ;
Που είναι η τράπεζα (η θυρίδα ανταλλαγής χρημάτων);	**Wo ist die Bank (der Wechselschalter)?**
pu ine i trapezha (i thiridha antalaghis chrimaton)	βο ιστ ντι μπανκ (ντερ βέχσελΣάλτερ);
Πρέπει να υπογράψω;	**Muß ich unterschreiben?**
prepi na ipoghrapso?	μους ιχ ουντερΣράϊμπεν;
Προμήθεια	**Provision**
promithia	προβιζιόν
Ρέστα	**Rückgeld**
resta	ρΥκγκελντ
Συνάλλαγμα	**Devisen**
sinalaghma	ντεβίζεν
Ταμείο	**Kasse**
tamio	κάσε
Ταξιδιωτική επιταγή	**Reisescheck**
taxidhiotiki epitaghi	ράϊζεΣεκ
Τιμή συναλλάγματος	**Devisenkurs**
timi sinalaghmatos	ντεβίζενκουρς
Τι πρέπει να κάνω;	**Was muß ich tun?**
ti prepi na kano?	βας μους ιχ τουν;
Τι ώρα ανοίγει η πλησιέστερη τράπεζα;	**Wann öffnet die nächste Bank?**
ti ora anighi i plissiesteri trapezha?	βαν Εφνετ ντι νέχστε μπανκ;
Υπογραφή	**Unterschrift**

23. ΣΤΟ ΞΕΝΟΔΟΧΕΙΟ

ipoghrafi	ούντερΣριφτ
Υπογράφω	**Unterschreiben**
ipoghrafo	ουντερΣράϊμπεν
Μάρκο	**Mark**
marko	μαρκ
Χαρτονόμισμα	**Schein**
chartonomisma	Σάϊν
Χρήματα	**Geld**
chrimata	γκελντ
Ψιλά	**Kleingeld**
psila	κλάϊνγκελντ

23. ΣΤΟ ΞΕΝΟΔΟΧΕΙΟ — 23. IM HOTEL

sto xenodhochio — ιμ χοτέλ

Αερισμός	**Luftung**
aerismos	λούφτουνγκ
Αλληλογραφία	**Korrespondenz**
aliloghrafia	κορεσποντέτς
Αναχωρώ το πρωί	**Ich fahre morgens ab**
anachoro to proi	ιχ φάρε μόργκενς αμπ
Ανεβάστε μου τις αποσκευές μου παρακαλώ	**Bringen Sie mein Gepäck rauf, bitte**
anevaste mu tis aposkeves mu parakalo	μπρίνγκεν ζι μάϊν γκεπέκ ράουφ, μπίτε
Ανελκυστήρας	**Aufzug**
anelkistiras	άουφτσουγκ
Ανεμιστήρας	**Ventilator**
anemistiras	βεντιλάτορ
Ασπρόρουχα	**Bettwäsche**
asprorucha	μπέτβεΣε
Αυτό το δωμάτιο μ' αρέσει	**Dieses Zimmer gefällt mir**

175 23. IM HOTEL

afto to dhomatio maressi
ντίζες τσίμερ γκεφέλτ μιρ

Αφιξη
afiksi
Ankunft
άνκουνφτ

Βάζο
vazho
Vase
βάζε

Βολτάζ
voltazh
Voltzahl
βόλτσαλ

Βρύση
vrissi
Leitung
λάϊτουνγκ

Γεμάτο
jemato
Voll
φολ

Γεύμα
ghevma
Mittagessen
μίταγκεσεν

Για πρωϊνό, θέλω καφέ με γάλα (κακάο, τσάι, καφέ χωρίς γάλα, ψωμί με βούτυρο και μαρμελάδα, αυγά μελάτα, αυγά τηγανιτά, γιαούρτι με μέλι...)
ja proino thelo kafe me ghala (kakao, tsai, kafe choris ghala, psomi me vutiro ke marmeladha, avgha melata, avgha tighanita, jaurti me meli)
Zum Frühstuck möchte ich Kaffee mit Milch (Kakao, Tee, Kaffee ohne Milch, Brot mit Butter und Marmelade, weichgekochte Eier, Spiegeleier,Yogurt mit Honig)
τσουμ φρΥστ μΕχτε ιχ καφέ μιτ μίλχ (κακάο, τε, καφέ όνε μιλχ, μπροτ μιτ μπούτερ ουντ μαρμελάντε, βάϊχκεκόχτε άϊερ, σπίγκελαϊερ, γιόγκουρτ μιτ χόνιγκ)

Γκαρσόνι
garsoni
Ober
όμπερ

Δείπνο
dhipno
Abendessen
άμπεντεσεν

Δεν έρχεται ζεστό νερό
dhen erchete zhesto nero
Es gibt kein warmes Wasser
ες γκιμπτ κάϊν βάρμες βάσερ

Δεν έχει φως στο δωμάτιό μου
dhen echi fos sto dhomatio mu
Es gibt kein Licht in meinem Zimmer
ες γκιμπτ κάϊν λιχτ ιν μάϊνεμ τσίμερ

Δεν λειτουργεί (το καζανάκι, το σιφόνι της τουαλέτας)
dhen liturghi (to kazhanaki, to sifoni tis tualetas)
Der Spülkasten (der Ablauf) funktioniert nicht
ντερ σπΥλκαστεν (ντερ άμπλαουφ) φουνκτιονίρτ νιχτ

Δέχεστε τις επιταγές (τα ευρωτσέκ, τις πιστωτικές κάρτες);
dhecheste tis epitaghes (ta evrotsek, tis pistotikes kartes)?
Nehmen Sie Schecks (Euroschecks, Kreditkarten)?
νέμεν ζι Σέκς (όϊροΣεκς, κρεντίκαρτεν);

Διεύθυνση
dhiefthinsi
Adresse
αντρέσε

Διακόπτης
dhiakoptis
Schalter
Σάλτερ

Διαμέρισμα
dhiamerisma
Wohnung
βόνουνγκ

Διαρροή
dhiaroi
Auslaufen
άουσλαουφεν

Δωμάτιο (διπλό, με μπάνιο, με ντους, με ζεστό νερό, με θέα προς τον κήπο/τη θάλασσα, με μπαλκόνι, στον πρώτο /τελευταίο όροφο, στο ισόγειο, για... άτομα, για ένα βράδυ, για δύο ημέρες...)
dhomatio (dhiplo, me banio, me dus, me zhesto nero, me thea pros ton kipo/ti thalassa, me balkoni, ston proto/telefteo orofo, sto isoghio, ja... atoma,
Zimmer (Doppel-, mit Bad, mit Dusche, mit warmen Wasser, mit Blick auf den Garten, aufs Meer, mit Balkon, am ersten/obersten Stockwerk, im Erdgeschoss, für... Personen, für eine Nacht, für zwei Nächte...)
τσίμερ (ντόπελ-, μιτ μπαντ, μιτ ντούΣε, μιτ βάρμεν βάσερ, μιτ μπλικ άουφ ντεν γκάρτεν, άουφς μέερ, μιτ μπαλκόν, άμ έρστεν / όμπερστεν στόκ-

23. IM HOTEL

ja ena vradhi, ja dhio imeres) βερκ, ιμ έρντγκεΣος, φΥρ... περσόνεν, φΥρ άϊνε ναχτ, φΥρ τσβάϊ νέχτε...)

Είμαστε τέσσερεις
imaste tesseris
Wir sind zu Viert
βιρ ζιντ τσου φιρτ

Είναι έτοιμο το δωμάτιο;
ine etimo to dhomatio?
Ist das Zimmer fertig?
ιστ ντας τσίμερ φέρτιγκ;

Είναι πολύ ακριβό
ine poli akrivo
Es ist sehr teuer
ες ιστ ζερ τόϊερ

Ελάτε μαζί μου
elate mazhi mu
Kommen Sie mit mir
κόμεν ζι μιτ μιρ

Ενα λεπτό, παρακαλώ
ena lepto, parakalo
Einen Moment, bitte
άϊνεν μομέντ, μπίτε

Ενοικιάζονται δωμάτια
enikiazhonte dhomatia
Zimmer zu vermieten
τσίμερ τσου φερμίτεν

Εξυπηρέτηση
eksipiretissi
Bedienung
μπεντίνουνγκ

Εξώπορτα
eksoporta
Außentür
άουσεντΥρ

Επιβάρυνση
epivarinsi
Belastung
μπελάστουνγκ

Επιτρέπονται τα ζώα;
epitreponte ta zhoa?
Sind Tiere erlaubt?
ζιντ τίρε ερλάουμπτ;

Εστιατόριο του ξενοδοχείου
estiatorio tu xenodhochiu
Hotelrestaurant
χοτέλρεστοραν

Εχασα το κλειδί

echassa to klidhi
Ich habe den Schlüssel verloren
ιχ χάμπε ντεν ΣλΥσελ φερλόρεν

Εχει ασανσέρ;
echi asanser?
Gibt es einen Aufzug?
γκιμπτ ες άϊνεν άουφτσουγκ;

Εχει βουλώσει η αποχέτευση του μπάνιου (της τουλέτας)
echi vulossi i apochetefsi tu
Der Ablauf von der Badewanne (der Toilette) ist verstopft
ντερ άμπλαουφ φον ντερ

baniu (tis tualetas)	μπάντεβανε (ντερ τοϊλέτε) ιστ φερστόπφτ
Εχει έκπτωση για τα παιδιά;	**Gibt es eine Ermäßigung für Kinder?**
echi ekptossi ja ta pedhia?	γκιπτ ες άϊνε ερμέσιγκουνγκ φΥρ κίντερ;
Εχει κανένα γκαράζ (πάρκινγκ) εδώ γύρω;	**Gibt eine Garage (einen Parkplatz) in der Nähe?**
echi kanena garazh (parking) edho ghiro?	γκιπτ ες άϊνε γκαράζε (άϊνεν πάρκπλατς) ιν ντερ νέε;
Εχετε ελεύθερα δωμάτια;	**Haben Sie freie Zimmer**
echete elefthera dhomatia?	χάμπεν ζι φράϊε τσίμερ;
Εχετε ένα μονό (διπλό) δωμάτιο ελεύθερο;	**Haben Sie ein freies Einzelzimmer (Doppelzimmer)?**
echete ena mono (dhiplo) dhomatio elefthero?	χάμπεν ζι άϊν φράϊες άϊντσελτσιμερ (ντόπελτσιμερ);
Εχετε κανένα παράπονο;	**Haben Sie irgend eine Beschwerde?**
echete kanena parapono?	χάμπεν ζι ίργκεντ άϊνε μπεΣβέρντε;
Εχετε γραμματόσημα, καρτποστάλ;	**Haben Sie Briefmarken, Postkarten?**
echete ghramatossima, kartpostal?	χάμπεν ζι μπρίφμαρκεν, πόστκαρτεν;
Εχετε χρηματοκιβώτιο;	**Haben Sie einen Safe?**
echete chrimatokivotio?	χάμπεν ζι άϊνεν σέϊφ;
Εχω κανένα γράμμα;	**Habe ich Post?**
echo kanena ghramma?	χάμπε ιχ ποστ;
Εχω κλείσει ένα δωμάτιο στο ξενοδοχείο σας	**Ich habe ein Zimmer in Ihrem Hotel reserviert**
echo klissi ena dhomatio sto xenodhochio sas	ιχ χάμπε άϊν τσίμερ ιν ίρεμ χοτέλ ρεζερβίρτ
Εχω μερικά παράπονα	**Ich habe einige Beschwerde**
echo merika parapona	ιχ χάμπε άϊνιγκε μπεΣβέρντε

23. IM HOTEL

Ζέστη	**Wärme**
zhesti	βέρμε
Ζεστό νερό	**Warmes Wasser**
zhesto nero	βάρμες βάσερ
Η βρύση στάζει	**Die Leitung tropft**
i vrissi stazhi	ντι λάϊτουνγκ τροπφτ
Ηθελα να παραπονεθώ για...	**Ich wollte mich über... beschweren**
ithela na paraponetho ja...	ιχ βόλτε μιχ Υμπερ.. μπεΣβέρεν
Η θέρμανση δεν λειτουργεί	**Die Heizung funktioniert nicht**
i thermansi dhen liturghi	ντι χάϊτσουνγκ φουνκτιονίρτ νιχτ
Ηλεκτρική ασφάλεια (λάμπα, συσκευή)	**Elektrische Sicherung (Lampe, Gerät)**
ilektriki asfalia (lampa, siskevi)	ελέκτριΣε σίχερουνγκ (λάμπε, γκερέτ)
Ηλεκτρικό ρεύμα	**Strom**
ilektriko revma	στρομ
Ηλεκτρικός διακόπτης	**Elektrischer Schalter**
ilektrikos dhiakoptis	ελέκτριΣερ Σάλτερ
Ησυχο δωμάτιο	**Ruhiges Zimmer**
issicho dhomatio	ρούιγκες τσίμερ
Θα είμαι στην αίθουσα αναμονής (στο μπαρ)	**Ich werde im Wartesaal sein (an der Bar)**
tha ime stin ethussa anamonis (sto bar)	ιχ βέρντε ιμ βάρτεζααλ ζάϊν (αν ντερ μπαρ)
Θα επιστρέψω σε δέκα λεπτά	**Ich komme in zehn Minuten zurück**
tha epistrepso se dheka lepta	ιχ κόμε ιν τσεν μινούτεν τσουρΥκ
Θα ήθελα άλλη μία κουβέρτα (ένα μαξιλάρι)	**Ich möchte noch eine Bettdecke (ein Kissen)**
tha ithela ali mia kuverta	ιχ μΕχτε νοχ άϊνε μπέτντεκε

(ena maksilari)	(άϊν κίσεν)
Θα ήθελα ένα δίκλινο δωμάτιο (ένα ήσυχο δωμάτιο, ένα ξενοδοχείο που να έχει και εστιατόριο)	**Ich möchte ein Doppelzimmer (ein ruhiges Zimmer, ein Hotel mit Restaurant)**
tha ithela ena dhiklino dhomatio (ena issicho dhomatio, ena xenodhochio pu na echi ke estiatorio)	ιχ μΕχτε αϊν ντόπελτσιμερ (άϊν ρούιγκες τσίμερ, άϊν χοτέλ μιτ ρεστοράν)
Θα ήθελα να τηλεφωνήσω	**Ich möchte telephonieren**
tha ithela na telefonisso	ιχ μΕχτε τελεφονίρεν
Θα σας δω στο σαλόνι του ξενοδοχείου αύριο το πρωί	**Ich werde Sie an der Hotellobby morgen früh treffen**
tha sas dho sto saloni tu avrio to proi	ιχ βέρντε ζι αν ντερ χοτέλλομπυ μόργκεν φρΥ τρέφεν
Θέρμανση	**Heizung**
thermansi	χάϊτσουνγκ
Θυρωρός	**Pförtner**
thiroros	πφΕρτνερ
Καζανάκι	**Spülkasten**
kazhanaki	σπΥλκαστεν
Καθαρίζω	**Putzen**
katharizho	πούτσεν
Καθαρίστρια δωματίων	**Zimmermädchen**
katharistria dhomation	τσίμερμεντχεν
Καθρέφτης	**Spiegel**
kathreftis	σπίγκελ
Κάλυμμα του κρεβατιού	**Bettdecke**
kalima tu krevatiu	μπέτντεκε
Καλώς ήλθατε	**Wilkommen**
kalos ilthate	βίλκομεν
Καμαριέρα	**Zimmermädchen**
kamariera	τσίμερμεντχεν

23. IM HOTEL

Καναπές
kanapes
Sofa
σόφα

Καρέκλα
karekla
Stuhl
στούλ

Κεντρική θέρμανση
kentriki thermansi
Zentrale Heizung
τσεντράλε χάϊτσουνγκ

Κλειδαριά
klidharia
Schloss
Σλος

Κλειδί
klidhi
Schlüssel
ΣλΥσελ

Κλειδώνω
klidhono
Abschliessen
άμπΣλισεν

Κλιματισμός
klimatismos
Ventilator
βεντιλάτορ

Κοιμάμαι
kimame
Schlafen
Σλάφεν

Κομοδίνο
komodhino
Nachttisch
νάχττιΣ

Κουβέρτα (μάλλινη)
kuverta (malini)
Bettdecke (Wolldecke)
μπέτντεκε (βόλντεκε)

Κουδούνι
kudhuni
Klingel
κλίνγκελ

Κουρτίνα
kurtina
Gardine
γκαρντίνε

Κρεβάτι
krevati
Bett
μπετ

Κρεμάστρα
kremastra
Kleiderbügel
κλάϊντερμπΥγκελ

Κρύο νερό
krio nero
Kaltes Wasser
κάλτες βάσερ

Λάμπα
lampa
Lampe
λάμπε

Λείπει (λείπουν)
lipi (lipun)
Er{ sie, es (sie)} ist (sind) weg
ερ {ζι, ες, (ζι)} ιστ (ζιντ) βεγκ

Λογαριασμός	**Rechnung**
loghariasmos	ρέχνουνγκ
Λουτρό	**Bad**
lutro	μπαντ
Μαξιλάρι	**Kissen**
maksilari	κίσεν
Μαξιλαροθήκη	**Kissenbezug**
maksilarothiki	κίσενμπετσουγκ
Με πρωϊνό	**Mit Frühstück**
me proino	μιτ φρΥστΥκ
Μήνυμα	**Nachricht**
minima	νάχριχτ
Μονόκλινο	**Einzelzimmer**
monoklino	άϊντσελτσιμερ
Μπαλκόνι	**Balkon**
balkoni	μπαλκόν
Μπανιέρα	**Badewanne**
baniera	μπάντεβανε
Μπάνιο	**Badenzimmer**
banio	μπάντεντσιμερ
Μπιντές	**Bidet**
bides	μπιντέ
Μπορείτε να αφαιρέσετε μία κουβέρτα (να καλέσετε ένα ταξί, να με ξυπνήσετε στις έξι το πρωί, να μου δείξετε το δωμάτιο, να μου φέρετε το πρωινό στο δωμάτιο γιατί είμαι άρρωστος, να με συνδέσετε με, την πρεσβεία, να μου δείξετε ένα άλλο δωμάτιο, να μου φυλάξετε αυτά τα πράγματα αξίας, να τοποθε-	**Können Sie mir eine Bettdecke wegnehmen (ein Taxi rufen, mich um sechs Uhr morgens wecken, mir das Zimmer zeigen, mir das Frühstück am Bett bringen weil ich krank bin, mich mit dem Konsulat verbinden, mir ein anderes Zimmer zeigen, die Wertsachen verwahren, noch ein Bett aufstellen/**

τήσετε ένα άλλο κρεβάτι/ ένα κρεβάτι παιδικό);
borite na aferessete mia kuverta (na kalessete ena taxi, na me xipnissete stis eksi to proi, na mu diksete to dhomatio, na mu ferete to proino sto krevati jati ime arostos, ma me sindhessete me tin presvia, na mu dhiksete ena alo dhomatio, na mu filaksete afta ta praghmata aksias, na topothetissete ena alo krevati/ ena krevati pedhiko)?

ein Kinderbett)?
κΕνεν ζι φον μιρ άϊνε μπέτντεκε βέγκνεμεν (άϊν τάξι ρούφεν, μιχ ουμ σεχς ουρ μόργκενς βέκεν, μιρ ντας τσίμερ τσάϊγκεν, μιρ ντας φρΥστΥκ αμ μπετ μπρίνγκεν, βάϊλ ιχ κρανκ μπιν, μιχ μιτ ντεμ κονσουλάτ φερμπίντεν, μιρ άϊν άντερες τσίμερ τσάϊγκεν, ντί βέρτζαχεν φερβάρεν, νοχ άϊν μπετ άουφστελεν/ άϊν κίντερμπετ);

Μπορώ να αφήσω τις αποσκευές μου εδώ;
boro na afisso tis aposkeves mu edho?
Darf ich mein Gepäck hier lassen?
νταρφ ιχ μάϊν γκεπέκ χιρ λάσεν;

Μπορώ να δω το δωμάτιο;
boro na dho to dhomatio?
Darf ich das Zimmer sehen?
νταρφ ιχ ντας τσίμερ ζέεν;

Μου αρέσει το δωμάτιο
mu aressi to dhomatio
Mir gefällt das Zimmer
μιρ γκεφέλτ ντας τσίμερ

Μου φέρνετε, παρακαλώ...
mu fernete, parakalo...
Bringen Sie mir bitte...
μπρίνγκεν ζι μιρ μπίτε...

Νερό
nero
Wasser
βάσερ

Νιπτήρας
niptiras
Waschpecke
βάΣπεκε

Ντουλάπα
dulapa
Schrank
Σρανκ

Ντους
dus
Dusche
ντούΣε

Ξενοδοχείο (παραλιακό)
xenodhochio (paraliako)
Hotel (am Strand)
χοτέλ (αμ στράντ)

23. ΣΤΟ ΞΕΝΟΔΟΧΕΙΟ

Ο θυρωρός θα *πάρει τις αποσκευές σας*	Der Gepäckträger wird Ihr Gepäck nehmen
o thiroros tha pari tis aposkeves sas	ντερ γκεπέκτρεγκερ βιρντ ιρ γκεπέκ νέμεν
Οι ασφάλειες έχουν καεί	Die Sicherungen sind durchgebrannt
i asfalies echun kai	ντι ζίχερουνγκεν ζιντ ντούρχγκεμπραντ
Οικογένεια	**Familie**
ikojenia	φαμίλιε
Ομπρέλα ηλίου	**Sonnenschirm**
ombrela iliu	ζόνενΣιρμ
Οροφος	**Etage**
orofos	ετάζε
Παιδικό κρεβάτι	**Kinderbett**
pedhiko krevati	κίντερμπετ
Παντελόνι	**Hose**
panteloni	χόζε
Πάπλωμα	**Steppdecke**
paploma	στέπντεκε
Παράθυρο	**Fenster**
parathiro	φένστερ
Παρακαλώ, ετοιμάστε μου το λογαριασμό	**Bitte, machen Sie die Rechnung fertig**
parakalo, etimaste mu to loghariasmo	μπίτε, μάχεν ζι ντι ρέχνουνγκ φέρτιγκ
Παρακαλώ, συμπληρώστε αυτό το έντυπο	**Bitte, füllen Sie dieses Formular aus**
parakalo, simpliroste afto to entipo	μπίτε, φΥλεν ζι ντίζες φορμουλάρ άους
Παραλία	**Strand**
paralia	στράντ

23. IM HOTEL

Παράπονα parapona	Beschwerde μπεΣβέρντε
Περιλαμβάνονται όλα perilamvanonte ola	Alles inklusive άλες ινκλουσίφε
Περιμένω ένα τηλεφώνημα από... perimeno ena tilefonima apo...	Ich warte auf einen Anruf von... ιχ βάρτε άουφ άϊνεν άνρουφ φον...
Πετσέτα προσώπου (του μπάνιου) petseta prossopu (tu baniu)	Gesichtstuch (Badetuch) γκεζίχτστουχ (μπάντετουχ)
Πισίνα pissina	Schwimmbad Σβίμμπαντ
Πλήρες πρωϊνό plires proino	Amerikanisches Frühstück αμερικάνιΣες φρΥστΥκ
Πληροφορία pliroforia	Auskunft άουσκουνφτ
Ποιά είναι η τιμή αυτού του δωματίου; pia ine i timi aftu tu dhomatiu?	Welcher ist der Preis von diesem Zimmer? βέλχερ ιστ ντερ πράϊς φον ντίζεμ τσίμερ;
Ποιές είναι οι ώρες φαγητού; pies ine i ores faghitu?	Wann sind die Mahlzeiten? βαν ζιντ ντι μάλτσαϊτεν;
Πολυθρόνα polithrona	Sessel ζέσελ
Πόρτα porta	Tür τΥρ
Πορτατίφ portatif	Leselampe λέζελαμπε
Πόση είναι η ηλεκτρική τάση εδώ; possi ine i ilektriki tassi edho?	Welche ist die Spannung hier? βέλχε ιστ ντι σπάνουνγκ χιρ;
Πόσο κάνουν όλα, παρα-	Wieviel kostet alles

23. ΣΤΟ ΞΕΝΟΔΟΧΕΙΟ

καλώ;
posso kanun ola, parakalo?

Πόσο κοστίζει η φούλ πανσιόν (η ντεμί πανσιόν);
posso kostizhi i ful pansion (i demi pansion)?

Πόσο κοστίζει το δωμάτιο την ημέρα (την εβδομάδα);
posso kostizhi to dhomatio tin imera (tin evdhomadha)?

Πόσο πρέπει να πληρώσω;
posso prepi na plirosso?

Που είναι το γκαράζ;
pu ine to garazh?

Που είναι το δωμάτιο εκατόν τρία (το τηλέφωνο, ο τηλεφωνικός θάλαμος, το εστιατόριο);
pu ine to dhomatio ekaton tria (to dhomatio, o tilefonikos thalamos, to estiatorio)?

Πουρμπουάρ
purbuar

Προτιμώ ένα δωμάτιο σε υψηλό όροφο (με θέα στη θάλασσα, που να βλέπει στον κήπο/στην αυλή/στο δρόμο, που να μην έχει ήλιο το απόγευμα)

protimo ena dhomatio se

zusammen bitte?
βίφιλ κόστετ άλες τσουζάμεν μπίτε;

Wieviel kostet die Vollpension (Halbpension)?
βίφιλ κόστετ ντι φόλπενζιόν (χάλμππενζιόν);

Wieviel kostet das Zimmer pro Tag (pro Woche)?
βίφιλ κόστετ ντας τσίμερ προ ταγκ (προ βόχε);

Wieviel muß ich zahlen?
βίφιλ μους ιχ τσάλεν;

Wo ist die Garage?
βο ιστ ντι γκαράζε;

Wo ist das Zimmer Nummer Hundertdrei (das Telefon, die Telefonzelle, das Restaurant)?
βο ιστ ντας τσίμερ νούμερ χούντερντράϊ (ντας τελεφόν, ντι τελεφόντσελε, ντας ρεστοράν);

Trinkgeld
τρίνκγκελντ

Ich bevorzuge ein Zimmer in einem der oberen Stockwerken (mit Blick auf das Meer, auf den Garten/auf den Hof, auf die Strasse, auf das die Sonne Nachmittags nicht reingeht)

ιχ μπεφόρτσουγκε άϊν τσίμερ

ipsilo orofo (me thea sti thalassa, pu na vlepi ston kipo/stin avli ston dhromo, pu na min echi ilio to apoghevma)	ιν άϊνεμ ντερ όμπερεν στόκβερκεν (μιτ μπλικ άουφ ντας μέερ, άουφ ντεν γκάρντεν, άουφ ντι στράσε, άουφ ντας ντι ζόνε νάχμιταγκς νιχτ ράϊνγκετ)
Πρωινό	**Frühstück**
proino	φρΥστΥκ
Πως λειτουργεί αυτό;	**Wie funktioniert das?**
pos liturghi afto?	βι φουνκτιονίρτ ντας;
Ρεσεψιόν	**Reception**
ressepsion	ρεσεψιόν
Σαπούνι	**Seife**
sapuni	ζάϊφε
Σβήνω	**Ausschalten**
svino	άουσΣαλτεν
Σεζλόγκ	**Liegestuhl**
seslong	λίγκεστουλ
Σεντόνι	**Bettlaken**
sentoni	μπέτλακεν
Σε ποιόν όροφο βρίσκεται;	**Auf welche Etage befindet es sich?**
se pion orofo vriskete?	άουφ βέλχε ετάζε μπεφίντετ ες ζιχ;
Σερβιτόρος (Σερβιτόρα)	**Kellner (Kellnerin)**
servitoros (servitora)	κέλνερ (κέλνεριν)
Σκάλα	**Treppe**
skala	τρέπε
Σκέπασμα κρεβατιού	**Bettdecke**
skepasma krevatiu	μπέτντεκε
Σπίρτο	**Schreichholz**
spirto	Στράϊχολτς
Σταχτοδοχείο	**Aschenbecher**

23. ΣΤΟ ΞΕΝΟΔΟΧΕΙΟ

stachtodhochio	άΣενμπεχερ
Στείλτε μου ένα μπουκάλι μεταλλικό νερό (ένα ποτήρι, το πρωϊνό μου στο δωμάτιό μου στις εννέα)	**Schicken Sie mir eine Flasche Mineralwasser (ein Glass, mein Frühstück ins Zimmer um neun Uhr)**
stilte mu ena bukali metaliko nero (ena potiri, to proino mu sto dhomatio mu stis enea)	Σίκεν ζι μιρ άϊνε φλάΣε μινεράλβασερ (άϊν γκλας, μάϊν φρΥστΥκ ινς τσίμερ ουμ νόϊν ουρ)
Στρώμα	**Matraze**
stroma	ματράτσε
Συρτάρι	**Schubladen**
sirtari	Σούμπλαντεν
Σύστημα αερισμού	**Lüftungsanlage**
sistima aerismu	λΥφτουνγκσανλάγκε
Τα δωμάτια έχουν τηλεόραση (τηλέφωνο);	**Haben die Zimmer Fernseher (Telefon)?**
ta dhomatia echun tileorassi (tilefono)?	χάμπεν ντι τσίμερ φέρνζεερ (τελεφόν);
Ταξιδιωτική επιταγή	**Reisescheck**
taxidhiotiki epitaji	ράϊζεΣεκ
Τασάκι	**Aschenbecher**
tassaki	άΣενμπεχερ
Τάση ρεύματος	**Spannung**
tassi revmatos	σπάνουνγκ
Ταυτότητα	**Ausweiß**
taftotita	άουσβαϊς
Τζάκι	**Kamin**
tzaki	καμίν
Τζάμι	**Glas**
tzami	γκλας
Τηλέφωνο	**Telefon**
tilefono	τελεφόν

Τηλεφωνικός θάλαμος	**Telefonzelle**
tilefonikos thalamos	τελεφόντσελε
Τι αριθμός είναι το δωμάτιό μου;	**Welche Zimmernummer habe ich?**
ti arithmos ine to dhomatio mu?	βέλχε τσίμερνουμερ χάμπε ιχ;
Τιμή	**Preis**
timi	πράϊς
Τι σας οφείλω;	**Was schulde ich Ihnen?**
ti sas ofilo?	βας Σούλντε ιχ ίνεν;
Τι ώρα πρέπει να ελευθερώσω το δωμάτιο;	**Um wieviel Uhr muß ich das Zimmer abgeben?**
ti ora prepi na eleftherosso to dhomatio?	ουμ βίφιλ ουρ μους ιχ ντας τσίμερ άμπγκεμπεν;
Το διακόσια πέντε, παρακαλώ	**Nummer Zweihundertfünf, bitte**
to dhiakossia pente, parakalo	νούμερ τσβάϊχουντερτφΥνφ, μπίτε
Το δωμάτιο έχει κεντρική θέρμανση;	**Hat das Zimmer eine zentrale Heizung?**
to dhomatio echi kentriki thermansi?	χατ ντας τσίμερ άϊνε τσεντράλε χάϊτσουνγκ;
Το κλειδί, παρακαλώ	**Den Schlüssel, bitte**
to klidhi, parakalo	ντεν ΣλΥσελ, μπίτε
Το παράθυρο δεν ανοίγει (κλείνει)	**Das Fenster geht nicht auf (zu)**
to parathiro dhen anighi (klini)	ντας φένστερ γκετ νιχτ άουφ (τσου)
Τουαλέτα γυναικών (ανδρών)	**Damentoilette (Männer-)**
tualeta jinekon (andron)	ντάμεντοϊλετε (μένερ-)
Τραπεζαρία	**Eßzimmer**
trapezharia	έστσιμερ
Υπάρχει τηλεόραση;	**Gibt es einen Fernseher?**
iparchi tileorassi?	γκιπτ ες άϊνεν φέρνζεερ;

Υπάρχουν δωμάτια με λουτρό (με ντους);	**Gibt es Zimmer mit Bad (Dusche)?**
iparchun dhomatia me lutro (me dus)?	γκιπτ ες τσίμερ μιτ μπαντ (ντούΣε);
Υπάρχουν ελεύθερα δωμάτια;	**Gibt es freie Zimmer?**
iparchun elefthera dhomatia?	γκιπτ ες φράϊε τσίμερ;
Υπηρεσία	**Amt**
ipiressia	αμτ
Υπνος	**Schlaf**
ipnos	Σλαφ
Υπογράψτε εδώ, παρακαλώ	**Unterschreiben Sie hier, bitte**
ipoghrapste edho, parakalo	ουντερΣράϊμπεν ζι χιρ, μπίτε
Υποδοχή	**Empfang**
ipodhochi	εμπφάνγκ
Φεύγω απόψε (αύριο)	**Ich fahre heute (morgen) ab**
fevgho apopse (avrio)	ιχ φάρε χόϊτε (μόργκεν) αμπ
Φιλοδώρημα	**Trinkgeld**
filodhorima	τρίνκγκελντ
Φωτισμός	**Beleuchtung**
fotismos	μπελόϊχτουνγκ
Χαλάκι του κρεβατιού	**Bettvorleger**
chalaki tu krevatiu	μπέτφορλεγκερ
Χαλί	**Teppich**
chali	τέπιχ
Χαρτί υγείας	**Toilettenpapier**
charti ijias	τοϊλέτενπαπιρ
Ψησταριά	**Grill**
psistaria	γκριλ
Ψυγείο	**Kühlschrank**
psijio	κΥλΣρανκ

191 24. TISCHAUSRÜSTUNG

24. ΕΞΟΠΛΙΣΜΟΣ ΤΟΥ ΤΡΑΠΕΖΙΟΥ	24. TISCHAUSRÜSTUNG
eksoplismos tu trapezhiu	τίΣαουσρΥστουνγκ
Αλατιέρα	**Salzfaß**
alatiera	σάλτσφας
Ανοιχτήρι (για κρασί)	**Weinöffner**
anichtiri (ja krassi)	βάϊνΕφνερ
Ανοιχτήρι (για μπύρα)	**Öffner (Bieröffner)**
anichtiri (ja bira)	Εφνερ (μπίρΕφνερ)
Ανοιχτήρι (για κονσέρβες)	**Konservenöffner**
anichtiri (ja konserves)	κονσέρβενΕφνερ
Αυγοθήκη	**Eierbecher**
avghothiki	άϊερμπεχερ
Δίσκος	**Tablett**
dhiskos	ταμπλέτ
Κανάτα	**Krug**
kanata	κρουγκ
Καραφάκι	**Kännchen**
karafaki	κένχεν
Κουβέρ	**Gedeck**
kuver	γκεντέκ
Κουταλάκι	**Teelöfel**
kutalaki	τέλΕφελ
Κουτάλι	**Löfel**
kutali	λΕφελ
Μαχαίρι	**Messer**
macheri	μέσερ

24. ΕΞΟΠΛΙΣΜΟΣ ΤΟΥ ΤΡΑΠΕΖΙΟΥ

Μπουκάλι	**Flasche**
bukali	φλάΣε
Οδοντογλυφίδα	**Zahnstocher**
odhontoghlifidha	τσάνστοχερ
Πετσέτα	**Serviette**
petseta	σερβιέτε
Πηρούνι	**Gabel**
piruni	γκάμπελ
Πιατάκι (φλυτζανιού)	**Untertasse**
piataki (flitzaniu)	ούντερτασε
Πιάτο (βαθύ, ρηχό)	**Teller (Suppenteller, flacher)**
piato (vathi, richo)	τέλερ (ζούπεντελερ, φλάχερ)
Ποτήρι (του κρασιού, του νερού, της μπύρας, της σαμπάνιας)	**Glas (Weinglas, Wasserglas, Bierglas, Champagneglas)**
potiri (tu krassiu, tu neru, tis biras, tis champanias)	γκλας (βάϊνγκλας, βάσεργκλας, μπίργκλας, Σαμπάνιεγκλας)
Σερβίτσιο	**Geschirr**
servitsio	γκεΣίρ
Τασάκι	**Aschenbecher**
tassaki	άΣενμπεχερ
Τραπέζι	**Tisch**
trapezhi	τιΣ
Τραπεζομάντηλο	**Tischdecke**
trapezhomantilo	τίΣντεκε
Τσαγερό	**Teekanne**
tsaghero	τέκανε
Φλυτζάνι	**Tasse**
flitzani	τάσε
Ψωμιέρα	**Brotkorb**
psomiera	μπρότκορμπ

25. ΣΤΟ ΕΣΤΙΑΤΟΡΙΟ, ΣΤΟ ΚΑΦΕΝΕΙΟ
sto estiatorio, sto kafenio

25. IM RESTAURANT, IM KAFE
ιμ ρεστοράν, ιμ καφέ

Αγγουροσαλάτα
agurosalata
Gurkensalad
γκούρκενσαλατ

Αγριογούρουνο
aghrioghuruno
Wildschwein
βίλντΣβάϊν

Αεριούχο μεταλλικό νερό
aeriucho metaliko nero
Mineralwasser
μινεράλβασερ

Αλάτι
alati
Salz
ζαλτς

Αλκοόλ
alkool
Alkohol
άλκοχολ

Αλλαντικά
alantika
Wurstwaren
βούρστβαρεν

Αλμυρό
almiro
Salzig
ζάλτσιγκ

Αναψυκτικά
anapsiktika
Erfrishungsgetränke
ερφρίΣουνγκσγκετρένκε

Ανοστο
anosto
Unschmackhaft
ουνΣμάκχαφτ

Αντσούγια
anzuja
Anchovis
αντσόβις

Αρνάκι
arnaki
Lamm
λαμ

Αρνίσιο μπούτι
arnissio buti
Lammkotelett
λαμκοτελέτ

Αστακός
astakos
Hummer
χούμερ

Αυγά (μελάτα, τηγανιτά, σφιχτά, βραστά, μάτια)
avgha (melata, tighanita, sfichta, vrasta, matja)
Eier (weichgekochte, gebratene, gekochte, Spiegeleier)
άϊερ (βάϊχγκεκοχτε, γκεμπράτενε, γκεκόχτε, σπίγκελαϊερ)

Βερμούτ	**Vermout**
vermut	βερμούτ
Βοδινό κρέας	**Rindfleisch**
vodhino kreas	ρίντφλαϊΣ
Βότκα	**Votka**
votka	βότκα
Βούτυρο	**Butter**
vutiro	μπούτερ
Βραδυνό	**Abendessen**
vradhino	άμπεντεσεν
Βραστό	**Gekocht**
vrasto	γκεκόχτ
Γάλα	**Milch**
ghala	μιλχ
Γαλοπούλα	**Trauthahn**
ghalopula	τράουτχαν
Γαρίδα	**Krabbe**
gharidha	κράμπε
Γέμιση	**Füllung**
jemissi	φΥλουνγκ
Γεμιστές ντομάτες	**Gefüllte Tomaten**
jemistes domates	γκεφΥλτε τομάτεν
Γεμιστό	**Gefüllt**
jemisto	γκεφΥλτ
Γεύμα	**Essen**
jevma	έσεν
Γιαούρτι (με μέλι και καρύδια)	**Yogurt (mit Honig und Nüsse)**
jaurti (me meli ke karidhia)	γιόγκουρτ (μιτ χόνιγκ ουντ νΥσε)
Γιαχνί	**Gericht**
jachni	γκερίχτ
Γκαρσόν!	**Ober!**
garson!	όμπερ!

25. IM RESTAURANT, IM KAFE

Γλυκό (αλμυρό)	Süß (salzig)
ghliko (almiro)	ζΥς (ζάλτσιγκ)
Γλυκό	Süßigkeit
ghliko	ζΥσιγκαϊτ
Γλώσσα	Zunge
ghlossa	τσούνγκε
Γλώσσα (ψάρι)	Seezunge
ghlossa (psari)	ζέετσουνγκε
Γουρουνόπουλο σούβλας	Schwein am Spieß
ghurunopulo suvlas	Σβάϊν αμ σπις
Γρανίτα	Fruchteis
ghranita	φρούχταϊς
Δείπνο	Abendessen
dhipno	άμπεντεσεν
Διαιτητικό	Diätisch
dhietitiko	ντιέτιΣ
Εγινε λάθος	Sie haben einen Fehler gemacht
eghine lathos	ζι χάμπεν άϊνεν φέλερ γκεμάχτ
Είμαστε (δύο, τρείς...)	Wir sind zu Zweit (zu Dritt..)
imaste (dhio, tris...)	βιρ ζιντ τσου τσβάϊτ (τσου ντριτ...)
Ελαιόλαδο	Olivenöl
eleoladho	ολίβενΕλ
Ελιές (μαύρες, πράσινες)	Oliven (schwarze, grüne)
elies (mavres, prassines)	ολίβεν (Σβάρτσε, γκρΥνε)
Ενα μπουκάλι κρασί (άσπρο, ροζέ, κόκκινο)	Eine Flasche Wein (Weisswein, Rose, Rotwein)
ena bukali krassi (aspro, rozhe, kokino)	άϊνε φλάΣε βάϊν (βάϊσβαϊν, ροζέ, ρότβαϊν)
Ενα παγωτό (κρέμα, σοκολάτα, μόκα, φράουλα, φυστίκι, ροδάκινο...)	Ein Eis (Vanille, Shokolade, Moka, Erdbeeren, Pistazien, Pfirsich...)
ena paghoto (krema, sokolata,	άϊν άϊς (βανίλε, Σοκολάντε,

25. ΣΤΟ ΕΣΤΙΑΤΟΡΙΟ, ΣΤΟ ΚΑΦΕΝΕΙΟ

moka, fraula, fistiki, rodhakino...)	μόκα, έρντμπερεν, πιστάτσιεν, πφίρζιχ...)
Ενα σάντουιτς με (ζαμπόν, τυρί)	**Ein sandwich mit (Schinken, Käse)**
ena sanduits me (zhambon, tiri)	άϊν σάντουιτς μιτ (Σίνκεν, κέζε)
Ενα τοστ	**Ein Toast**
ena tost	άϊν τοστ
Ενα χυμό (πορτοκαλιού, λεμονιού...)	**Einen Saft (Orangensaft, Zitronensaft...)**
ena chimo (portokaliu, lemoniu...)	άϊνεν ζαφτ (οράνζενζαφτ, τσιτρόνενζαφτ...)
Εντράδες	**Gänge**
entradhes	γκένγκε
Επιδόρπιο	**Nachspeise**
epidhorpio	νάχσπαϊζε
Εχω κρατήσει τραπέζι για δύο άτομα	**Ich habe einen Tisch für zwei reserviert**
echo kratissi trapezhi ja dhio atoma	ιχ χάμπε άϊνεν τιΣ φΥρ τσβάϊ ρεζερβίρτ
Ζάχαρη	**Zucker**
zhachari	τσούκερ
Ζυμαρικά	**Teigwaren**
zhimarika	τάϊγκβαρεν
Θα ήθελα ένα τραπέζι (έξω, κοντά σε παράθυρο)	**Ich möchte einen Tisch (draußen, am Fenster)**
tha ithela ena trapezhi (ekso, konta se parathiro)	ιχ μΕχτε άϊνεν τιΣ (ντράουσεν, αμ φένστερ)
Θα ήθελα ένα τσάι (με γάλα, με λεμόνι)	**Ich möchte einen Tee (mit Milch, mit Zitrone)**
tha ithela ena tsai (me ghala, me lemoni)	ιχ μΕχτε άϊνεν τε (μιτ μιλχ, μιτ τσιτρόνε)
Θα ήθελα να κρατήσω τραπέζι για τέσσερα άτομα	**Ich möchte einen Tisch für vier Personen**

	reservieren
tha ithela na kratisso trapezhi	ιχ μΕχτε άϊνεν τιΣ φΥρ
ja tessera atoma	φιρ περζόνεν ρεζερβίρεν
Κακαβιά	**Fischsuppe**
kakavia	φίΣζουπε
Καλαμάρι	**Tintenfisch**
kalamari	τίντενφιΣ
Καλή όρεξη!	**Guten Appetit!**
kali oreksi!	γκούτεν απετίτ!
Καλοψημένο	**Durchgebacken**
kalopsimeno	ντούρχγκεμπακεν
Καμένο	**Angebrannt**
kameno	άνγκεμπραντ
Καπνιστό	**Geräuchert**
kapnisto	γκερόϊχερτ
Καραβίδα	**Hummer**
karavidha	χούμερ
Καρότο	**Karotte**
karoto	καρότε
Καρπούζι	**Wassermelone**
karpuzhi	βάσερμελονε
Καρυκεύματα	**Gewürze**
karikevmata	γκεβΥρτσε
Καρυκεύω	**Würzen**
karikevo	βΥρτσεν
Κατάλογος φαγητών	**Speisekarte**
kataloghos faghiton	σπάϊζεκαρτε
Καφές	**Kaffee**
kafes	καφέ
Κέικ	**Kekse**
keik	κέκσε
Κεφτέδες	**Fleischklöschen**
keftedhes	φλάϊΣκλΕΣεν
Κιμάς	**Hackfleisch**

kimas	χάκφλαϊΣ
Κοκκινιστό	**Fleisch in Tomatensoße**
kokinisto	φλάϊΣ ιν τομάτενζοσε
Κολοκύθι	**Zuchini**
kolokithi	τσουκίνι
Κομπόστα	**Kompott**
komposta	κομπότ
Κονιάκ	**Kognak**
koniak	κόνιακ
Κοτόπουλο	**Huhn**
kotopulo	χουν
Κουνέλι	**Kaninchen**
kuneli	κανίνχεν
Κοτόσουπα	**Huhnersuppe**
kotossupa	χούνερζουπε
Κουνουπίδι	**Blumenkohl**
kunupidhi	μπλούμενκολ
Κρασί (άσπρο, ροζέ, κόκκινο)	**Wein (Weisswein, Rose, Rotwein)**
krassi (aspro, rozhe, kokino)	βάϊν (βάϊσβαϊν, ροζέ, ρότβαϊν)
Κρατήστε τα ρέστα	**Der Rest für Sie**
kratiste ta resta	ντερ ρεστ φΥρ ζι
Κρέας	**Fleisch**
kreas	φλάϊΣ
Κρεμ καραμελέ	**Karamelpudding**
krem karamele	καραμέλπουντιγκ
Κρεμμύδι	**Zwiebeln**
kremidhi	τσβίμπελν
Κυνήγι	**Jagdgericht**
kinighi	γιάγκτγκεριχτ
Λαγός	**Hase**
laghos	χάζε
Λαγός στιφάδο	**Gericht aus Hase**
laghos stifadho	γκερίχτ άους χάζε

Λάδι	**Öl**
ladhi	Ελ
Λαζάνια	**Lasagne**
lazhania	λαζάνιε
Λαχανικά	**Gemüse**
lachanika	γκεμΥζε
Λάχανο	**Kohl**
lachano	κολ
Λεμόνι	**Zitrone**
lemoni	τσιτρόνε
Λικέρ	**Likör**
liker	λικΕρ
Λίπος	**Fett**
lipos	φετ
Λουκάνικο	**Bratwurst**
lukaniko	μπράτβουρστ
Μαϊντανός	**Petersilie**
maintanos	πετερζίλιε
Μακαρόνια (με κιμά)	**Spaghetti mit Hackfleisch**
makaronia (me kima)	σπαγγέτι μιτ χάκφλαϊΣ
Μανιτάρια	**Pilze**
manitaria	πίλτσε
Μαρμελάδα	**Marmelade**
marmeladha	μαρμελάντε
Μαρούλι	**Kopfsalad**
maruli	κόπφσαλατ
Μέλι	**Honig**
meli	χόνιγκ
Μελιτζάνες	**Auberginen**
melitzanes	ομπερζίνεν
Μερίδα	**Portion**
meridha	πορτσιόν
Μεταλλικό νερό	**Mineralwasser**
metaliko nero	μινεράλβασερ

25. ΣΤΟ ΕΣΤΙΑΤΟΡΙΟ, ΣΤΟ ΚΑΦΕΝΕΙΟ

Μήλο	**Apfel**
milo	άπφελ
Μοσχάρι	**Kalb**
mosHari	καλμπ
Μουστάρδα	**Senf**
mustardha	ζενφ
Μπακαλιάρος παστός	**Eingesalzener Stockfisch**
bakaliaros pastos	άϊνγκεζαλτσενερ στόκφιΣ
Μπιζέλια	**Erbse**
bizhelia	έρμπσε
Μπισκότα	**Kekse**
biskota	κέκσε
Μπιφτέκι	**Beefsteak**
bifteki	μπίφστεϊκ
Μπριζόλα (μοσχαρίσια / χοιρινή στη σχάρα)	**Kotelett (Kalb/ Schweinkotelett gegrillt)**
brizhola (mosHarissia/chirini sti sHara)	κοτελέτ (καλμπ/ Σβάϊνκοτελέτ γκεγκρίλτ)
Μπύρα	**Bier**
bira	μπιρ
Νερό	**Wasser**
nero	βάσερ
Ντομάτα	**Tomate**
domata	τομάτε
Ξύδι	**Essig**
xidhi	έσιγκ
Ομελέτα	**Ruhreier**
omeleta	ρούραϊερ
Ορεκτικά	**Vorspeise**
orektika	φόρσπαϊζε
Ορτύκια	**Wachtel**
ortikia	βάχτελ
Ουίσκι	**Whisky**
uiski	βίσκι

25. IM RESTAURANT, IM KAFE

Οχι πολύ ψημένο	**Nicht durchgebraten**
ochi poli psimeno	νιχτ ντούρχγκεμπρατεν
Παγάκια	**Eiswürfel**
paghakia	άϊσβΥρφελ
Παγωτό	**Eis**
paghoto	άϊς
Παϊδάκια	**Lammkotelett**
paidhakia	λάμκοτελετ
Πάπια	**Ente**
papia	έντε
Πάπρικα	**Paprika**
paprika	πάπρικα
Παρμεζάνα	**Parmesankäse**
parmezhana	παρμεζάνκεζε
Πάστα	**Kuchen**
pasta	κούχεν
Πατάτες (τηγανιτές)	**Kartoffeln (Pomme-fritte)**
patates (tighanites)	καρτόφελν (πομ-φριτ)
Πατζάρι	**Rote Rübe**
patzari	ροτε ρΥμπε
Πεινάω	**Ich bin hungrig**
pinao	ιχ μπιν χούνγκριγκ
Πεπόνι	**Melone**
peponi	μελόνε
Πέρδικα	**Rebhuhn**
perdhika	ρέμπχουν
Πέστροφα	**Forelle**
pestrofa	φορέλε
Πιάτο της ημέρας	**Tagesgericht**
pjato tis imeras	τάγκεσγκερίχτ
Πιλάφι	**Reis**
pilafi	ράϊς
Πιπέρι	**Pfeffer**
piperi	πφέφερ

Πιπεριά	**Paprika**
piperja	πάπρικα
Πιτσούνι	**Täubchen**
pitsuni	τόϊμπχεν
Πορτοκάλι	**Apfelsine**
portokali	αμπφελζίνε
Ποτά	**Getränke**
pota	γκετρένκε
Πουλερικά	**Geflügel**
pulerika	γκεφλΥγκελ
Πουρές	**Püree**
pures	πΥρέ
Πράσο	**Porrel**
prasso	πόρελ
Πρωϊνό	**Früstuck**
proino	φρΥστουκ
Ραπανάκια	**Radieschen**
rapanakia	ραντίΣεν
Ρεβίθια	**Kichererbse**
revithia	κίχερερμπζε
Ροδάκινο	**Pfirsich**
rodhakino	πφίρζιχ
Σαλάμι	**Salami**
salami	ζαλάμι
Σαλάτα	**Salad**
salata	σαλάτ
Σάλτσα	**Soße**
saltsa	ζόσε
Σαμπάνια	**Champagne**
sampania	Σαμπάνιε
Σαρδέλα	**Sardelle**
sardhela	σαρντέλε
Σερβιτόρος (σερβιτόρα)	**Kellner (Kellnerin)**
servitoros (servitora)	κέλνερ (κέλνεριν)

25. IM RESTAURANT, IM KAFE

Σκόρδο	**Knoblauch**
skordho	κνόμπλαουχ
Σόδα	**Soda**
sodha	σόντα
Σολομός	**Lachs**
solomos	λαχς
Σουβλάκι	**Spieß**
suvlaki	σπις
Σούπα	**Soupe**
supa	ζούπε
Σουπιά	**Tintenfisch**
supja	τίντενφιΣ
Σπανάκι	**Spinat**
spanaki	σπινάτ
Σπαράγγια	**Spargel**
sparagia	σπάργκελ
Στα κάρβουνα	**Gegrillt**
sta karvuna	γκεγκρίλτ
Σταφύλι	**Weintraube**
stafili	βάϊντραουμπε
Στήθος από κοτόπουλο	**Huhnerbrust**
stithos apo kotopulo	χούνερμπρουστ
Στη σχάρα	**Gegrillt**
sti sHara	γκεγκρίλτ
Συκώτι	**Leber**
sikoti	λέμπερ
Τζιν	**Jin**
tzin	τζιν
Τηγανητό	**Gebraten**
tighanito	γκεμπράτεν
Το λογαριασμό, παρακαλώ	**Die Rechnung, bitte**
to loghariasmo, parakalo	ντι ρέχνουνγκ, μπίτε
Το μενού, παρακαλώ	**Die Speisekarte, bitte**
to menu, parakalo	ντι σπάϊζεκαρτε, μπίτε

25. ΣΤΟ ΕΣΤΙΑΤΟΡΙΟ, ΣΤΟ ΚΑΦΕΝΕΙΟ 204

Τσάι	**Tee**
tsai	τε
Τυρί	**Käse**
tiri	κέζε
Φασόλια	**Bohne**
fassolia	μπόνε
Φιλέτο	**Kotelett**
fileto	κοτελέτ
Φραπέ	**Frape**
frape	φραπέ
Φρούτο	**Frucht**
fruto	φρούχτ
Φρουτοσαλάτα	**Fruchtsalad**
frutossalata	φρούχτσαλατ
Χοιρινό κρέας	**Schweinefleisch**
chirino kreas	ΣβάϊνεφλαϊΣ
Χόρτα	**Gemüse**
chorta	γκεμΥζε
Χταπόδι	**Oktapus**
chtapodhi	όκταπους
Χυμός φρούτων	**Obstsaft**
chimos fruton	όμπστζαφτ
Χωρις αλάτι	**Ohne Salz**
choris alati	όνε ζαλτς
Ψάρι	**Fisch**
psari	φιΣ
Ψαρόσουπα	**Fischsuppe**
psarosupa	φίΣζουπε
Ψημένο (στον ατμό, στη σχάρα, στο φούρνο)	**Gebraten (im Dampf gegart, gegrillt, im Ofen)**
psimeno (ston atmo, sti sHara, sto furno)	γκεμπράτεν (ιμ ντάμπφ γκεγκάρτ, γκεγκρίλτ, ιμ όφεν)
Ψητό	**Gegrillt**
psito	γκεγκρίλτ

Ψωμί	**Brot**
psomi	μπροτ
Ωμό	**Roh**
omo	ρο

26. ΣΤΟ ΤΑΧΥΔΡΟΜΕΙΟ / 26. AN DER POST

sto tachidhromio — αν ντερ ποστ

Αεροπορικώς	**Luftpost**
aeroporikos	λούφτποστ
Αλληλογραφία	**Korrespondenz**
alilographia	κορεσποντέντς
Απόδειξη παραλαβής	**Empfangsschein**
apodhiksi paralavis	εμπφάνγκσΣάϊν
Αποστέλλω	**Verschicken**
apostelo	φερΣίκεν
Αποστολέας	**Absender**
apostoleas	άμπζεντερ
Αριθμός	**Nummer**
arithmos	νούμερ
Αριθμός ταχυδρομικής θυρίδας	**Postleitzahl**
arithmos tachidhromikis thiridhas	πόστλαϊττσαλ
Αυτόματος τηλεφωνητής	**Automatischer Anrufbeantworter**
aftomatos tilefonitis	αουτομάτιΣερ άνρουφμπε-άντβορτερ
Βλάβη	**Schaden**
vlavi	Σάντεν
Γράμμα	**Brief**
ghrama	μπριφ

26. ΣΤΟ ΤΑΧΥΔΡΟΜΕΙΟ

Γραμματοκιβώτιο ghramatokivotio	**Briefkasten** μπρίφκαστεν
Γραμματόσημο (για συλλέκτες) ghramatossimo (ja silektes)	**Briefmarke (für Sammler)** μπρίφμαρκε (φΥρ ζάμλερ)
Γραμμή ghrami	**Linie** λίνιε
Γραφείο πληροφοριών ghrafio pliroforion	**Auskunftsbüro** άουσκουνφτσμπΥρο
Δέμα dhema	**Paket** πακέτ
Δεν ακούω τίποτα dhen akuo tipota	**Ich höre nichts** ιχ χΕρε νιχτς
Δεν λειτουργεί το τηλέφωνό μου dhen liturghi to tilefono mu	**Mein Telefonapparat funktioniert nicht** μάϊν τελεφόναπαρατ φουνκτιονίρτ νιχτ
Διανομέας dhianomeas	**Briefträger** μπρίφτρεγκερ
Διανομή dhianomi	**Austragen der Post** άουστραγκεν ντερ ποστ
Διεύθυνση dhiefthinsi	**Addresse** αντρέσε
Δώστε μου, παρακαλώ, ένα γραμματόσημο των πέντε μάρκων dhoste mu parakalo, ena ghramatossimo ton pente markon	**Geben Sie mir eine fünfmark Briefmarke bitte** γκέμπεν ζι μιρ άϊνε φΥνφμαρκ μπρίφμαρκε μπίτε
Είναι ανοιχτό όλη την ημέρα ine anichto oli tin imera	**Es ist den ganzen Tag offen** ες ιστ ντεν γκάντσεν ταγκ όφεν
Είναι η γραμμή ελεύθερη; ine i ghrami eleftheri?	**Ist die Leitung frei?** ιστ ντι λάϊτουνγκ φράϊ;
Είναι το τριακόσιαογδοντα-	**Ist es das Dreihundert-**

δύο... (382...);	**zweiundachtzig... (382...)?**
ine to triakossiaoghdhontadhio... ?	ιστ ες ντας ντράϊχουντερτ-τσβαϊουνταχτσιγκ ... ;
Εμβασμα	**Überweisung**
emvasma	Υμπερβάϊζουνγκ
Εμπρός, είναι εκεί ο Κύριος...	**Ich hätte bitte Herrn...**
embros, ine eki o kirios...	ιχ χέτε μπίτε χερν...
Εμπρός,. θα ήθελα να μιλήσω στον... (στην)	**Ich möchte bitte mit Herrn... (mit Frau) sprechen**
embros, tha ithela na milisso ston (stin)...	ιχ μΕχτε μπίτε μιτ χερν... (μιτ φράου...) σπρέχεν...
Εντυπο	**Formular**
entipo	φορμουλάρ
Εντυπο υλικό	**Druckmaterial**
entipo iliko	ντρούκματεριάλ
Εξαρτάται από το βάρος και τον τόπο προορισμού	**Es hängt von dem Gewicht und dem Bestimmungsort ab**
eksartate apo to varos ke ton topo proorismu	ες χενγκτ φον ντεμ γκεβίχτ ουντ ντεμ μπεστίμουνσορτ αμπ
Εξπρές	**Express**
expres	εξπρές
Επείγον	**Eilbot**
epighon	άϊλμποτ
Η γραμμή είναι πιασμένη	**Die Leitung ist besetzt**
i ghrami ine piasmeni	ντι λάϊτουνγκ ιστ μπεζέτστ
Η διεύθυνσή μου είναι...	**Meine Addresse ist...**
i dhiefthinsi mu ine...	μάϊνε αντρέσε ιστ...
Θα ήθελα ένα έντυπο τηλεγραφήματος (μερικά γραμματόσημα για...)	**Ich möchte ein Telegrammformular, Briefmarken für...)**
tha ithela ena entipo tileghrafimatos (merika ghramatossima ja...)	ιχ μΕχτε άϊν τελεγκράμ-φορμουλαρ, μπρίφμαρκεν φΥρ...)
Θα ήθελα να καλέσω το	**Ich möchte ein Telefonat**

26. ΣΤΟ ΤΑΧΥΔΡΟΜΕΙΟ

Λονδίνο (να στείλω ένα τηλεγράφημα, να τηλεφωνήσω στο...)
tha ithela na kalesso to londhino (na stilo ena tileghrafima, na tilefonisso sto...)

nach London führen (ein Telegramm schicken, nach... telefonieren)
ιχ μΕχτε άϊν τελεφονάτ ναχ λόντον φΥρεν (άϊν τελεγκράμ Σίκεν, ναχ... τελεφονίρεν)

Θα φύγει σήμερα το γράμμα;
tha fighi simera to ghrama?

Geht der Brief heute weg?
γκετ ντερ μπριφ χόϊτε βεγκ;

Θέλω να ταχυδρομήσω ένα γράμμα (να τηλεφωνήσω με κλήση πληρωτέα από τον παραλήπτη, να στείλω ένα δέμα)
thelo na tachidhromisso ena ghrama (na tilefonisso me klissi plirotea apo ton paralipti, na stilo ena dhema)

Ich möchte einen Brief schicken (ein Gepäck schicken, ein collect call machen, ein Paket schicken)
ιχ μEχτε άϊν μπριφ Σίκεν (άϊν γκεπέκ Σίκεν, άϊν κολέκτ κολ μάχεν, άϊν πακέτ Σίκεν)

Θυρίδα
thiridha

Schalter
Σάλτερ

Καρτ ποστάλ
kart postal

Postkarte
πόστκαρτε

Κλήση
klissi

Anruf
άνρουφ

Κόπηκε η γραμμή

kopike i ghrami

Die Verbindung ist unterbrochen

ντι φερμπίντουνγκ ιστ ουντερμπρόχεν

Κωδικός αριθμός
kodhikos arithmos

Vorwahl
φόρβαλ

Λάθος αριθμός
lathos arithmos

Falsche Nummer
φάλΣε νούμερ

Με συγχωρείτε για την ενόχληση

Entschuldigen Sie mich für die Störung

me sinchorite ja tin enochlissi	εντΣούλντιγκεν ζι μιχ φΥρ ντι ΣτΕρουνγκ
Μην κλείνετε το τηλέφωνο, παρακαλώ	**Legen Sie nicht auf bitte**
min klinete to tilefono, parakalo	λέγκεν ζι νιχτ άουφ μπίτε
Μήνυμα	**Nachricht**
minima	νάχριχτ
Μήπως είστε...;	**Sind Sie vielleicht...?**
mipos iste...?	ζιντ ζι φιλάϊχτ...;
Μπορείτε να επαναλάβετε (να μου κάνετε ψιλά, να ξαναπάρετε);	**Können Sie das wiederholen (mir Geld wechseln mich zurückrufen)?**
borite na epanalavete (na mu kanete psila, na xanaparete)?	κΕνεν ζι ντας βιντερχόλεν (μιρ γκελντ βέχσελν, μιχ τσουρΥκρούφεν);
Νούμερο	**Nummer**
numero	νούμερ
Ξανακαλώ	**Wieder anrufen**
xanakalo	βίντερ άνρουφεν
Πακέτο	**Paket**
paketo	πακέτ
Παραλήπτης	**Empfänger**
paraliptis	εμπφένγκερ
Περιμένετε στο ακουστικό σας	**Bleiben Sie am Apparat**
perimente sto akustiko sas	μπλάϊμπεν ζι αμ απαράτ
Περιμένω	**Ich warte**
perimeno	ιχ βάρτε
Περισυλλογή των γραμμάτων	**Briefsammlung**
perissiloghi ton ghramaton	μπρίφζαμλουνγκ
Πληροφορίες	**Auskunft**
plirofories	άουσκουνφτ
Ποιός είναι ο κωδικός αριθμός για τη Βόννη, παρακαλώ;	**Welche ist die Vorwahl nach Bonn, bitte?**
pios ine o kodhikos arithmos	βέλχε ιστ νιτ φόρβαλ ναχ

26. ΣΤΟ ΤΑΧΥΔΡΟΜΕΙΟ

ja ti voni, parakalo?
Ποιός είναι στο τηλέφωνο;
pios ine sto tilefono?
Πόση ώρα θα πρέπει να περιμένω;
possi ora tha prepi na perimeno?
Ποστ ρεστάντ
post restant
Πότε κλείνει το ταχυδρομείο;
pote klini to tachidhromio?
Που είναι το πλησιέστερο ταχυδρομείο (η θυρίδα για την ποστ ρεστάντ, το γραμματοκιβώτιο, οι τηλεφωνικοί θάλαμοι/κατάλογοι);
pu ine to plissiestero tachidhromio (i thiridha ja tin post restant, to ghramatokivotio, i tilefoniki thalami / kataloghi)?
Πρέπει να γράψω ολόκληρο το όνομα (τη διεύθυνσή μου στο αριστερό μέρος του φακέλου, τον αποστολέα);

prepi na ghrapso olokliro to onoma (ti dhiefthinsi mu sto aristero meros tu fakelu, ton apostolea);

Πρόσθετα τέλη
prostheta teli
Σε ποιά θυρίδα μπορώ να εισπράξω μία επιταγή;

μπον, μπίτε;
Wer ist am Telefon?
βερ ιστ αμ τελεφόν;
Wie lange muß ich warten?
βι λάνγκε μους ιχ βάρτεν;
Postlagernd
πόστλαγκερντ
Wann macht das Postamt zu?
βαν μαχτ ντας πόσταμτ τσου;
Wo ist die nächste Post (der Schalter für postlagernde Post, der Briefkasten, die Telefonzellen/ die Telefonbücher)?
βο ιστ ντι νέχστε πόστ (ντερ Σάλτερ φΥρ πόστλαγκερντε ποστ, ντερ μπρίφκαστεν, ντι τελεφόντσελεν/ντι τελεφόνμπΥχερ);
Muß ich den ganzen Namen (meine Addresse auf der linken Seite des Briefumschlags, den Empfänger) schreiben?
μους ιχ ντεν γκάντσεν νάμεν (μάϊνε αντρέσε άουφ ντερ λίνκεν ζάϊτε ντες μπρίφουμ-Σλαγκς, ντεν εμπφένγκερ) Σράϊμπεν;
Zusützliches Porto
τσούζετσλιχες πόρτο
An welchem Schalter kann ich einen Scheck abholen?

26. AN DER POST

se pia thiridha boro na isprakso mia epitaghi?	αν βέλχεμ Σάλτερ καν ιχ άϊνεν Σεκ άμπχολεν;
Συνδιάλεξη	**Gespräch**
sindhialeksi	γκεσπρέχ
Συνδρομητής	**Abonnent**
sindhromitis	αμπονέντ
Συσκευή	**Gerät**
siskevi	γκερέτ
Συστημένο γράμμα	**Eingeschriebener Brief**
sistimeno ghrama	άϊνγκεΣριμπενερ μπριφ
Ταρίφα	**Tarif**
tarifa	ταρίφ
Ταχυδρομική επιταγή	**Postscheck**
tachidhromiki epitaghi	πόστΣεκ
Ταχυδρομώ	**Ich schicke die Post**
tachidhromo	ιχ Σίκε ντι ποστ
Τέλεξ	**Telex**
telex	τέλεξ
Τέλη	**Steuer**
teli	στόϊερ
Τηλεγράφημα	**Telegram**
tileghrafima	τελεγκράμ
Τηλεφωνητής (Τηλεφωνήτρια)	**Telefonist (Telefonistin)**
tilefonitis (tilefonitria)	τελεφονίστ (τελεφονίστιν)
Τηλέφωνο	**Telefon**
tilefono	τελεφόν
Τηλεφωνικός θάλαμος	**Telefonzelle**
tilefonikos thalamos	τελεφόντσελε
Τηλεφωνικός κατάλογος	**Telefonbuch**
tilefonikos kataloghos	τελεφόνμπουχ
Τιμολόγιο	**Rechnung**
timologhio	ρέχνουνγκ
Τι ώρα μαζεύουν τα γράμματα;	**Um wieviel Uhr werden die Briefe eingesammelt?**

27. ΠΕΡΙΠΑΤΟΣ ΣΤΗΝ ΠΟΛΗ 212

ti ora mazhevun ta ghramata? — ουμ βίφιλ ουρ βέρντεν ντι μπρίφε άϊνγκεζαμελτ;

Τι ώρες είναι ανοιχτό το ταχυδρομείο; — **Wann ist das Postamt offen?**
ti ores ine anichto to tachidhromio? — βαν ιστ ντας πόσταμτ όφεν;

Τόπος προορισμού — **Bestimmungsort**
topos proorismu — μπεστίμουνγκσορτ

Υπάρχει φθηνότερο νυχτερινό τιμολόγιο; — **Gibt es einen billigen Nachttatif?**
iparchi fthinotero nichterino timologhio? — γκιπτ ες άϊνεν μπίλιγκεν νάχτταριφ;

Υπογραφή — **Unterschrift**
ipoghrafi — ούντερΣριφτ

Υπογράψτε εδώ — **Unterschreiben Sie hier**
ipoghrapste edho — ουντερΣράϊμπεν ζι χιρ

Φάκελος — **Briefumschlag**
fakelos — μπρίφουμΣλαγκ

Φόρος — **Steuer**
foros — στόϊερ

27. ΠΕΡΙΠΑΤΟΣ ΣΤΗΝ ΠΟΛΗ — 27. STADTBUMMEL
peripatos stin poli — στάτμπουμελ

Αγαλμα — **Statue**
aghalma — στάτουε

Αγορά — **Marktplatz**
aghora — μάρκτπλατς

Αίθουσα — **Saal**
ethussa — ζάαλ

Αμφιθέατρο — **Ampfitheater**
amfitheatro — αμφιτεάτερ

27. STADTBUMMEL

Ανάκτορο	**Schloss**
anaktoro	Σλος
Ανασκαφές	**Ausgrabungen**
anaskafes	άουσγκραμπουνγκεν
Ανεβαίνω	**Raufgehen**
aneveno	ράουφγκεεν
Αξιοθέατα	**Sehenswürdigkeiten**
aksiotheata	ζέενσβΥρντιγκάϊτεν
Απέναντι	**Gegenüber**
apenanti	γκεγκενΥμπερ
Αρένα	**Arena**
arena	αρένα
Αρχαία	**Antiken**
archea	αντίκεν
Αρχαία μνημεία	**Altertümer**
archea mnimia	άλτερτΥμερ
Αρχαίο θέατρο	**Antikes Theater**
archeo theatro	αντίκες τεάτερ
Αρχαιολογικός	**Archäeologischer**
archeologhikos	αρκεολόγκιΣερ
Αρχαιότητα	**Altertum**
archeotita	άλτερτουμ
Αρχαιότητες	**Altertümer**
archeotites	άλτερτΥμερ
Αρχιτεκτονική	**Architektur**
archtitektoniki	αρχιτεκτούρ
Ασπίδα	**Schild**
aspidha	Σιλντ
Αστεροσκοπείο	**Sternwarte**
asteroskopio	στέρνβαρτε
Αστυνομία	**Polizei**
astinomia	πολιτσάϊ
Αστυφύλακας	**Polizist**
astifilakas	πολιτσίστ

Αφήστε με εδώ, σας παρακαλώ	**Lassen Sie mich bitte hier**
afiste me edho, sas parakalo	λάσεν ζι μιχ μπίτε χιρ
Αψίδα	**Bogen**
apsidha	μπόγκεν
Βασιλική	**Basilika**
vassiliki	μπαζίλικα
Βήμα	**Tribüne**
vima	τριμπΥνε
Βιβλιοθήκη	**Bibliothek**
vivliothiki	μπιμπλιοτέκ
Βιομηχανική ζώνη	**Industrielle Zone**
viomichaniki zhoni	ιντουστριέλε τσόνε
Βοτανικός κήπος	**Botanischer Garten**
votanikos kipos	μποτάνιΣερ γκάρτεν
Βρύση	**Brunnen**
vrissi	μπρούνεν
Βωμός	**Altar**
vomos	άλταρ
Γέφυρα	**Brücke**
ghefira	μπρΥκε
Για την επίσκεψη, υπάρχει ξεναγός που να μιλάει γερμανικά (ελληνικά);	**Steht für den Besuch, ein deutscher (griechischer) Führer zur Verfügung?**
ja tin episkepsi, iparchi xenaghos pu na milai jermanika (elinika)?	στετ φΥρ ντεν μπεζούχ, άϊν ντόϊτΣερ (γκρίχιΣερ) φΥρερ τσουρ φερφΥγκουνγκ;
Γοτθικός	**Gotisch**
ghotthikos	γκότιΣ
Γρήγορα, σας παρακαλώ, γιατί είμαι πολύ βιαστικός	**Machen Sie bitte schnell, weil ich es sehr eilig habe**
ghrighora, sas parakalo, jati ime poli viastikos	μάχεν ζι μπίτε Σνελ, βάϊλ ιχ ες ζερ άϊλιγκ χάμπε
Γύρος	**Rundgang**

jiros	ρούντγκανγκ
Γωνία	**Ecke**
ghonia	έκε
Δεξιά	**Rechts**
dheksia	ρεχτς
Δεύτερος αριστερά (δεξιά)	**Der zweite links (rechts)**
dhefteros aristera (dheksia)	ντερ τσβάϊτε λινκς (ρεχτς)
Δημαρχείο	**Rathaus**
dhimarchio	ράτχαους
Δημόσιος κήπος	**Öffentlicher Garten**
dhimossios kipos	Εφεντλιχερ γκάρτεν
Διάβαση πεζών	**Fußgängerübergang**
dhiavassi pezhon	φούσγκενγκερΥμπεργκανγκ
Δίπλα	**Neben**
dhipla	νέμπεν
Διώροφο λεωφορείο	**Doppeldeckbus**
dhiorofo leoforio	ντόπελντεκμπους
Δρομάκι	**Gasse**
dhromaki	γκάσε
Δρόμος	**Strasse**
dhromos	στράσε
Δρόμος χωρίς έξοδο	**Sackgasse**
dhromos choris eksodho	σάκγκασε
Εδώ κοντά	**Hier in der Nähe**
edho konta	χιρ ιν ντερ νέε
Εθνικό πάρκο	**Nationales Park**
ethniko parko	νατιονάλες παρκ
Εικόνες	**Ikonen**
ikones	ικόνεν
Είμαι βιαστικός	**Ich bin eilig**
ime viastikos	ιχ μπιν άϊλιγκ
Είναι ανοιχτό το μουσείο;	**Ist das Museum offen?**
ine anichto to mussio?	ιστ ντας μουζέουμ όφεν;
Είναι η πρώτη φορά που	**Es ist das erstes Mal, daß**

27. ΠΕΡΙΠΑΤΟΣ ΣΤΗΝ ΠΟΛΗ

έρχομαι στη Βόννη	**ich in Bonn bin**
ine i proti fora pu erchome sti voni	ες ιστ ντας έρστες μαλ, ντας ιχ ιν μπον μπιν
Είναι (μακριά, ευθεία)	**Es ist (weit, geradeaus)**
ine (makria, efthia)	ες ιστ (βάϊτ, γκεράντεαους)
Εισιτήριο	**Karte**
issitirio	κάρτε
Είσοδος	**Eingang**
issodhos	άϊνγκανγκ
Εισπράκτορας	**Schaffner**
ispraktoras	Σάφνερ
Είστε ελεύθερος;	**Sind Sie frei?**
iste eleftheros?	ζιντ ζι φράϊ;
Εκθεση	**Ausstellung**
ekthessi	άουστελουνγκ
Εκκλησία	**Kirche**
eklissia	κίρχε
Ελεύθερη είσοδος	**Freier Eintritt**
eleftheri issodhos	φράϊερ άϊντριτ
Ελεύθερος	**Frei**
eleftheros	φράϊ
Εμπορικό κέντρο	**Einkaufszentrum**
emboriko kentro	άϊνκαουφστσέντρουμ
Ενυδρείο	**Aquarium**
enidhrio	ακουάριουμ
Εξοδος	**Ausgang**
eksodhos	άουσγκανγκ
Επίσκεψη (με ξεναγό)	**Besuch (mit Reiseführer)**
episkepsi (me xenagho)	μπεζούχ (μιτ ράϊζεφΥρερ)
Επιτρέπονται οι φωτογραφίες;	**Ist Photographieren erlaubt?**
epitreponte i foroghrafies?	ιστ φοτογκραφίρεν ερλάουμπτ;
Εργοστάσιο	**Fabrik**

erghostassio
φαμπρίκ

Ερείπια
eripia
Ruinen
ρουΐνεν

Εχει (κανένα κινηματογράφο, εκκλησίες, στάση λεωφορείου) εδώ;
echi (kanena kinimatoghrafo, eklissies, stassi leoforiu) edho?
Gibt es in der Nähe (ein Kino, Kirchen, eine Bushaltestelle)?
γκιπτ ες ιν ντερ νέε (άϊν κίνο, κίρχεν, άϊνε μπούσχαλτεστελε);

Εχει λεωφορείο από... για...;
echi leoforio apo... ja...?
Fährt ein Bus von... nach...?
φερτ άϊν μπους φον...ναχ...;

Εχετε ένα χάρτη (της πόλης, των περιχώρων);
echete ena charti (tis polis, ton perichoron)?
Haben Sie einen Stadtplan, (Übersichtsplan)?
χάμπεν ζι άϊνεν στάτπλαν, (Υμπερζιχτσπλαν);

Εχουν γίνει αρχαιολογικές ανασκαφές
echun jini archeologhikes anaskafes
Archäeologische Ausgrabungen sind durchgeführt worden
αρκεολόγκιΣε άουσγκραμπουνγκεν ζιντ ντούρχγκεφΥρτ βόρντεν

Ζώνη (περιοχή)
zhoni (periochi)
Zone (Umgebung)
τσόνε (ούμγκεμπουνγκ)

Η ξενάγηση γίνεται στα γερμανικά (ελληνικά)
i xenaghissi ghinete sta jermanika (elinika)
Die Führung ist in deutsch (griechisch)
ντι φΥρουνγκ ιστ ιν ντόϊτΣ (γκρίχιΣ)

Θα ήθελα να επισκεφτώ το μουσείο της πόλης
tha ithela na episkefto to mussio tis polis
Ich möchte das Stadtsmuseum besuchen
ιχ μΕχτε ντας στάτσμουζεουμ μπεζούχεν

Θα ήθελα να πάω στην οδό..., αριθμός...
tha ithela na pao stin odho...,
Ich möchte in die... Straße, Nummer.... gehen
ιχ μΕχτε ιν ντι... στράσε,

arithmos...	νούμερ... γκέεν
Θέα	**Aussicht**
thea	άουσιχτ
Θέατρο	**Theater**
theatro	τεάτερ
Θόλος	**Kuppel**
tholos	κούπελ
Ηλεκτρικός	**Elekrisch**
ilektrikos	ελέκτριΣ
Ιερό	**Heiligtum**
iero	χάϊλιγκτουμ
Καθίσματα	**Sitzplätze**
kathismata	ζίτσπλέτσε
Καλόγερος (Καλόγρια)	**Mönch (Nonne)**
kalogheros (kaloghria)	μΕνχ (νόνε)
Καλώ ένα ταξί	**Ich rufe ein Taxi**
kalo ena taxi	ιχ ρούφε άϊν τάξι
Καμπαναριό	**Glockenturm**
kabanario	γκλόκεντουρμ
Κάνουμε μια βόλτα με το αυτοκίνητο στην πόλη	**Machen wir eine Rundfahrt mit dem Auto in der Stadt?**
kanume mia volta me to aftokinito stin poli	μάχεν βιρ άϊνε ρούντφαρτ μιτ ντεμ άουτο ιν ντερ στατ;
Κάστρο	**Burg**
kastro	μπουργκ
Κεντρική λαχαναγορά	**Großmarkt für Gemüse**
kentriki lachanaghora	γκρόσμαρκτ φΥρ γκεμΥζε
Κέντρο	**Zentrum**
kentro	τσέντρουμ
Κήπος	**Garten**
kipos	γκάρτεν
Κολώνα	**Säule**
kolona	ζόϊλε
Κοσμήματα	**Schmuck**

kosmimata	Σμούκ
Κτίριο	**Gebäude**
ktirio	γκεμπόϊντε
Κυκλοφορία	**Verkehr**
kikloforia	φερκέρ
Λεωφορείο	**Bus**
leoforio	μπους
Λεωφόρος	**Boulevard**
leoforos	μπουλεβάρντ
Λίμνη	**See**
limni	ζέ
Λόφος	**Hügel**
lofos	χΥγκελ
Μαντείο	**Orakel**
mantio	οράκελ
Μήπως έχουν απεργία τα ταξί (τα λεωφορεία, τα τρόλεϊ);	**Streiken vielleicht die Taxis (die Busse, die Strassenbahnen)?**
mipos echun aperjia ta taxi (ta leoforia, ta trolei)?	στράϊκεν φιλάϊχτ ντι τάξις (ντι μπούσε, ντι στράσεν-μπανεν);
Μητρόπολη	**Kathedrale**
mitropoli	κατεντράλε
Μνημείο	**Denkmal**
mnimio	ντένκμαλ
Μοναστήρι	**Kloster**
monastiri	κλόστερ
Μουσείο	**Museum**
mussio	μουζέουμ
Μπαρ	**Bar**
bar	μπαρ
Μπαρόκ	**Barok**
barok	μπαρόκ
Μπορείτε (να μου δείξετε το	**Können Sie (mir den Weg**

27. ΠΕΡΙΠΑΤΟΣ ΣΤΗΝ ΠΟΛΗ

δρόμο στο χάρτη, να με κατευθύνετε);	auf der Karte zeigen)?
borite (na mu dhiksete to dhromo sto charti, na me katefthinete)?	κΕνεν ζι (μιρ ντεν βεγκ άουφ ντερ κάρτε τσάϊγκεν);
Μπορούμε να το επισκεφθούμε;	**Können wir es besuchen?**
borume na to episkefthume?	κΕνεν βιρ ες μπεζούχεν;
Μυστική έξοδος	**Geheimer Ausgang**
mistiki eksodhos	γκεχάϊμερ άουσγκανγκ
Ναός	**Tempel**
naos	τέμπελ
Νεκροταφείο	**Friedhof**
nekrotafio	φρίντχοφ
Νομίσματα	**Münze**
nomismata	μΥντσε
Νοσοκομείο	**Krankenhaus**
nossokomio	κράνκενχαους
Ξίφος	**Schwert**
xifos	Σβερτ
Οβελίσκος	**Obelisk**
oveliskos	ομπελίσκ
Οδηγός	**Führer**
odhighos	φΥρερ
Οικοδόμημα	**Gebäude**
ikodhomima	γκεμπόϊντε
Οπερα	**Oper**
opera	όπερ
Ουρά	**Schlange**
ura	Σλάνγκε
Ουρανοξύστης	**Wolkenkratzer**
uranoksistis	βόλκενκρατσερ
Οχύρωμα	**Befestigung**
ochiroma	μπεφέστιγκουνγκ
Παλάτι	**Palast**

palati	παλάστ
Παλιά πόλη	**Altstadt**
palia poli	άλτστατ
Παλιατζίδικα	**Flohmarkt**
paliatzidhika	φλόμαρκτ
Πάμε (εκδρομή, βαρκάδα);	**Sollen wir (einen Ausflug, eine Bootsfahrt) unternehmen?**
pame (ekdhromi, varkadha)?	ζόλεν βιρ (άϊνεν άουσφλουγκ, άϊνε μπότσφαρτ) ουντερνέμεν;
Πανεπιστήμιο	**Universität**
panepistimio	ουνιβερσιτέτ
Παρατηρητήριο	**Wachtturm**
paratiritirio	βάχτουρμ
Παρεκκλήσι	**Kapelle**
pareklissi	καπέλε
Πάρκο	**Park**
parko	παρκ
Παρκόμετρο	**Parkuhr**
parkometro	πάρκουρ
Πάροδος	**Durchgang**
parodhos	ντούρχγκανγκ
Πεζοδρόμιο	**Bürgersteig**
pezhodhromio	μπΥργκερσταϊγκ
Πέρασμα	**Durchgang**
perasma	ντούρχγκανγκ
Περιοχή (Ζώνη)	**Gegend (Zone)**
periochi (zhoni)	γκέγκεντ (τσόνε)
Περίχωρα	**Umgebung**
perichora	ούμγκεμπουνγκ
Πηγαίνει αυτό το λεωφορείο στο..;	**Fährt dieser Bus nach...?**
pigheni afto to leoforio sto..?	φερτ ντίζερ μπους ναχ...;

27. ΠΕΡΙΠΑΤΟΣ ΣΤΗΝ ΠΟΛΗ

Πηγή	**Quelle**
pighi	κβέλε
Πίνακας	**Mahlerei**
pinakas	μαλεράϊ
Πλατεία	**Platz**
platia	πλατς
Ποιά γραμμή πρέπει να πάρω;	**Mit welcher Buslinie muß ich fahren?**
pia ghrami prepi na paro?	μιτ βέλχερ μπούσλινιε μους ιχ φάρεν;
Ποιά είναι αυτή η εκκλησία;	**Welche ist diese Kirche?**
pia ine afti i eklissia?	βέλχε ιστ ντίζε κίρχε;
Ποιές ώρες είναι ανοιχτό;	**Wann ist es offen?**
pies ores ine anichto?	βαν ιστ ες όφεν;
Ποιό είναι αυτό το μνημείο;	**Welches ist dieses Denkmal?**
pio ine afto to mnimio?	βέλχες ιστ ντίζες ντένκμαλ;
Ποιός δρόμος οδηγεί στο λιμάνι;	**Welcher ist der Weg zum Hafen?**
pios dhromos odhighi sto limani?	βέλχερ ιστ ντερ βεγκ τσουμ χάφεν;
Ποιος έχει τα κλειδιά της εκκλησίας;	**Wer hat die Schlüssel der Kirche?**
pios echi ta klidhia tis eklissias?	βερ χατ ντι σλΥσελ ντερ κίρχε;
Ποτάμι	**Fluß**
potami	φλους
Που είναι (η αστυνομία, η τράπεζα, η στάση του λεωφορείου/του τρόλεϊ, το αεροδρόμιο, το κέντρο της πόλης, ξενοδοχείο..., το μουσείο, η πλατεία..., το ταχυδρομείο, η οδός..., τα	**Wo ist (die Polizei, die Bank, die Bushaltestelle, die Trolleyhaltestelle, der Flughafen, das Stadtszentrum, das Hotel..., das Museum, der Platz..., die Post, die... Straße, die**

27. STADTBUMMEL

κεντρικά καταστήματα, η στάση των ταξί, ο Οργανισμός Τουρισμού);
pu ine (i astinomia, i trapezha, i stassi tu leoforiu / tu trolei, to aerodhromio, to kentro tis polis, to xenodhochio..., to mussio, i platia..., to tachidhromio, i odhos..., ta kentrika katastimata, i stassi ton taxi, o orghanismos turismu)?

zentrale Geschäfte, der Taxistand, die Zentrale für Fremdenverkehr)?
βο ιστ (ντι πολιτσάϊ, ντι μπανκ, ντι μπούσχαλτεστελε, ντι τρόλεϋχαλτεστελε, ντερ φλούγκχαφεν, ντας στάτστσεντρουμ, ντας χοτέλ..., ντας μουζέουμ, ντερ πλατς..., ντι ποστ, ντι ... στράσε, ντι τσεντράλε γκεΣέφτε, ντι τσεντράλε φΥρ φρέμντενφερκέρ);

Που μπορώ να αγοράσω έναν χάρτη της πόλης;
pu boro na aghorasso enan charti tis polis?

Wovon kann ich einen Stadtplan kaufen?
βοφόν καν ιχ άϊνεν στάτπλαν κάουφεν;

Που πρέπει να κατέβω για να πάω..;
pu prepi na katevo ja na pao...?

Wo muß ich aussteigen um zu... zu gehen?
βο μους ιχ άουσταϊγκεν ουμ τσου...τσου γκέεν;

Πρέπει να αλλάξω λεωφορείο;
prepi na alakso leoforio?

Muß ich umsteigen?
μους ιχ ούμσταϊγκεν;

Πρεσβεία
presvia

Botschaft
μπότΣαφτ

Προάστιο
proastio

Vorort
φόρορτ

Προαιρετική στάση
proeretiki stassi

Freiwilliger Halt
φράϊβιλιγκερ χαλτ

Προξενείο
proksenio

Konsulat
κονσουλάτ

Πρόσοψη
prosopsi

Fassade
φασάντε

Προτομή

Büste

27. ΠΕΡΙΠΑΤΟΣ ΣΤΗΝ ΠΟΛΗ

protomi	μπΥστε
Πρωτεύουσα	**Hauptstadt**
protevussa	χάουπτστατ
Πρώτος αριστερά (δεξιά)	**Erste von links (von rechts)**
protos aristera (dheksia)	έρστε φον λινκς (φον ρεχτς)
Πύργος	**Turm**
pirghos	τουρμ
Ρόδακας	**Rosette**
rhodakas	ροζέτ
Ρυθμός	**Rythmus**
rithmos	ρίτμους
Ρωμαϊκός	**Römisch**
romaikos	ρΕμιΣ
Σε πόση ώρα φεύγει το λεωφορείο;	**Wann fährt der Bus ab?**
se possi ora fevghi to leoforio?	βαν φερτ ντερ μπους αμπ;
Σπηλιά	**Höhle**
spilia	χΕλε
Στάδιο	**Stadium**
stadhio	στάντιουμ
Σταθμός λεωφορείων	**Busstation**
stathmos leoforion	μπούσστατιον
Σταθμός τρένων	**Bahnhof**
stathmos trenon	μπάνχοφ
Σταματάω	**Stehen bleiben**
stamatao	στέεν μπλάϊμπεν
Στάση λεωφορείου	**Bushaltestelle**
stassi leoforiu	μπούσχαλτεστελε
Στάση ταξί	**Taxistand**
stassi taxi	τάξισταντ
Σταυροδρόμι	**Kreuzung**
stavrodhromi	κρόϊτσουνγκ
Σταυρός	**Kreuz**

stavros	κρόϊτς
Στενό	**Gasse**
steno	γκάσε
Στήλη	**Säule**
stili	ζόϊλε
Στοά	**Passage**
stoa	πασάζε
Στρίψτε αριστερά σ'εκείνο το δρόμο	**Biegen Sie in diese Straße links ab**
stipste aristera sekino to dhromo	μπίγκεν ζι ιν ντίζε στράσε λινκς αμπ
Συνοικία	**Gegend**
sinikia	γκέγκεντ
Συντριβάνι	**Springbrunnen**
sintrivani	σπρίνγκμπρουνεν
Σχολείο	**Schule**
sHolio	Σούλε
Ταξί	**Taxi**
taxi	τάξι
Ταξίμετρο	**Taxameter**
taksimetro	ταξαμέτερ
Τάφος	**Grab**
tafos	γκραμπ
Τάφρος φρουρίου	**Graben**
tafros fruriu	γκράμπεν
Τελεφερίκ	**Seilbahn**
teleferik	ζάϊλμπαν
Τέμενος	**Heiligtum**
temenos	χάϊλιγκτουμ
Τζαμί	**Moschee**
tzami	μοΣέε
Τι αξίζει να επισκεφθεί κανείς στην πόλη;	**Was sollte man in der Stadt unbedingt besuchen?**
ti aksizhi na episkefti kanis	βας ζόλτε μαν ιν ντερ στατ

stin poli?	ούνμπεντινκτ μπεζούχεν;
Τι είναι αυτό το κτίριο;	**Was ist dieses Gebäude?**
ti ine afto to ktirio?	βας ιστ ντίζες γκεμπόϊντε;
Τι ώρα (ανοίγει, κλείνει) το μουσείο;	**Wann macht das Museum (auf, zu)?**
ti ora (anighi, klini) to musio?	βαν μαχτ ντας μουζέουμ (άουφ, τσου);
Τι ώρα φεύγει το τελευταίο λεωφορείο?	**Um wieviel Uhr fährt der letzte Bus;**
ti ora fevji to telefteo leoforio?	ουμ βίφιλ ουρ φερτ ντερ λέτστε μπους;
Τοιχογραφία	**Wandfreste**
tichoghrafia	βάντφρεστε
Τοίχος	**Wand**
tichos	βαντ
Το μουσείο είναι ανοιχτό κάθε μέρα εκτός...	**Das Museum ist offen jeden Tag außer...**
to musio ine anichto kathe mera ektos...	ντας μουζέουμ ιστ όφεν γιέντεν ταγκ άουσερ...
Τοπίο	**Landschaft**
topio	λάντΣαφτ
Τρόλεϊ	**Strassenbahn**
trolei	στράσενμπαν
Τρούλος	**Kuppel**
trulos	κούπελ
Υπάρχει (λεωφορείο,τρόλεϊ, συγκοινωνία);	**Fährt (ein Bus, ein Trolley, gibt es Verkehrsmittel)?**
iparchi (leoforio, trolei, siginonia)?	φερτ (άϊν μπους, άϊν τρόλεϋ, γκιμπτ ες φερκέρσμιτελ);
Υπάρχουν αρχαία μνημεία;	**Gibt es Altertümer?**
iparchun archea mnimia?	γκιπτ ες άλτερτΥμερ;
Υπεραστικό λεωφορείο	**Überlandbus**
iperastiko leoforio	Υμπερλαντμπους
Υποχρεωτική στάση	**Obligatorischer Halt**

28. IM GESCHÄFTSVIERTEL

ipochreotiki stassi	ομπλιγκατόριΣερ χαλτ
Υπουργείο	**Ministerium**
ipurghio	μινιστέριουμ
Ύψος	**Höhe**
ipsos	χΕε
Φεστιβάλ	**Festival**
festival	φέστιβαλ
Φρούριο	**Burg**
frurio	μπουργκ
Φωτογραφία	**Photo**
fotoghrafia	φοτό
Χάθηκα	**Ich habe mich verirrt**
chathika	ιχ χάμπε μιχ φερίρτ
Χαρακτική	**Gravieren**
charaktiki	γκραβίρεν
Χωριό	**Dorf**
chorio	ντορφ
Ψηφιδωτά	**Mosaik**
psifidhota	μοζαΐκ

28. ΣΤΗΝ ΑΓΟΡΑ
stin aghora

28. IM GESCHÄFTSVIERTEL
ιμ γκεΣέφτσφιρτεν

Δέχεστε τα τράβελερς τσεκ (τις πιστωτικές κάρτες);
dhecheste ta travelers tsek (tis pistotikes kartes)?
Akzeptieren Sie Reisechecks (Kreditkarten)?
ακτσεπτίρεν ζι ράϊζεΣεκς (κρεντίτκαρτεν);

Είναι κάθε μέρα ανοιχτό;
ine kathe mera anichto?
Ist es jeden Tag offen?
ιστ ες γιέντεν ταγκ όφεν;

Είναι πολύ ακριβό
ine poli akrivo
Es ist sehr teuer
ες ιστ ζερ τόϊερ

Εμείς δεν πουλάμε...
emis dhen pulame...
Wir verkaufen nicht
βιρ φερκάουφεν νιχτ

Έχετε (ψιλά);
Haben Sie Kleingeld?

28. ΣΤΗΝ ΑΓΟΡΑ

echete (psila)?
Ζευγάρι
zhevghari
Θα ήθελα κάτι (φθηνότερο, καλύτερο)
tha ithela kati (fthinotero, kalitero)
Θα ήθελα να κάνω μία αλλαγή
tha ithela na kano mia allaghi
Θέλω έναν πωλητή (μία

thelo enan politi (mia politria)

Θέλω να αγοράσω...
thelo na aghorasso...
Λιανικώς
lianikos
Μήπως έχετε...;
mipos echete...;
Μπορείτε (να μου δείξετε..., να μου το προμηθεύσετε, να μου το στείλετε σπίτι, να το παραδώσετε στο Ξενοδοχείο);
borite (na mu dhiksete..., na mu to promithefsete, na mu to stilete spiti, na to paradhossete sto xenodhochio)?
Μπορώ να το παραγγείλω;
boro na to paraghilo?
Μου δίνετε παρακαλώ...;
mu dhinete parakalo...?
Να μου κόψετε τιμολόγιο, παρακαλώ
na mu kopsete timologhio,

χάμπεν ζι κλάϊνγκελντ;
Paar
πάαρ
Ich möchte etwas (billigeres, besseres)
ιχ μΕχτε έτβας (μπίλιγκερες, μπέσερες)
Ich möchte etwas umtauschen
ιχ μΕχτε έτβας ούμταουΣεν
Ich möchte einen Verkäufer (eine Verkäuferin)
ιχ μΕχτε άϊνεν φερκόϊφερ (άϊνε φερκόϊφεριν)
Ich möchte... kaufen
ιχ μΕχτε... κάουφεν
Einzelhandel
άϊντσελχαντελ
Haben Sie vielleicht...?
χάμπεν ζι φιλάϊχτ...;
Können Sie (mir zeigen..., es mir liefern, es mir nach Hause schicken, es im Hotel abgeben)?
κΕνεν ζι (μιρ τσάϊγκεν..., ες μιρ λίφερν, ες μιρ ναχ χάουζε Σίκεν, ες ιμ χοτέλ άμπγκεμπεν);
Kann ich es bestellen?
καν ιχ ες μπεστέλεν;
Geben Sie mir bitte...?
γκέμπεν ζι μιρ μπίτε...;
Bitte, geben Sie mir eine Quittung
μπίτε, γκέμπεν ζι μιρ άϊνε

parakalo	κβίτουνγκ
Πακέτο	**Paket**
paketo	πακέτ
Παίρνω αυτό	**Ich nehme dieses**
perno afto	ιχ νέμε ντίζες
Πόσο κοστίζει;	**Wieviel kostet es?**
posso kostizhi?	βίφιλ κόστετ ες;
Πόσο κοστίζουν όλα;	**Wieviel kostet alles?**
posso kostizhun ola?	βίφιλ κόστετ άλες;
Πότε θα το έχετε;	**Wann bekommen Sie es?**
pote tha to echete?	βαν μπεκόμεν ζι ες;
Που είναι το ταμείο;	**Wo ist die Kasse?**
pu ine to tamio?	βο ιστ ντι κάσε;
Πωλητής (Πωλήτρια)	**Verkäufer (Verkäuferin)**
politis (politria)	φερκόϊφερ (φερκόϊφεριν)
Τι επιθυμείτε;	**Was möchten Sie?**
ti epithimite?	βας μΕχτεν ζι;
Τιμολόγιο	**Rechnung**
timologhio	ρέχνουνγκ
Τι προτιμάτε;	**Was haben Sie lieber?**
ti protimate?	βας χάμπεν ζι λίμπερ;
Τι σας οφείλω;	**Was schulde ich Ihnen?**
ti sas ofilo?	βας Σούλντε ιχ ίνεν;
Τι τελωνειακούς δασμούς θα πληρώσω;	**Wieviel Zoll werde ich zahlen?**
ti teloniakus dhasmus tha plirosso?	βίφιλ τσολ βέρντε ιχ τσάλεν;
Τι ώρα ανοίγει (κλείνει);	**Wann macht es auf (zu)?**
ti ora anighi (klini)?	βαν μαχτ ες άουφ (τσου);
Υπάρχει κανένα (μεγάλο κατάστημα, σούπερ μάρκετ);	**Gibt es (ein Kaufhaus, ein Supermarkt)?**
iparchi kanena (meghalo katastima, super market)?	γκιμπτ ες (άϊν κάουφχαους, άϊν σούπερμαρκτ)
Χονδρικώς	**Großhandel**
chondhrikos	γκρόσχαντελ

29. ΑΡΤΟΠΟΙΕΙΟ, ΖΑΧΑΡΟΠΛΑΣΤΕΙΟ

artopiio, zhacharoplastio

29. BÄCKEREI, KONDITOREI

μπεκεράϊ, κοντιτοράϊ

Αλεύρι
alevri
Mehl
μελ

Γλυκό
ghliko
Süßigkeit
ζΥσιγκαϊτ

Δώστε μου ένα ψωμί
dhoste mu ena psomi
Ich hätte gern ein Brot
ιχ χέτε γκερν άϊν μπροτ

Ζύμη
zhimi
Teig
τάϊγκ

Καλοψημένο
kalopsimeno
Durchgebacken
ντούρχγκεμπάκεν

Κουλούρια
kuluria
Kringel
κρίνγκελ

Κρουασάν
kruassan
Croissant
κρουασάν

Λίγο ψημένο
ligho psimeno
Weniger gebraten
βένιγκερ γκεμπράτεν

Μαγιά
maja
Hefe
χέφε

Μηλόπιττα
milopita
Apfelkuchen
άπφελκουχεν

Πολύ ψημένο
poli psimeno
Knusprich
κνούσπριχ

Τάρτα
tarta
Kuchen
κούχεν

Τσουρέκι
tsureki
Stollen
στόλεν

Φρυγανιά
frighania
Zwieback
τσβίμπακ

Ψωμί
psomi
Brot
μπροτ

30. ΤΡΟΦΙΜΑ
trofima

30. NAHRUNGSMITTEL
νάρουνγκσμιτελ

Αλάτι	**Salz**
alati	ζαλτς
Αλμυρά	**Salzige**
almira	ζάλτσιγκε
Αλεύρι	**Mehl**
alevri	μελ
Γάλα (κουτί, σκόνη)	**Milch (Konserven-, Trocken-)**
ghala (kuti, skoni)	μιλχ (κονσέρβεν-, τρόκεν-)
Ζάχαρη (ψιλή, άχνη, σε κύβους)	**Zucker (feiner, Puderzucker, Würfelzucker)**
zhachari (psili, achni, se kivus)	τσούκερ (φάϊνερ, πούντερτσουκερ, βΥρφελτσουκερ)
Ζυμαρικά	**Teigwaren**
zhimarika	τάϊγκβαρεν
Κακάο	**Kakao**
kakao	κακάο
Καλάθι	**Korb**
kalathi	κορμπ
Καρυκεύματα	**Gewürze**
karikevmata	γκεβΥρτσε
Καφές	**Kaffee**
kafes	καφέ
Κονσέρβα	**Konserve**
konserva	κονσέρβε
Κούτα	**Kiste**
kuta	κίστε
Κρασί (άσπρο, κόκκινο)	**Wein (Weiswein, Rotwein)**
krassi (aspro, kokino)	βάϊν (βάϊσβαϊν, ρότβαϊν)

Μαρμελάδα	**Marmelade**
marmelade	μαρμελάντε
Μέλι	**Honig**
meli	χόνιγκ
Μουστάρδα	**Senf**
mustardha	ζενφ
Μπισκότο	**Kekse**
biskoto	κέκσε
Μπουκάλι	**Flasche**
bukali	φλάΣε
Πακέτο	**Paket**
paketo	πακέτ
Πανέρι	**Korb**
paneri	κορμπ
Πιπέρι	**Pfeffer**
piperi	πφέφερ
Πώμα	**Deckel**
poma	ντέκελ
Ρύζι	**Reis**
rizhi	ράϊς
Σακουλάκι	**Säckchen**
sakulaki	ζέκχεν
Σοκολάτα	**Schokolade**
sokolata	Σοκολάντε
Σούπα	**Soupe**
supa	ζούπε
Τσάι	**Tee**
tsai	τέ
Τσάντα	**Tasche**
tsanta	τάΣε
Φελός	**Kork**
felos	κορκ
Φρυγανιά	**Zwieback**
frighania	τσβίμπακ

31. ΠΟΤΑ
pota

31. GETRÄNKE
γκετρένκε

Αλκοόλ	**Alkohol**
alkool	αλκοχόλ
Βότκα	**Votka**
votka	βότκα
Κονιάκ	**Kognak**
koniak	κόνιακ
Κρασί (άσπρο, κόκκινο, ροζέ, γλυκό, ξηρό)	**Wein (Weiswein, Rotwein, rose, lieblicher, trockener)**
krassi (aspro, kokino, rozhe, ghliko, xiro)	βάϊν (βάϊσβαϊν, ρότβαϊν, ροζέ, λίμπλιχερ, τρόκενερ)
Μεταλλικό νερό	**Mineralwasser**
metaliko nero	μινεράλβασερ
Μπουκάλι	**Flasche**
bukali	φλάΣε
Μπύρα	**Bier**
bira	μπίρ
Νερό	**Wasser**
nero	βάσερ
Οινόπνευμα	**Alkohol**
inopnevma	αλκοχόλ
Ουίσκι	**Whisky**
uiski	βίσκι
Ρετσίνα	**Harzwein**
retsina	χάρτσβαϊν
Σαμπάνια	**Champagne**
sampania	Σαμπάνιε
Σόδα	**Soda**
sodha	σόντα
Τεκίλα	**Tekila**
tekila	τεκίλα

32. ΓΑΛΑΚΤΟΚΟΜΙΚΑ 234

Χυμός φρούτων	**Fruchtsaft**
chimos fruton	φρούχτζαφτ

32. ΓΑΛΑΚΤΟΚΟΜΙΚΑ	**32. MILCHPRODUKTE**
ghalaktomika	μίλχπροντουκτε

Αυγά	**Eier**
avgha	άϊερ
Βούτυρο	**Butter**
vutiro	μπούτερ
Γάλα	**Milch**
ghala	μιλχ
Γιαούρτι	**Yogurt**
jaurti	γιόγκουρτ
Γραβιέρα	**Schweizer Käse**
ghraviera	Σβάϊτσερ κέζε
Κατσικίσιο τυρί	**Ziegenkäse**
katsikissio tiri	τσιγκενκέζε
Παρμεζάνα	**Parmesankäse**
parmezhana	παρμεζάνκεζε
Ροκφόρ	**Roquefort**
rokfor	ροκφόρ
Τυρί	**Käse**
tiri	κέζε
Τυρί Ολλανδίας	**Holländischer Käse**
tiri olandhias	χόλεντιΣερ κέζε
Φέτα	**Schafskäse**
feta	Σάφσκεζε

33. ΚΡΕΟΠΩΛΕΙΟ, ΑΛΛΑΝΤΙΚΑ kreopolio, allantika	**33. METZGEREI** μετσγκεράϊ
Αγριογούρουνο aghrioghuruno	**Wildschwein** βίλντΣβαϊν
Απαχο apacho	**Fettlos** φέτλος
Αρνίσια σπάλα arnissia spala	**Lammschulter** λάμΣουλτερ
Αρνίσιο (μπούτι, παϊδάκι) arnissio (buti, paidhaki)	**Lamm (-keule, -kotelett)** λαμ (-κόϊλε, -κοτελέτ)
Βοδινό κρέας vodhino kreas	**Rindfleisch** ρίντφλαϊΣ
Ζαμπόν zhambon	**Schinken** Σίνκεν
Ζαρκάδι zharkadhi	**Reh** ρέε
Κιμάς kimas	**Hackfleisch** χάκφλαϊΣ
Κομμάτι komati	**Stück** στΥκ
Κοτόπουλο kotopulo	**Huhn** χουν
Κρέας (με/χωρίς λίπος, μοσχαρίσιο, χοιρινό) kreas (me / choris lipos, mosHarissio, chirino)	**Fleisch (mit/ ohne Fett, Kalbsfleisch, Schweinefleisch)** φλάϊΣ (μιτ/όνε φετ, κάλμπσφλαϊΣ, ΣβάϊνεφλαϊΣ)
Κουνέλι kuneli	**Kaninchen** κανίνχεν
Κυνήγι kinighi	**Jagd** γιάγκτ

33. ΚΡΕΟΠΩΛΕΙΟ, ΑΛΛΑΝΤΙΚΑ

Λαγός	**Hase**
laghos	χάζε
Λουκάνικο	**Bratwurst**
lukaniko	μπράτβουρστ
Μπριζόλα	**Kotelett**
brizhola	κοτελέτ
Ορτύκια	**Wachtel**
ortikia	βάχτελ
Πάπια	**Ente**
papia	έντε
Παστό	**Eingesalzen**
pasto	άϊνγκεζαλτσεν
Πέρδικα	**Rebhuhn**
perdhika	ρέμπχουν
Πιτσούνι	**Täubchen**
pitsuni	τόϊμπχεν
Σαλάμι	**Salami**
salami	ζαλάμι
Συκώτι	**Leber**
sikoti	λέμπερ
Τρείς φέτες ζαμπόν	**Drei Scheiben Schinken**
tris fetes zhambon	ντράϊ Σάϊμπεν Σίνκεν
Τρυγόνι	**Turteltaube**
trighoni	τούρτελταουμπε
Τρυφερό	**Weich**
trifero	βάϊχ
Τσίχλα	**Drossel**
tsichla	ντρόσελ
Φασιανός	**Fasan**
fassianos	φασάν
Φέτα	**Scheibe**
feta	Σάϊμπε
Φιλέτο	**Kotelett**
fileto	κοτελέτ

Χήνα	**Gans**
china	γκανς

34. ΨΑΡΙΑ — 34. FISCHE

psaria — φίΣε

Αστακός	**Hummer**
astakos	χούμερ
Γαρίδα	**Krabbe**
gharidha	κράμπε
Γλώσσα	**Seezunge**
ghlossa	ζέτσουνγκε
Καλαμάρι	**Tintenfisch**
kalamari	τίντενφιΣ
Καλκάνι	**Rochen**
kalkani	ρόχεν
Καραβίδα	**Hummer**
karavidha	χούμερ
Κέφαλος	**Meeräsche**
kefalos	μέρεΣε
Κολιός	**Makrele**
kolios	μακρέλε
Μαρίδα	**Marida**
maridha	μαρίντα
Μπακαλιάρος (παστός)	**Stockfisch (eingesalzener)**
bakaliaros (pastos)	στόκφιΣ (άϊνγκεζάλτσενερ)
Μπαρμπούνι	**Rote Meeräsche**
barbuni	ρότε μερέΣε
Ξιφίας	**Schwertfisch**
xifias	ΣβέρτφιΣ
Πέστροφα	**Forelle**
pestrofa	φορέλε

Σαρδέλα	**Sardelle**
sardhela	σαρντέλε
Σελάχι	**Rochen**
selachi	ρόχεν
Σολομός	**Lachs**
solomos	λαχς
Σουπιά	**Tintenfisch**
supia	τίντενφιΣ
Συναγρίδα	**Meerbrachsen**
sinaghridha	μέρμπραχσεν
Σφυρίδα	**Seebarsch**
sfiridha	ζέεμπαρΣ
Τόνος	**Thunfisch**
tonos	τούνφιΣ
Τσιπούρα	**Meerbrasse**
tsipura	μέερμπρασε
Χέλι	**Aal**
cheli	άαλ
Χταπόδι	**Oktapus**
chtapodhi	όκταπους

35. ΛΑΧΑΝΙΚΑ — 35. GEMÜSE

lachanika — γκεμΥζε

Αβοκάντο	**Avokado**
avokanto	αβοκάντο
Αγγουράκια	**Essiggürkchen**
agurakia	έσιγκγκΥρκχεν
Αγγούρι	**Gurke**
aguri	γκούρκε
Αγκινάρες	**Artischocken**
aginares	αρτιΣόκεν

35. GEMÜSE

Ανιθο	**Dill**
anitho	ντιλ
Αρακάς	**Erbse**
arakas	έρμπσε
Καρότα	**Karotten**
karota	καρότεν
Κολοκύθι	**Zuchini**
kolokithi	τσουκίνι
Κουκιά	**Saubohne**
kukia	ζάουμπονε
Κουνουπίδι	**Blumenkohl**
kunupidhi	μπλούμενκολ
Κρεμμύδι	**Zwiebeln**
kremidhi	τσβίμπελν
Λαχανάκια Βρυξελλών	**Rosenkohl**
lachanakia vrikselon	ρόζενκολ
Λάχανο	**Kohl**
lachano	κολ
Μαϊντανός	**Petersilie**
maidanos	πετερζίλιε
Μανιτάρια	**Pilze**
manitaria	πίλτσε
Μαρούλι	**Kochsalad**
maruli	κόχσαλαντ
Μάτσο	**Bund**
matso	μπουντ
Μελιτζάνες	**Auberginen**
melitzanes	ομπερζίνεν
Μπιζέλια	**Erbsen**
bizhelia	έρμπζεν
Ντομάτες	**Tomaten**
domates	τομάτεν
Παντζάρι	**Rote Rübe**
pantzari	ρότε ρΥμπε

36. ΦΡΟΥΤΑ 240

Πατάτες	**Kartoffeln**
patates	καρτόφελν
Πιπεριές	**Paprikas**
piperjes	πάπρικας
Πράσα	**Porree**
prassa	πορέ
Ραπανάκια	**Radieschen**
rapanakia	ραντίΣεν
Σαλάτα	**Salad**
salata	σαλάτ
Σέλινο	**Sellerie**
selino	σέλερι
Σκόρδο	**Knoblauch**
skordho	κνόμπλαουχ
Σπανάκι	**Spinat**
spanaki	σπινάτ
Σπαράγγια	**Spargeln**
sparagia	σπάργκελν
Φακές	**Linsen**
fakes	λίνσεν
Φασολάκια	**Bohnen**
fassolakia	μπόνεν
Φασόλια	**Grüne Bohnen**
fassolia	γκρΥνε μπόνεν

36. ΦΡΟΥΤΑ — 36. OBST

fruta — ομπστ

Αμύγδαλα	**Mandeln**
amighdhala	μάντελν
Ανανάς	**Ananas**
ananas	άνανας

36. OBST

Αχλάδι achladhi	**Birne** μπίρνε
Βερύκοκκο verikoko	**Aprikose** απρικόζε
Γκρέιπφρουτ greipfrut	**Grapefruit** γκρέϊπφρουτ
Δαμάσκηνο dhamaskino	**Pflaume** πφλάουμε
Καρπούζι karpuzhi	**Wassermelone** βάσερμελονε
Καρύδα karidha	**Nuß** νους
Καρύδια karidhia	**Nüße** νΥσε
Κεράσι kerassi	**Kirsche** κίρΣε
Κορόμηλο koromilo	**Mirabelle** μιραμπέλε
Λεμόνι lemoni	**Zitrone** τσιτρόνε
Μανταρίνι mandarini	**Mandarine** μανταρίνε
Μήλο milo	**Apfel** άπφελ
Μπανάνα banana	**Banane** μπανάνε
Πεπόνι peponi	**Honigmelone** χόνιγκμελονε
Πορτοκάλι portokali	**Apfelsine** απφελζίνε
Ροδάκινο rodhakino	**Pfirsich** πφίρζιχ
Σταφίδες stafidhes	**Rosinen** ροζίνεν

37. ΑΘΛΗΤΙΚΑ ΕΙΔΗ 242

Σταφύλι	**Weintraube**
stafili	βάϊντραουμπε
Σύκο	**Feige**
siko	φάϊγκε
Φιστίκια	**Pistazien**
fistikia	πιστάτσιεν
Φουντούκια	**Haselnüße**
fudukia	χάζελνΥσε
Φράουλα	**Erdbeer**
fraula	έρντμπερ
Χουρμάς	**Dattel**
churmas	ντάτελ

37. ΑΘΛΗΤΙΚΑ ΕΙΔΗ   **37. SPORTSACHEN**
athlitika idhi   σπόρτζαχεν

Αθλητικά παπούτσια	**Sportschuhe**
athilitika paputsia	σπόρτΣουε
Βαράκια	**Gewicht**
varakia	γκεβίχτ
Βατραχοπέδιλα	**Flossen**
vatrachopedhila	φλόσεν
Δίχτυ πινγκ πονγκ	**Ping-Pong Netz**
dhichti ping-pong	πινγκ-πονγκ νετς
Δίχτυ τένις	**Tennis Netz**
dhichti tenis	τένις νετς
Ελικας	**Propelle**
elikas	προπέλε
Εξωλέμβια	**Schlauchboot**
eksolemvia	Σλάουχμποτ
Καμάκι	**Harpune**
kamaki	χαρπούνε

37. SPORTSACHEN

Καπέλο ιππασίας
kapelo ipassias
Reitenhut
ράϊτενχουτ

Λαστιχένια βάρκα
lastichenia varka
Schlauchboot
Σλάουχμποτ

Μάσκα κατάδυσης
maska katadhissis
Taucherbrille
τάουχερμπριλε

Μπάλα (μπάσκετ, ποδοσφαίρου, βόλεϊ μπολ)
bala (basket, podhosferu, volei bol)
Ball (Basketball, Fußball Volleyball)
μπαλ (μπάσκετμπαλ, φούσμπαλ, βόλεϊμπαλ)

Μπαλάκι (πινγκ-πονγκ, τένις)
balaki (ping-pong, tenis)
Ball (ping-pong, tennis)
μπαλ (πινγκ-πονγκ, τένις)

Μπαστούνι του γκολφ
bastuni tu golf
Golfschläger
γκόλφΣλεγκερ

Μπότες
botes
Stiefel
στίφελ

Παντελονάκι
pantelonaki
Kurze Hose
κούρτσε χόζε

Παπούτσια (αλπινισμού, για σκι, ποδοσφαίρου)
paputsia (alpinismu, ja ski, podhosferu)
Schuhe (Bergstiefel, Skistiefel, Fußballschuhe)
Σούε, (μπέργκστιφελ, Σίστιφελ, φούσμπαλΣουε)

Ποδήλατο αγωνιστικό
podhilato aghonistiko
Rennrad
ρένραντ

Ρακέτα
raketa
Schläger
Σλέγκερ

Σορτς
sorts
Kurze Hose
κούρτσε χόζε

Φανέλα
fanela
Unterhemd
ούντερχεμντ

Φόρμα
forma
Anzug
άντσουγκ

38. ΕΙΔΗ ΚΑΠΝΙΣΤΟΥ
idhi kapnistu

38. TABAKWAREN
ταμπάκβαρεν

Αναπτήρας
anaptiras
Feuerzeug
φόϊερτσοϊγκ

Ανταλλακτικά στυλό (μολυβιού)
antalaktika stilo (moliviu)
Ersatzminen
ερζάτσμινεν

Ανταλλακτικό αερίου
antalaktiko aeriu
Ersatsampulle
ερζάτσαμπουλε

Βενζίνη
venzhini
Benzin
μπεντζίν

Είναι πολύ ελαφριά (βαριά)
ine poli elafria (varia)
Sie sind sehr leicht (schwer)
ζι ζιντ ζερ λάϊχτ (Σβερ)

Ενα πακέτο...
ena paketo...
Ein Päckchen...
άϊν πέκχεν...

Ευχαριστώ, δεν καπνίζω
efcharisto, dhen kapnizho
Danke, ich rauche nicht
ντάνκε, ιχ ράουχε νιχτ

Ευχαριστώ, έχω κόψει το κάπνισμα
efcharisto, echo kopsi to kapnisma
Danke, ich rauche nicht mehr
ντάνκε, ιχ ράουχε νιχτ μερ

Εχετε (καπνό για πίπα, κούτα τσιγάρα, τσιγάρα, τσιμπούκια);
echete (kapno ja pipa, kuta tsighara, tsighara, tsimbukia)?
Haben Sie (Pfeifentabak, eine Schachtel Zigaretten, Zigaretten, Pfeifen)?
χάμπεν ζι (πφάϊφενταμπακ, άϊνε Σάχτελ τσιγκαρέτεν, τσιγκαρέτεν, πφάϊφεν);

Θα ήθελα ένα πακέτο... με/χωρίς φίλτρο
tha ithela ena paketo... me / choris filtro
Ich möchte ein Päckchen mit/ohneFilter
ιχ μΕχτε άϊν πέκχεν...μιτ/όνε φίλτερ

Θήκη (δερμάτινη, πλαστική)
Hülle (Leder, Plastik)

38. TABAKWAREN

thiki (dhermatini, plastiki)		χΥλε (λέντερ, πλάστικ)
Καθαριστής πίπας		**Pfeifenreiniger**
katharistis pipas		πφάϊφενράϊνιγκερ
Καπνοπωλείο		**Tabakladen**
kapnopolio		τάμπακλαντεν
Καπνός		**Tabak**
kapnos		τάμπακ
Μπαταρία		**Batterie**
bataria		μπατερί
Μπορείτε να αλλάξετε την πέτρα του αναπτήρα μου;		**Können Sie den Stein meines Feuerzeuges wechseln?**
borite na alaksete tin petra tu anaptira mu?		κΕνεν ζι ντεν στάϊν μάϊνες φόϊερτσοϊγκς βέχσελν;
Ξυραφάκι ξυρίσματος		**Rasiermesser**
xirafaki xirismatos		ραζίρμεσερ
Πακέτο		**Päckchen**
paketo		πέκχεν
Πέτρα για αναπτήρα		**Feuerstein**
petra ja anaptira		φόϊερσταϊν
Πίπα		**Pfeife**
pipa		πφάϊφε
Πίπα τσιγάρου		**Zigarettenspitze**
pipa tsigharu		τσιγκαρέτενσπιτσε
Πόσο κάνουν αυτά τα (τσιγάρα, πούρα);		**Wieviel kosten diese (Zigaretten, Zigarre)?**
posso kanun afta ta (tsighara, pura)?		βίφιλ κόστεν ντίζε (τσιγκαρέτεν, τσιγκάρε);
Πούρα		**Zigarre**
pura		τσιγκάρε
Σπίρτα		**Streichhölzer**
spirta		στράϊχΕλτσερ
Σταχτοδοχείο		**Aschenbecher**
stachtodhochio		άΣενμπεχερ

39. ΒΙΒΛΙΟΠΩΛΕΙΟ-ΧΑΡΤΟΠΩΛΕΙΟ

Τασάκι	**Aschenbecher**
tassaki	άΣενμπεχερ
Τσιγάρα (με μέντα, με φίλτρο, χωρίς φίλτρο)	**Zigaretten (mit Pfefferminzgeschmack, mit Filter, ohne Filter)**
tsighara (me menta, me filtro, choris filtro)	τσιγκαρέτεν (μιτ πφέφερμιντσγκεΣμακ, μιτ φίλτερ, όνε φίλτερ)
Τσιγαροθήκη	**Zigarettendose**
tsigharothiki	τσιγκαρέτενντοζε
Τσιγαρόχαρτο	**Zigarettenpapier**
tsigharocharto	τσιγκαρέτενπαπιρ
Υπάρχει καπνοπωλείο εδώ κοντά;	**Gibt es ein Tabakladen in der Nähe?**
iparchi kapnopolio edho konta?	γκιμπτ ες άϊν ταμπάκλαντεν ιν ντερ νέε?
Φυτίλι	**Zündschnur**
fitili	τσΥντΣνουρ

39. ΒΙΒΛΙΟΠΩΛΕΙΟ-ΧΑΡΤΟΠΩΛΕΙΟ — 39. BUCHHANDLUNG-SCHREIBWARENGESCHÄFT

vivliopolio-chartopolio

μπούχχαντλουνγκ-ΣράϊμπβαρενγκεΣεφτ

Ατζέντα	**Kalender**
atzenda	καλέντερ
Ανταλλακτικό	**Ersatzteil**
antalaktiko	ερζάτσταϊλ
Αντίτυπο	**Kopie**
antitipo	κοπί
Αυτοκόλλητες ετικέτες	**Klebeetiketten**
aftokolites etiketes	κλέμπεετικέτεν

39. BUCHHANDLUNG-SCHREIBWARENGESCHÄFT

Βιβλίο (τσέπης)	**(Taschen)buch**
vivlio (tsepis)	(τάΣεν)μπουχ
Γεωγραφικός χάρτης	**Landkarte**
gheoghrafikos chartis	λάντκαρτε
Γόμα	**Radiergummi**
ghoma	ραντίργκουμι
Γραμματική	**Grammatik**
ghramatiki	γκραμάτικ
Διαφανές χαρτί	**Durchsichtiges Papier**
dhiafanes charti	ντούρχζιχτιγκες παπίρ
Διήγημα	**Erzählung**
dhiighima	ερτσέλουνγκ
Εβδομαδιαίο περιοδικό	**Wöchentliche Zeitschrift**
evdhomadhieo periodhiko	βΕχεντλιχε τσάϊτΣριφτ
Εκδοση	**Ausgabe**
ekdhossi	άουσγκαμπε
Εκδότης	**Verleger**
ekdhotis	φερλέγκερ
Ετικέτες	**Etiketten**
etiketes	ετικέτεν
Εφημερίδα	**Zeitung**
efimeridha	τσάϊτουνγκ
Ημερολόγιο	**Kalender**
imerologhio	καλέντερ
Θα ήθελα έναν τουριστικό οδηγό της περιοχής	**Ich möchte einen touristischen Führer für die Gegend**
tha ithela enan turistiko odhigho tis periochis periochis	ιχ μΕχτε άϊνεν τουρίστιΣεν φΥρερ φΥρ ντι γκέγκεντ
Κάνετε φωτοτυπίες;	**Machen Sie Photokopien?**
kanete phototipies?	μάχεν ζι φοτοκοπίεν;
Καρνέ διευθύνσεων	**Addressenkalender**
karne dhiefthinseon	αντρέσενκαλεντερ

Καρμπόν karbon	**Kohlepapier** κόλεπαπιρ
Καρτ ποστάλ kart postal	**Postkarte** πόστκαρτε
Κατάλογος kataloghos	**Katalog** καταλόγκ
Κορδέλα kordhela	**Schleife** Σλάϊφε
Λεξικό τσέπης lexiko tsepis	**Taschenwörterbuch** τάΣενβΕρτερμπουχ
Κόλλα kola	**Klebstoff** κλέμπστοφ
Λαστιχάκια lastichakia	**Gummibänder** γκούμιμπεντερ
Μαρκαδόρος markadhoros	**Stift** στιφτ
Μέγεθος meghethos	**Größe** γκρΕσε
Μελάνι melani	**Tinte** τίντε
Μελανοδοχείο melanodhochio	**Tintenfaß** τίντενφας
Μολύβι molivi	**Bleistift** μπλάϊστιφτ
Μπαταρία bataria	**Batterie** μπατερί
Μπλοκ blok	**Block** μπλοκ
Μπογιές bojes	**Farben** φάρμπεν
Μπουκάλι μελάνι bukali melani	**Tintenfaß** τίντενφας
Μυθιστόρημα mithistorima	**Roman** ρομάν

39. BUCHHANDLUNG-SCHREIBWARENGESCHÄFT

Ντοσιέ	**Ordner**
dosie	όντνερ
Ξύστρα	**Anspitzer**
xistra	άνσπιτσερ
Οδικός χάρτης	**Autokarte**
odhikos chartis	άουτοκαρτε
Παιδικό βιβλίο	**Kinderbuch**
pedhiko vivlio	κίντερμπουχ
Πέννα	**Füller**
pena	φΥΛερ
Περιοδικό (μόδας)	**Modenzeitschrift**
periodhiko (modhas)	μόντεντσαϊτΣριφτ
Πινέλο	**Pinsel**
pinelo	πίνζελ
Σελοτέιπ	**Tesafilm**
seloteip	τέζαφιλμ
Σημειωματάριο	**Notizbuch**
simiomatario	νοτίτσμπουχ
Σπάγγος	**Bindfaden**
spaghos	μπίντφασεν
Στυλό (διάρκειας, μελάνης)	**Kugelschreiber (Füllhalter)**
stilo (dhiarkias, melanis)	κούγκελΣραϊμπερ (φΥλχαλτερ)
Στυπόχαρτο	**Löschpapier**
stipocharto	λΕΣπαπιρ
Συνδετήρας	**Klammer**
sindhetiras	κλάμερ
Τετράδιο	**Heft**
tetradhio	χεφτ
Τουριστικό χάρτης	**Touristische Karte**
turistikos chartis	τουρίστιΣε κάρτε
Τράπουλα	**Karten**
trapula	κάρτεν
Τσάντα (σχολική)	**Tasche (Schultasche)**

tsanta (sHoliki) — τάΣε (ΣούλταΣε)

Υπάρχει ιστορία της περιοχής στα γερμανικά (ελληνικά); — **Gibt es eine geschichtliche Beschreibung des Ortes in deutsch (griechisch)?**

iparchi istoria tis periochis sta jermanika (elinika)? — γκιμπτ ες γκεΣίχτλιχε μπεΣράϊμπουνγκ ντες όρτες ιν ντόϊτΣ (γκρίχιΣ);

Φάκελος — **Briefumschlag**
fakelos — μπρίφουμΣλαγκ

Φύλλο — **Blatt**
filo — μπλατ

Χάρακας — **Lineal**
charakas — λινεάλ

Χάρτης της πόλης — **Stadtplan**
chartis tis polis — στάντπλαν

Χαρτί (αλληλογραφίας, γραφομηχανής, περιτυλίγματος) — **Papier (Brief-, Schreibmaschinen-, Einwickel-)**
charti (aliloghrafias, ghrafomichanis, peritilighmatos) — παπίρ (μπριφ-, ΣράϊμπμαΣίνεν-, αϊνβικελ-)

Χρωματιστά μολύβια — **Farbige Bleistifte**
chromatista molivia — φάρμπιγκε μπλάϊστιφτε

Ψαλίδι — **Schere**
psalidhi — Σέρε

40. ΑΡΩΜΑΤΟΠΩΛΕΙΟ — 40. PERFÜMERIE

aromatopolio — περφΥμερί

Ανοιχτόχρωμο — **In heller Farbe**
anichtochromo — ιν χέλερ φάρμπε

Αντιηλιακή κρέμα — **Sonnenkreme**

40. PERFÜMERIE

antiiliaki krema		ζόνενκρεμε
Αντιηλιακό λάδι	**Sonnenöl**	
antiliako ladhi		ζόνενΕλ
Αοσμο	**Geruchlos**	
aosmo		γκερούχλος
Απαλό	**Weich**	
apalo		βάϊχ
Αποσμητικό	**Desodorant**	
aposmitiko		ντεζοντοράντ
Απόχρωση	**Ton**	
apochrossi		τον
Αρωμα	**Parfüm**	
aroma		παρφΥμ
Ασετόν	**Azeton**	
asseton		ατσετόν
Αχρωμο	**Farbenlos**	
achromo		φάρμπενλος
Βαμβάκι	**Watte**	
vamvaki		βάτε
Βαφή μαλλιών	**Haarfarbe**	
vafi malion		χάαρφαρμπε
Βερνίκι νυχιών	**Nagellack**	
verniki nichion		νάγκελακ
Βούρτσα (μαλλιών, νυχιών)	**Bürste (Haar, Nagel)**	
vurtsa (malion, nichion)		μπΥρστρε (χάαρ, νάγκελ)
Βούρτσα ξυρίσματος	**Rasierpinsel**	
vurtsa xirismatos		ραζίρπινζελ
Γαλάκτωμα καθαρισμού	**Reinigungsmilch**	
ghalaktoma katharismu		ράϊνουνγκσμιλχ
Δέρμα (λιπαρό, ευαίσθητο, ξηρό)	**Haut (fettige, emfindliche trockene)**	
dherma (liparo, evesthito, xiro)		χάουτ (φέτιγκε, εμπφίντλιχε, τρόκεν)
Ελαφρόπετρα	**Bimstein**	

40. ΑΡΩΜΑΤΟΠΩΛΕΙΟ

elafropetra	μπίμσταϊν
Ζελέ	**Gel**
zhele	γκελ
Ηλεκτρική μηχανή ξυρίσματος	**Elektrisches Rasierapparat**
ilektriki michani xirismatos	ελέκτριΣες ραζίραπαρατ
Καρφίτσες μαλλιών	**Haarnadeln**
karfitses malion	χάαρναντελν
Κολώνια	**Kologne**
kolonia	κολόνιε
Κραγιόν	**Lippenstift**
krajon	λίπενστιφτ
Κρέμα (ημέρας, καθαρισμού, για τα χείλια, νύχτας, ξυρίσματος, προσώπου, χεριών, υδατική)	**Creme (Tagescreme, Reinigungsmilch, für die Lippen, Rasier-, Gesichts-, Hand-, Feuchtigkeits-)**
krema (imeras, katharismu, ja ta chilia, nichtas, xirismatos, prossopu, cherion, idhatiki)	κρέμε (τάγκεσκρεμε, ράϊνιγκουνγκσμιλχ, φΥρ ντι λίπεν, ραζίρ-, γκεζίχτσ-, χαντ-, φόϊχτιγκαϊτσ-)
Λάδι	**Öl**
ladhi	Ελ
Λακ	**Haarspray**
lak	χάαρσπρεϋ
Λίμα νυχιών	**Nagelfeile**
lima nichion	νάγκελφαϊλε
Λοσιόν ξυρίσματος	**Rasierwasser**
lossion xirismatos	ραζίρβασερ
Μακιγιάζ	**Schminken**
makijazh	Σμίνκεν
Μαλακό	**Weich**
malako	βάϊχ
Μανόν	**Nagellack**

40. PERFÜMERIE

manon
νάγκελακ

Μαντίλι
Tuch
mantili
τουχ

Μάσκα προσώπου
Gesichtsmaske
maska prossopu
γκεζίχτσμασκε

Μάσκαρα
Wimperntusche
maskara
βίμπερντουΣε

Μεϊκάπ
Make up
meikap
μέϊκ απ

Μολύβι ματιών
Konturenstift
molivi mation
κοντούρενστιφτ

Μπουκαλάκι
Fläschchen
bukalaki
φλέΣχεν

Νεσεσέρ
Waschnecessaire
nesseser
βάΣνεσεσερ

Ξυραφάκια
Rasierklingen
xirafakia
ραζίρκλινγκεν

Ξυριστική μηχανή
Rasierapparat
xiristiki michani
ραζίραπαρατ

Οδοντόβουρτσα
Zahnbürste
odhontovurtsa
τσάνμπΥρστε

Οδοντόκρεμα
Zahnpaste
odhontokrema
τσάνπαστε

Παραμάνα
Sicherheitsnadel
paramana
ζίχερχαϊτσναντελ

Πινέλο (ξυρίσματος)
Pinsel (Rasier-)
pinelo (xirismatos)
πίνζελ (ραζίρ-)

Πομπόν
Puderquaste
pompon
πούντερκουαστε

Πούδρα
Puder
pudhra
πούντερ

Σαμπουάν
Shampoo
sampuan
Σαμπού

40. ΑΡΩΜΑΤΟΠΩΛΕΙΟ

Σαπούνι	**Seife**
sapuni	ζάϊφε
Σερβιέτες	**Damenbinden**
servietes	ντάμενμπιντεν
Σκούρο	**Dunkel**
skuro	ντούνκελ
Σπρέι	**Spray**
sprei	σπρέϊ
Σφουγγάρι	**Schwamm**
sfugari	Σβάμ
Σωληνάριο	**Tube**
solinario	τούμπε
Ταλκ	**Talk**
talk	ταλκ
Ταμπόν	**Tampon**
tampon	ταμπόν
Τσατσάρα	**Kamm**
tsatsara	καμ
Τσιμπιδάκι φρυδιών	**Pinzette**
tsimbidhaki fridhion	πιντσέτε
Τσιμπίδι μαλλιών	**Haarspange**
tsimbidhi malion	χάαρσπανγκε
Χαρτί υγείας	**Toilettenpapier**
charti ijias	τοϊλέτενπαπιρ
Χαρτομάνδηλα	**Taschentücher**
chartomandhila	τάΣεντΥχερ
Χρώμα	**Farbe**
chroma	φάρμπε
Χτένα	**Kamm**
chtena	καμ
Ψαλίδι	**Schere**
psalidhi	Σέρε

41. ΡΟΥΧΑ
rucha

41. KLEIDUNG
κλάϊντουνγκ

Αδιάβροχο
adhiavrocho
Regenmantel
ρέγκενμαντελ

Αθλητική φόρμα
athlitiki forma
Sportanzug
σπόρταντσουγκ

Ακρυλικό
akriliko
Acryl
ακρίλ

Ανάποδη
anapodhi
Umgekehrt
ούμγκεκερτ

Ανεξίτηλο
aneksitilo
Rostfrei
ρόστφραϊ

Άνοιγμα λαιμού
anighma lemu
Halsschnitt
χάλσΣνιτ

Ανοιχτό
anichto
Offen
όφεν

Αντρικό πουκάμισο
antriko pukamisso
Hemd
χεμντ

Απογευματινό φόρεμα
apoghevmatino forema
Abendkleid
άμπεντκλαϊντ

Απόχρωση
apochrossi
Farbe
φάρμπε

Αυτό το παντελόνι δεν πέφτει καλά
afto to panteloni dhen pefti kala
Diese Hose sitzt nicht gut
ντίζε χόζε ζιτστ νιχτ γκουτ

Αυτό το πουκάμισο είναι στενό
afto to pukamisso ine steno
Dieses Hemd ist zu eng
ντίζες χεμντ ιστ τσου ενγκ

Βαμβακερό
vamvakero
Aus Baumwolle
άους μπάουμβολε

Βελούδο
veludho
Samt
ζαμτ

41. ΡΟΥΧΑ

Βραδυνό φόρεμα	**Abendkleid**
vradhino forema	άμπεντκλαϊντ
Γαλότσες	**Gummistiefel**
ghalotses	γκούμιστιφελ
Γάντια	**Handschuhe**
ghantia	χάντΣουε
Γιακάς	**Kragen**
jakas	κράγκεν
Γιλέκο	**Weste**
jileko	βέστε
Γκαμπαρτίνα	**Regenmantel**
gabardina	ρέγκενμαντελ
Γούνινο παλτό	**Pelzmantel**
ghunino palto	πέλτσμαντελ
Γραβάτα	**Grawatte**
ghravata	γκραβάτε
Γυναικείο πουκάμισο (από ποπλίνα, μεταξωτό, από τεργκάλ...)	**Bluse (aus Popelin, Seidenbluse, aus Tergal)**
jinekio pukamisso (apo poplina, metaksoto, apo tergal...)	μπλούζε (άους ποπελίν, ζάϊτενμπλουζε, άους τεργκάλ)
Δαντέλα	**Spitze**
dhantela	σπίτσε
Δέρμα	**Leder**
dherma	λέντερ
Δοκιμάζω	**Anprobieren**
dhokimazho	άνπρομπιρεν
Εγχώρια κατασκευή	**Einheimische Fabrikation**
enchoria kataskevi	άϊνχαϊμιΣε φαμπρικατιόν
Είναι λίγο (μακρύ, κοντό, στενό, φαρδύ)	**Es ist ein bißchen (zu lang, zu kurz, zu eng, zu weit)**
ine ligho (makri, konto, steno, fardhi)	ες ιστ άϊν μπίσχεν (τσου λανγκ, τσου κούρτς, τσου ενγκ, τσου βάϊτ)

257 41. KLEIDUNG

Είναι χειροποίητο	**Es ist handgemacht**
ine chiropiito	ες ιστ χάντγκεμαχτ
Εμπριμέ ύφασμα	**Gemusterter Stoff**
embrime ifasma	γκεμούστερτερ στοφ
Επίσημο ένδυμα	**Offizielle Kleidung**
epissimo endhima	οφιτσιέλε κλάϊντουνγκ
Εσάρπα	**Schal**
essarpa	Σαλ
Εσώρουχα	**Unterwäsche**
essorucha	ούντερβεΣε
Εφαρμοστό	**Eng anliegend**
efarmosto	ενγκ άνλιγκεντ
Εχετε έναν καθρέπτη;	**Haben Sie einen Spiegel?**
echete enan kathrefti?	χάμπεν ζι άϊνεν σπίγκελ;
Ζακέτα	**Jacket**
zhaketa	γιάκε
Ζαρτιέρες	**Strumpfbänder**
zhartieres	στρούμφπμπεντερ
Ζευγάρι (κάλτσες, τιράντες)	**Paar (Socken, Hosenträger)**
zhevghari (kaltses, tirantes)	πάαρ (ζόκεν, χόζεντρεγκερ)
Ζώνη	**Gürtel**
zhoni	γκΥρτελ
Θέλω ένα ... για ένα (αγόρι, κορίτσι) 10 ετών	**Ich möchte ein... für (einen Jungen, ein Mädchen) 10 Jahre alt**
thelo ena.... ja ena (aghori, koritsi) dheka eton	ιχ μΕχτε άϊν... φΥρ (άϊνεν γιούνγκεν, άϊν μέντχεν) τσεν γιάρε αλτ
Ιματισμός	**Kleidung**
imatismos	κλάϊντουνγκ
Καλή	**Gute**
kali	γκούτε
Κάλτσες (κοντές, μακριές)	**Socken (kurze, lange)**
kaltses (kontes, makries)	ζόκεν (κούρτσε, λάνγκε)

41. ΡΟΥΧΑ

Καλτσόν	**Strumpfhose**
kaltson	στρούμπφχοζε
Κάπα	**Cape**
kapa	κάπε
Καπέλο	**Hut**
kapelo	χουτ
Καρώ ύφασμα	**Karierter Stoff**
karo ifasma	καρίρτερ στοφ
Κασκέτο	**Mütze**
kasketo	μΥτσε
Κέντημα	**Stickerei**
kentima	στικεράϊ
Κετσές	**Filz**
ketses	φιλτς
Κλασικό	**Klassisch**
klassiko	κλάσιΣ
Κλωστή ραψίματος	**Nähgarn**
klosti rapsimatos	νέγκαρν
Κομπινεζόν	**Unterrock**
kombinezhon	ούντεροκ
Κομψό	**Elegant**
kompso	ελεγκάντ
Κονταίνω	**Ich mache kürzer**
konteno	ιχ μάχε κΥρτσερ
Κοντό	**Kurz**
konto	κουρτς
Κόπιτσα	**Schnalle**
kopitsa	Σνάλε
Κορσές	**Korsett**
korses	κορζέτ
Κοστούμι (κλασικό, μοντέρνο, σπορ...)	**Anzug (klassischer, moderner, sportlicher...)**
kostumi (klassiko, monterno, spor...)	άντσουγκ (κλάσιΣερ, μοντέρνερ, σπόρτλιχερ...)

Κουμπί	**Knopf**
kubi	κνοπφ
Κρεμάει λίγο αριστερά (δεξιά)	**Es ist ein bißchen länger an der linken Seite (der rechten Seite)**
kremai ligho aristera (dheksia)	ες ιστ άϊν μπίσχεν λένγκερ αν ντερ λίνκεν ζάϊτε (ντερ ρέχτεν ζάϊτε)
Κυλότα	**Unterhose**
kilota	ούντερχοζε
Λινό	**Leine**
lino	λάϊνε
Μαγιό	**Badeanzug**
majo	μπάντεαντσουγκ
Μακραίνω	**Ich mache länger**
makreno	ιχ μάχε λένγκερ
Μακρύ	**Lang**
makri	λανγκ
Μαλλί	**Baumwolle**
mali	μπάουμβολε
Μανίκι	**Ärmel**
maniki	έρμελ
Μαντήλι του λαιμού	**Tuch**
mantili tu lemu	τουχ
Μαντήλι της μύτης	**Taschentuch**
mantili tis mitis	τάΣεντουχ
Μέγεθος	**Größe**
meghethos	γκρΕσε
Με σφίγγει	**Es ist mir zu eng**
me sfigi	ες ιστ μιρ τσου ενγκ
Μετάξι	**Seide**
metaksi	ζάϊντε
Μισοφόρι	**Unterock**
missofori	ούντεροκ

Μονόχρωμο ύφασμα monochromo ifasma	**Einfarbiges Stoff** άϊνφαρμπιγκες στοφ
Μπορείτε (να κοντύνετε τα μανίκια, να μου πάρετε τα μέτρα); borite (na kontinete ta manikia, na mu parete ta metra)?	**Können Sie mir (die Ärmel verkürzen, meine Größe messen)?** κΕνεν ζι μιρ (ντι έρμελ φερκΥρτσεν, μάϊνε γκρΕσε μέσεν);
Μπορώ να το δοκιμάσω; boro na to dhokimasso?	**Darf ich es anprobieren?** νταρφ ιχ ες άνπρομπιρεν;
Μπλούζα bluzha	**Bluse** μπλούζε
Νάιλον nailon	**Nylon** νίλον
Ντεμί σεζόν demi sezhon	**Halbsaison** χάλμπσεζόν
Νυχτικό nichtiko	**Nachthemd** νάχτχεμντ
Ολόμαλλο ύφασμα olomalo ifasma	**Stoff aus reiner Wolle** στοφ άους ράϊνερ βολε
Ομπρέλα ombrela	**Regenschirm** ρέγκενΣιρμ
Παλτό palto	**Mantel** μάντελ
Πανί pani	**Stoff** στοφ
Παντελονάκι pantelonaki	**Kurze Hose** κούρτσε χόζε
Παντελόνι panteloni	**Hose** χόζε
Παπιγιόν papijon	**Fliege** φλίγκε
Πέτο peto	**Aufschlag** άουφΣλαγκ

Πιέτα	**Falte**
pieta	φάλτε
Πλένεται (στο χέρι, στο πλυντήριο)	**Es wird (mit der Hand, in der Waschmaschine) gewaschen**
plenete (sto cheri, sto plintirio)	ες βιρντ (μιτ ντερ χαντ, ιν ντερ βάΣμαΣινε) γκεβάΣεν
Ποιότητα	**Qualität**
piotita	κβαλιτέτ
Πόσο έχει το μέτρο;	**Wieviel kostet ein Meter?**
posso echi to metro?	βίφιλ κόστετ άϊν μέτερ;
Πότε θα είναι έτοιμο;	**Wann wird es fertig sein?**
pote tha ine etimo?	βαν βιρντ ες φέρτιγκ ζάϊν;
Πουκαμίσα	**Hemdbluse**
pukamissa	χέμντμπλουζε
Πουκάμισο με κοντά μανίκια	**Hemd mit kurzen Ärmeln**
pukamisso me konta manikia	χεμντ μιτ κούρτσεν έρμελν
Πουλόβερ	**Pullover**
pulover	πουλόβερ
Προβάρω	**Anprobieren**
provaro	άνπρομπιρεν
Πρωϊνό φόρεμα	**Vormittagskleid**
proino forema	φόρμιταγκσκλαϊντ
Πυζάμες	**Nachthemd**
pizhames	νάχτχεμντ
Ρεβέρ	**Rever**
rever	ρεβέρ
Ριγέ	**Gestreift**
righe	γκεστράϊφτ
Ροζ	**Rosa**
rozh	ρόζα
Ρόμπα	**Morgenmantel**
roba	μόργκενμαντελ
Σακάκι (μονόπετο, σταυ-	**Jackett (mit einem Rever,**

41. ΡΟΥΧΑ

ρωτό, με μεγάλα πέτα) sakaki (monopeto, stavroto, me meghala peta...)	geknöpft, mit großem Rever) ζακέτ (μιτ άϊνεμ ρεβέρ, γκεκνΕπφτ, μιτ γκρόσεμ ρεβέρ)
Σάλι sali	**Schal** Σάαλ
Σατέν saten	**Satin** σατέν
Σιδέρωμα sidheroma	**Bügeln** μπΥγκελν
Σιδερώνω sidherono	**Bügeln** μπΥγκελν
Σκισμένο skismeno	**Aufgerissen** άουφγκερισεν
Σκούφος skufos	**Mütze** μΥτσε
Σλιπ slip	**Slip** σλιπ
Σορτς sorts	**Kurze Hose** κούρτσε χόζε
Σουτιέν sutien	**Büstenhalter** μπΥστενχαλτερ
Στενεύω stenevo	**Enger machen** ένγκερ μάχεν
Στενό steno	**Eng** ενγκ
Συνθετικό sinthetiko	**Synthetik** σιντέτικ
Σώβρακο sovrako	**Herrenunterhose** χέρενουντερχοζε
Ταγιέρ tajer	**Kostüm** κοστΥμ
Τακούνια takunia	**Absätze** άμπζετσε

Τιράντες	**Hoseträger**
tirantes	χόζετρεγκερ
Τι υλικό είναι αυτό;	**Was ist das für ein Material?**
ti iliko ine afto?	βας ιστ ντας φΥρ άϊν ματεριάλ;
Τσαλακώνει	**Knittern**
tsalakoni	κνίτερν
Τσάκιση	**Falten**
tsakissi	φάλτεν
Τσέπη	**Tasche**
tsepi	τάΣε
Υφασμα (με βούλες)	**(Gepunkteter) Stoff**
ifasma (me vules)	γκεπούνκετερ (στοφ)
Φανέλα	**Unterhemd**
fanela	ούντερχεμντ
Φανελάκι	**Unterhemdchen**
fanelaki	ούντερχεμντχεν
Φαρδύ	**Weit**
fardhi	βάϊτ
Φερμουάρ	**Reißverschluß**
fermuar	ράϊσφερΣλους
Φόδρα	**Futter**
fodhra	φούτερ
Φόρεμα	**Kleid**
forema	κλάϊντ
Φούστα	**Rock**
fusta	ροκ
Φουστάνι (για μέσα στο σπίτι)	**Kleid (Hauskleid)**
fustani (ja messa sto spiti)	κλάϊντ (χάουσκλαϊντ)
Χειροποίητο	**Selbstgenäht**
chiropiito	ζέλμπστγκενετ
Χρώμα	**Farbe**
chroma	φάρμπε

42. ΠΑΠΟΥΤΣΙΑ
paputsia

42. SCHUHE
Σούε

Αθλητικά παπούτσια
athlitika paputsia
Turnschuhe
τούρνΣουε
Αυτά τα παπούτσια είναι πολύ στενά
afta ta paputsia ine poli stena
Diese Schuhe sind sehr eng
ντίζε Σούε ζιντ ζερ ενγκ
Βερνίκι
verniki
Lack
λακ
Γνήσιο Δέρμα
ghnissio dherma
Echtes Leder
έχτες λέντερ
Δεν μ' αρέσουν οι στρογγυλές (τετράγωνες, μυτερές) μύτες
dhen maressun i strogiles (tetraghones, miteres) mites
Mir gefallen die runden (eckigen) Spitzen nicht
μιρ γκεφάλεν ντι ρούντεν (έκιγκεν) σπίτσεν νιχτ
Εχετε ένα νούμερο μεγαλύτερα (μικρότερα);
echete ena numero meghalitera (mikrotera)?
Haben sie eine Nummer größer (kleiner)?
χάμπεν ζι άϊνε νούμερ γκρΕσερ (κλάϊνερ);
Ζευγάρι
zhevghari
Paar
πάαρ
Θα ήθελα τακούνια πιο (κοντά, ψηλά, λεπτά, χοντρά)
tha ithela takunia pio (konta, psila, lepta, chontra)
Ich möchte (kleinere, größere, dünnere, dickere) Absätze
ιχ μΕχτε (κλάϊνερε, γκρΕσερε, ντΥνερε, ντίκερε) άμπζετσε
Καστόρι
kastori
Wildleder
βίλντλεντερ
Κόκαλο παπουτσιών
kokalo paputsion
Schuhlöfel
ΣούλΕφελ

42. SCHUHE

Κορδόνια	**Schnürsenkel**
kordhonia	ΣνΥρζενκελ
Λάστιχο	**Gummi**
lasticho	γκούμι
Μέγεθος	**Größe**
meghethos	γκρΕσε
Μοκασίνι	**Flache Schuhe**
mokassini	φλάχε Σούε
Μπορείτε να μου δείξετε άλλα ζευγάρια στο ίδιο στυλ;	**Können Sie mir noch andere Paare (im gleichen Styl) zeigen?**
borite na mu dhiksete ala zhevgharia sto idhio stil?	κΕνεν ζι μιρ νοχ άντερε πάαρε (ιμ γκλάϊχεν στιλ) τσάϊγκεν;
Μπότα	**Stiefel**
bota	στίφελ
Μποτίνια	**Stiefelchen**
botinia	στίφελχεν
Μύτη	**Spitze**
miti	σπίτσε
Νούμερο	**Größe**
numero	γκρΕσε
Πανί	**Stoff**
pani	στοφ
Παντόφλες	**Pantofeln**
pantofles	παντόφελν
Παπούτσια (με σόλα δερμάτινη, χαμηλά,με τακούνι, πορείας)	**Schuhe (mit Ledersole, flache, mit Absatz, Wanderschuhe)**
paputsia (me sola dhermatini, chamila, me takuni, porias)	Σούε (μιτ λέντερζολε,φλάχε, μιτ άμπζατς, βάντερΣουε)
Πέδιλα	**Sandalen**
pedhila	σαντάλεν
Σανδάλια	**Sandalen**

43. ΕΙΔΗ ΛΑΪΚΗΣ ΤΕΧΝΗΣ 266

sandhalia	σαντάλεν
Σόλα	**Sole**
sola	ζόλε
Σουέντ	**Rauleder**
suent	ράουλεντερ
Τακούνι	**Absatz**
takunia	άμπζατς
Τσαγκάρης	**Schuster**
tsagaris	Σούστερ
Υφασμα	**Stoff**
ifasma	στοφ
Φοράω τριάντα εννέα νούμερο παπούτσι	**Ich trage Größe neununddreißig**
forao trianta enea numero paputsi	ιχ τράγκε γκρΕσε νόϊνουντντράϊσιγκ

43. ΕΙΔΗ ΛΑΪΚΗΣ ΤΕΧΝΗΣ — 43. VOLKSKUNST

idhi laikis technis — φόλκκουνστ

Αγγειοπλαστική	**Töpferkunst**
agioplastiki	τΕπφερκουνστ
Αυτό το πράγμα είναι χειροποίητο;	**Ist diese Sache handgemacht?**
afto to praghma ine chiropiito?	ιστ ντίζε ζάχε χάντγκεμαχτ;
Ασημικά	**Silber**
assimika	ζίλμπερ
Βάζο	**Vase**
vazho	βάζε
Βαρέλι	**Faß**
vareli	φας
Γάντια	**Handschuhe**
ghantia	χάντΣουε

43. VOLKSKUNST

Δαντέλα	**Spitze**
dhantela	σπίτσε
Δερμάτινα είδη	**Lederwaren**
dhermatina idhi	λέντερβαρεν
Δίσκος	**Tablett**
dhiskos	ταμπλέτ
Δώρο	**Geschenk**
dhoro	γκεΣένκ
Είδη χειροτεχνίας	**Handarbeit**
idhi chirotechnias	χάνταρμπαϊτ
Εγχώρια είδη	**Heimatkunst**
enchoria idhi	χάϊματκουνστ
Εργαστήριο	**Werkstatt**
erghastirio	βέρκστατ
Ζακέτα	**Jackett**
zhaketa	ζακέτ
Ζώνες	**Gürtel**
zhones	γκΥρτελ
Καλάθια	**Körbe**
kalathia	κΕρμπε
Κάλτσες	**Socken**
kaltses	ζόκεν
Κέντημα	**Stick**
kentima	στικ
Κεραμικά	**Keramik**
keramika	κεράμικ
Κοσμήματα	**Schmuck**
kosmimata	Σμούκ
Κούκλα	**Puppe**
kukla	πούπε
Κούπα	**Becher**
kupa	μπέχερ
Κουτί	**Schachtel**
kuti	Σάχτελ

Κρυστάλλινα είδη	**Kristall**
kristalina idhi	κριστάλ
Κύπελλα	**Becher**
kipela	μπέχερ
Μάλλινα είδη	**Wollsachen**
malina idhi	βόλζαχεν
Μαχαίρια	**Messer**
macheria	μέσερ
Μεταξωτά είδη	**Waren aus Seide**
metaksota idhi	βάρεν άους ζάϊντε
Μινιατούρες	**Miniaturen**
miniatures	μινιατούρεν
Μπακίρι	**Kupfer**
bakiri	κούπφερ
Μπορούμε να επισκεφθούμε το εργαστήρι;	**Können wir die Werkstatt besuchen?**
borume na episkefthume to erghastiri?	κΕνεν βιρ ντι βέρκστατ μπεζούχεν;
Μπρίκι	**Metallkännchen**
briki	μετάλκενχεν
Ξίφος	**Schwert**
xifos	Σβέρτ
Ξύλινα διακοσμητικά πιάτα	**Hölzerne Dekorationsteller**
xilina dhiakosmitika piata	χΕλτσερνε ντεκορατσιόνστελερ
Ξυλογλυπτική	**Holzschittkunst**
xiloghliptiki	χόλτσΣνιτκουνστ
Ονυχας	**Onyx**
onichas	όνιξ
Πανέρι	**Korb**
paneri	κορμπ
Ποιά είναι τα χαρακτηριστικά είδη της περιοχής σας;	**Welche Waren sind typisch für Ihre Gegend?**

pia ine ta charaktiristika idhi tis periochis sas?
βέλχε βάρεν ζιντ τίπιΣ φΥρ ίρε γκέγκεντ;

Πορσελάνη
porselani
Porzellan
πορτσελάν

Που υπάρχει μαγαζί με χειροποίητα είδη;
pu iparchi maghazhi me chiropiita idhi?
Wo gibt es ein Geschäft mit handgemachten Waren?
βο γκιμπτ ες άϊν γκεΣεφτ μιτ χάντγκεμαχτεν βάρεν;

Σάλι
sali
Schal
Σαλ

Σταχτοδοχείο
stachtodhochio
Aschenbecher
άΣενμπεχερ

Τσάντα
tsanta
Tasche
τάΣε

Υφαντά
ifanta
Gewebte
γκεβέπτε

Φιγουρίνια με λαϊκιές φορεσιές
fighurinia me laikes foressies
Trachtenpuppen
τράχτενπουπεν

Χαλί
chali
Teppich
τέπιχ

Χαλκός
chalkos
Kupfer
κούπφερ

Χειροποίητα είδη
chiropiita idhi
Handgemachte Waren
χάντγκεμαχτε βάρεν

44. ΗΛΕΚΤΡΙΚΑ ΕΙΔΗ
ilektrika idhi

44. ELEKTRISCHE GERÄTE
ελέκτριΣε γκερέτε

Άδεια κασέτα
adhia kaseta
Leere Kassette
λέρε κασέτε

Ακουστικά
Kopfhörer

44. ΗΛΕΚΤΡΙΚΑ ΕΙΔΗ

akustika	κόπφχΕρερ
Αμπέρ	**Ampere**
amper	αμπέρε
Ανεμιστήρας	**Ventilator**
anemistiras	βεντιλάτορ
Αντίσταση	**Elektrischer Widerstand**
antistassi	ελέκτριΣερ βίντερσταντ
Αριθμομηχανή	**Rechenmaschine**
arithmomichani	ρέχενμαΣίνε
Ασύρματος	**Funkanlage**
assirmatos	φούνκανλαγκε
Ασφάλεια	**Sicherung**
asfalia	ζίχερουνγκ
Βίντεο	**Video**
video	βίντεο
Βύσμα	**Stöpsel**
visma	στΕπσελ
Διακόπτης	**Schalter**
dhiakoptis	Σάλτερ
Διακόσια είκοσι βολτ	**Zweihundertzwanzig Volt**
dhiakossia ikossi volt	τσβάϊχουντερττσβάντιγκ βολτ
Δίσκοι (κόμπακτ)	**CD**
dhiski (kompakt)	τσεντέ
Εγγύηση	**Garantie**
egiissi	γκαραντί
Εκατόν δέκα βολτ	**Hundertzehn Volt**
ekaton dheka volt	χούντερττσεν βολτ
Ενισχυτής	**Verstärker**
enisHitis	φερστέρκερ
Επισκευάζω	**Reparieren**
episkevazho	ρεπαρίρεν
Επισκευή	**Reparatur**
episkevi	ρεπαρατούρ

271 44. ELEKTRISCHE GERÄTE

Εχετε αυτού του είδους μπαταρίες; echete aftu tu idhus bataries?	**Haben Sie Batterien von dieser Sorte?** χάμπεν ζι μπατερίεν φον ντίζερ ζόρτε;
Εχετε δίσκους (ελαφράς, κλασικής, λαϊκής, χορευτικής...) μουσικής; echete dhiskus (elafras, klassikis, laikis, choreftikis...) mussikis?	**Haben Sie Schallplatten mit (leichter, klassischer, Volks-, Tanz-) Musik?** χάμπεν ζι Σάλπλατεν μιτ (λάϊχτερ,κλάσιΣερ, φόλκσ-, τάντσ-) μουζίκ;
Ηλεκτρική κατσαρόλα ilektriki katsarola	**Elektrischer Topf** ελέκτριΣερ τοπφ
Ηλεκτρική ξυριστική μηχανή ilektriki xiristiki michani	**Elektrischer Rasierapparat** ελέκτριΣερ ραζίραπαρατ
Ηλεκτρική σόμπα ilektriki soba	**Elektrischer Ofen** ελέκτριΣερ όφεν
Ηλεκτρικός μύλος για καφέ ilektrikos milos ja kafe	**Elektrische Mahlmaschine für Kaffee** ελέκτριΣε μάλμαΣινε φΥρ καφέ
Η ασφάλεια κάηκε i asfalia kaike	**Die Sicherung ist durchgebrannt** ντι ζίχερουνγκ ιστ ντούρχγκεμπραντ
Η συσκευή αυτή έχει εγγύηση; i siskevi afti echi egiissi?	**Hat dieses Gerät Garantie?** χατ ντίζες γκερέτ γκαραντί;
Ηχογραφημένη κασέτα ichoghrafimeni kasseta	**Überspielte Kassete** Υμπερσπίλτε κασέτε
Θόρυβος thorivos	**Lärm** λερμ
Καλώδιο kalodhio	**Kabel** κάμπελ

44. ΗΛΕΚΤΡΙΚΑ ΕΙΔΗ

Κατσαβίδι	**Schraubenzieher**
katsavidhi	Σράουμπεντσιερ
Καφετιέρα	**Kaffeemaschine**
kafetiera	κάφεμαΣινε
Κεραία	**Antenne**
kerea	αντένε
Κεφαλή ανάγνωσης	**Tonkopfabspielung**
kefali anaghnosis	τόνκοπφαμπσπιλουνγκ
Κουμπί	**Knopf**
kubi	κνοπφ
Λάμπα	**Lampe**
lampa	λάμπε
Μαγνητική ταινία	**Magnetband**
maghnitiki tenia	μαγκνέτμπαντ
Μαγνητόφωνο	**Tonbangerät**
maghnitofono	τόνμπανγκερετ
Μεγάφωνο	**Lautsprecher**
meghafono	λάουτσπρεχερ
Μετασχηματιστής	**Transformator**
metasHimatistis	τρασφορμάτορ
Μετρητής	**Stromzähler**
metritis	στρόμτσελερ
Μπαταρία	**Batterie**
bataria	μπατερί
Μπορώ να ακούσω αυτό το δίσκο;	**Darf ich mir diese Schallplatte anhören?**
boro na akusso afto to dhisko?	νταρφ ιχ μιρ ντίζε Σάλπλατε άνχΕρεν;
Ξυπνητήρι	**Wecker**
xipnitiri	βέκερ
Πικάπ	**Plattenspieler**
pikap	πλάτενσπιλερ
Πλήκτρο	**Taste**
pliktro	τάστε

Πλυντήριο (πιάτων, ρούχων)	**Spülmaschine, Waschmaschine**
plintirio (piaton, ruchon)	σπΥλμαΣινε, βάΣμαΣινε
Πρίζα	**Steckdose**
prizha	στέκντοζε
Προέκταση	**Verlängerung**
proektassi	φερλένγκερουνγκ
Προσαρμοστής	**Anschluß**
prosarmostis	άνΣλους
Ραδιόφωνο	**Hörfunk**
radhiofono	χΕρφουνκ
Ρεύμα	**Strom**
revma	στρομ
Σεσουάρ	**Fön**
sessuar	φΕν
Σίδερο	**Eisen**
sidhero	άϊζεν
Συνδέω	**Verbinden**
sindheo	φερμπίντεν
Τηλεόραση	**Fernseher**
tileorassi	φέρνζεερ
Φις	**Stecker**
fis	στέκερ
Φορητός	**Tragbar**
foritos	τράγκμπαρ
Φρυγανιέρα	**Toaströster**
frighaniera	τόστρΕστερ
Ψυγείο	**Kühlschrank**
psighio	κΥλΣρανκ

45. ΣΤΟ ΦΩΤΟΓΡΑΦΕΙΟ sto fotoghrafio	**45. IM PHOTOLADEN** ιμ φότολαντεν
Αρνητικό arnitiko	**Negativ** νεγκατίφ
Διάφραγμα dhiafraghma	**Blende** μπλέντε
Διαφάνεια dhiafania	**Durchsichtigkeit** ντούρχζιχτιγκαϊτ
Εγχρωμο enchromo	**Farbig** φάρμπιγκ
Εκτύπωση ektipossi	**Abziehen** άμπτσιεν
Εμφανίζω emfanizho	**Entwickeln** εντβίκελν
Εμφάνιση emfanissi	**Entwicklung** εντβίκλουνγκ
Εστιάζω estiazho	**Fokus machen** φόκους μάχεν
Εστίαση estiassi	**Fokus** φόκους
Θα ήθελα να μου εμφανίσετε αυτό το φιλμ tha ithela na mu emfanissete afto to film	**Ich möchte, daß Sie mir diesen Film entwickeln** ιχ μΕχτε ντας ζι μιρ ντίζεν φιλμ εντβίκελν
Θα ήθελα ένα φιλμ (με τριανταέξι πόζες, με μεγάλη/μικρή ευαισθησία) tha ithela ena film (me triantaeksi pozhes, me meghali / mikri evesthissia)	**Ich möchte einen Film (mit sechsunddreißig Bildern, Hochempfindlich/Normalempfindlich)** ιχ μΕχτε άϊνεν φιλμ (μιτ σέχσουντρτράϊσιγκ μπίλντερν, χόχεμπφιντλιχ, νορμάλεμπφίντλιχ

Θάλαμος	**Dunkelkammer**
thalamos	ντούνκελκαμερ
Θαμπό	**Unscharf**
thambo	ούνΣαρφ
Θήκη	**Hülle**
thiki	χΥλε
Θολό	**Unscharf**
tholo	ούνΣαρφ
Κάλυμμα για το φακό	**Linsendeckel**
kalima ja to fako	λίνζενντεκελ
Κινηματογραφική μηχανή	**Filmapparat**
kinimatoghrafiki michani	φίλμαπαρατ
Κλείστρο	**Verschluß**
klistro	φερΣλούς
Κοντάκτ	**Kontakt**
kontakt	κοντάκτ
Λάμπα με φλας	**Blitzlampe**
lamba me flas	μπλίτσλαμπε
Μάρκα	**Marke**
marka	μάρκε
Ματ	**Matt**
mat	ματ
Μαυρόασπρο	**Schwarzweiß**
mavroaspro	Σβάρτσβαϊς
Μέγεθος	**Größe**
meghethos	γκρΕσε
Μεγέθυνση	**Vergrößerung**
meghethinssi	φεργκρΕσερουνγκ
Με περιθώρια	**Mit Rand**
me perithoria	μιτ ράντ
Μετρητής	**Zähler**
metritis	τσέλερ
Μηχανή	**Apparat**
michani	απαράτ

45. ΣΤΟ ΦΩΤΟΓΡΑΦΕΙΟ

Μπαταρία	**Batterie**
bataria	μπατερί
Μπλέκω	**Verwickeln**
bleko	φερβίκελν
Ξαναγεμίζω	**Einen neuen Film einlegen**
xanaghemizho	άϊνεν νόϊεν φιλμ άϊνλεγκεν
Ξανατυλίγω	**Wieder einwickeln**
xanatiligho	βίντερ άϊνβικελν
Ξαναφορτίζω	**Aufladen**
xanafortizho	άουφλαντεν
Πότε θα είναι έτοιμο;	**Wann wird es fertig sein?**
pote tha ine etimo?	βαν βιρντ ες φέρτιγκ ζάϊν;
Που υπάρχει φωτογραφείο, παρακαλώ;	**Wo gibt es ein Photogeschäft, bitte?**
pu iparchi fotoghafio, parakalo?	βο γκιμπτ ες άϊν φότογκεΣεφτ, μπίτε;
Ρυθμιστής	**Regulator**
rithmistis	ρεγκουλάτορ
Σλάιτς	**Dias**
slaits	ντίας
Σκόπευτρο	**Sucher**
skopeftro	ζούχερ
Σκοτεινό	**Dunkel**
skotino	ντούνκελ
Τεχνητό φως	**Technisches Licht**
technito fos	τέχνιΣες λιχτ
Τηλέμετρο	**Entfernungsmesser**
tilemetro	εντφέρνουνγκσμεσερ
Τηλεφακός	**Teleobjektiv**
tilefakos	τέλεομπγιεκτιφ
Τρίποδο	**Dreifuß**
tripodho	ντράϊφους
Τυπώνω	**Drucken**
tipono	ντρούκεν

277 46. AN DER REINIGUNG

Φακός	**Objektiv**
fakos	ομπγιεκτίφ
Φιλμ	**Film**
film	φιλμ
Φίλτρο	**Filter**
filtro	φίλτερ
Φλας	**Blitz**
flas	μπλιτς
Φως της ημέρας	**Tageslicht**
fos tis imeras	τάγκεσλιχτ
Φωτογραφία	**Photo**
fotoghrafia	φότο
Φωτογραφία ταυτότητας	**Paßphoto**
fotoghrafia taftotitas	πάσφοτο
Φωτογραφική μηχανή	**Photoapparat**
fotoghrafiki michani	φότοαπαρατ
Φωτοκύτταρο	**Photozelle**
fotokitaro	φότοτσελε
Χαρτί γκλασέ	**Illustriertes Papier**
charti glasse	ιλουστρίρτες παπίρ
Χωρίς περιθώρια	**Ohne Rand**
choris perithoria	όνε ραντ

46. ΣΤΟ ΚΑΘΑΡΙΣΤΗΡΙΟ — 46. IN DER REINIGUNG

sto katharistirio — ιν ντερ ράϊνιγκουνγκ

Αυτή τη μπλούζα θέλω να τη βάψω μπλε	**Ich möchte diese Blouse blau färben**
afti ti bluzha thelo na ti vapso ble	ιχ μΕχτε ντίζε μπλούζε μπλάου φέρμπεν
Αυτός ο λεκές δεν βγήκε	**Dieser Fleck ist nicht weggegangen**

47. ΣΤΟ ΚΟΜΜΩΤΗΡΙΟ

aftos o lekes dhen vjike

Θα βγούν αυτοί οι λεκέδες;

tha vghun afti i lekedhes?
Θέλει και σίδερο

theli ke sidhero
Λεκές
lekes
Μπορείτε να μου καθαρίσετε αυτό το λεκέ;
borite na mu katharissete afto to leke?
Πότε θα είναι έτοιμο;
pote tha ine etimo?

ντίζερ φλεκ ιστ νιχτ βέκγκεγκάνγκεν
Werden diese Flecken weggehen?
βέρντεν ντίζε φλέκεν βέκγκεεν;
Es muß auch gepügelt werden
ες μους άουχ γκεπΥγκελτ βέρντεν
Fleck
φλεκ
Können Sie mir diesen Fleck reinigen?
κΕνεν ζι μιρ ντίζεν φλεκ ράϊνιγκεν;
Wann wird es fertig sein?
βαν βιρντ ες φέρτιγκ ζάϊν;

47. ΣΤΟ ΚΟΜΜΩΤΗΡΙΟ
sto komotirio

47. BEIM FRISÖR
μπάϊμ φριζΕρ

Αλογοουρά
aloghoura
Ανταύγεια
antavghia
Απόχρωση
apochrossi
Βάψιμο μαλλιών
vapsimo malion
Βούρτσα
vurtsa
Δεν θέλω ζελέ ούτε λακ

Pferdeschwanz
πφέρντεΣβαντς
Strähnen
στρένεν
Farbton
φάρμπτον
Haarfärbung
χάαρφερμπουνγκ
Bürste
μπΥρστε
Ich möchte weder Gel noch Hairspray

47. BEIM FRISÖR

dhen thelo zhele ute lak
ιχ μΕχτε βέντερ γκελ νοχ χέρσπρεϋ

Εντριβή
entrivi
Einreibung
άϊνραϊμπουνγκ

Εχει κανένα κομμωτήριο εδώ;
echi kanena komotirio edho?
Gibt es ein Frisör hier in der Nähe?
γκιμπτ ες άϊν φριζΕρ χιρ ιν ντερ νέε;

Εχετε βαφή μαλλιών (σ'αυτό το χρώμα, ένα πιο βαθύ/ ανοιχτό χρώμα);
echete vafi malion (safto to chroma, ena pio vathi/anichto chroma)?
Haben Sie eine Haarfarbe (in dieser Farbe, in einem dunkleren/ helleren Ton)?
χάμπεν ζι άϊνε χάαρφαρμπε (ιν ντίζερ φάρμπε, ιν άϊνεμ ντούνκλερεν/ χέλερεν τον);

Είναι η σειρά σας
ine i sira sas
Sie sind dran
ζι ζιντ ντραν

Εχω πολλή πυτιρίδα
echo poli pitiridha
Ich habe viele Schuppen
ιχ χάμπε φίλε Σούπεν

Θα ήθελα να κάνω τα μαλλιά μου (περμανάντ, κατσαρά, με μπούκλες στο μέτωπο)
tha ithela na kano ta malia mu (permanant, katsara, me bukles sto metopo)
Ich möchte (Dauerwelle machen, meine Haare kraus machen, mit Locken an der Stirn)
ιχ μΕχτε (ντάουερβελε μάχεν, μάϊνε χάαρε κράους μάχεν, μιτ λόκεν αν ντερ στιρν)

Θα ήθελα να κοντύνω (τα πλαϊνά, τα πάνω)
tha ithela na kontino (ta plaina, ta pano)
Ich möchte (die Seitenhaare, die obere Haarpartie) kürzen
ιχ μΕχτε (ντι ζάϊτενχααρε, ντι όμπερε χάαρπαρτι) κΥρτσεν

Θέλω ένα ραντεβού
thelo ena rantevu
Ich möchte ein Termin
ιχ μΕχτε άϊν τερμίν

47. ΣΤΟ ΚΟΜΜΩΤΗΡΙΟ

Θέλω (να βάψω τα μαλλιά μου, να βάψω τα μαλλιά μου με χένα, να κάνω ένα ντεκαπάζ, να κουρευτώ)
thelo (na vapso ta malia mu, na vapso ta malia mu me chena, na kano ena dekapazh, na kurefto)

Ich will (meine Haare färben, meine Haare mit Henna färben, sie entfärben, sie schneiden lassen)
ιχ βιλ (μάϊνε χάαρε φέρμπεν, μάϊνε χάαρε μιτ χένα φέρμπεν, ζι εντφέρμπεν, ζι Σνάϊντεν λάσεν)

Κάνετε μου (ένα λούσιμο, ένα χτένισμα με πιστολάκι)
kanete mu (ena lussimo, ena chtenisma me pistolaki)

Ich möchte Waschen, Fönen
ιχ μΕχτε βάΣεν, φΕνεν

Κόβω
kovo

Schneiden
Σνάϊντεν

Κότσος
kotsos

Zopf
τσοπφ

Κούρεμα
kurema

Haarschneiden
χάαρΣναϊντεν

Κρεπάρω
kreparo

Toupieren
τουπίρεν

Λακ
lak

Hairspray
χέρσπρεϋ

Μαλλιά (καστανά ανοιχτά/σκούρα, λιπαρά, κατσαρά, ίσια, σπαστά, κοντά, μακριά, ξανθά, κόκκινα, μαύρα, γκρίζα, άσπρα...)
malia (kastana anichta/skura, lipara, katsara, issia, spasta, konta, makria, xantha, kokina mavra, grizha, aspra...)

Haare (hellbraune/dunkle, fettige, krause, gerade, lockige, kurze, lange, blonde, rote, schwarze, graue, weiße...)
χάαρε (χέλμπραουνε/ντούνκλε, φέτιγκε, κράουζε, γκεράντε, λόκιγκε, κούρτσε, λάνγκε, μπλόντε, ρότε, Σβάρτσε, γκράουε, βάϊσε...)

Μανικιούρ
manikiur

Manikure
μανικιούρε

47. BEIM FRISÖR

Μέτωπο	**Stirn**
metopo	στιρν
Μην τα κόψετε πολύ	**Bitte, schneiden Sie mir Haare nicht zu kurz**
min ta kopsete poli	μπίτε, Σνάϊντεν ζι μιρ ντι χάαρε νιχτ τσου κουρτς
Μιζανπλί	**Mise-en-plie**
misanpli	μιζανπλί
Μπούκλες	**Locken**
bukles	λόκεν
Να σας κοντύνω λίγο (τα γένια, τα μουστάκια, τις φαβορίτες);	**Soll ich Ihnen (den Bart, den Schnurbart, die Favoriten) ein bißchen kürzer schneiden?**
na sas kontino ligho (ta jenia, ta mustakia, tis favorites)?	ζολ ιχ ίνεν (ντεν μπαρτ, ντεν Σνούμπαρτ, ντι φαβορίτεν) άϊν μπίσχεν κΥρτσερ Σνάϊντεν;
Οχι πολύ κοντά	**Nicht zu kurz**
ochi poli konta	νιχτ τσου κουρτς
Περλέ	**Perlweiß**
perle	πέρλβαϊς
Περμανάντ	**Dauerwelle**
permanant	ντάουερβελε
Πολύ κοντά	**Sehr kurz**
poli konta	ζερ κουρτς
Πόσο κάνει ένα κούρεμα;	**Wieviel kostet ein Haarschnitt?**
posso kani ena kurema?	βίφιλ κόστετ άϊν χάαρΣνιτ;
Που υπάρχει κομμωτήριο παρακαλώ;	**Wo gibt es ein Frisör bitte?**
pu iparchi komotirio parakalo?	βο γκιμπτ ες άϊν φριζΕρ μπίτε;
Πως θέλετε να κουρευτείτε;	**Wie möchten Sie Ihre Haare schneiden ?**
pos thelete na kureftite?	βι μΕχτεν ζι ίρε χάαρε

48. ΣΤΟ ΚΟΣΜΗΜΑΤΟΠΩΛΕΙΟ 282

Σνάϊντεν;

Το νερό είναι πολύ ζεστό (κρύο) — **Das Wasser ist sehr warm (kalt)**
to nero ine poli zhesto (krio) — ντας βέτερ ιστ ζερ βαρμ (καλτ)

Τούφα μαλλιών — **Haarbüschel**
tufa malion — χάαρμπΥΣελ

Τσιμπίδι — **Haarspange**
tsimbidhi — χάρσπανγκε

Φράντζα — **Pony**
frantza — πόνι

Χτένισμα με πιστολάκι — **Fönen**
chtenisma me pistolaki — φΕνεν

Χτενίζω τα μαλλιά μου (πίσω, με χωρίστρα αριστερά/δεξιά) — **Ich kämme meine Haare (nach hinten, mit Scheitel links/ rechts)**
chtenizho ta malia mu (pisso, me choristra, aristera/ dheksia) — ιχ κέμε μάϊνε χάαρε (ναχ χίντεν, μιτ Σάϊτελ λινκς/ ρεχτς)

Ψαλίδι — **Schere**
psalidhi — Σέρε

48. ΣΤΟ ΚΟΣΜΗΜΑΤΟΠΩΛΕΙΟ — 48. BEIM JUWELIER
sto kosmimatopolio — μπάϊμ γιουβελιέρ

Αγκράφα — **Agraffe**
agrafa — αγκράφε

Αδιάβροχο — **Regenmantel**
adhiavrocho — ρέγκενμαντελ

Αλυσίδα — **Kette**
alisidha — κέτε

Αμέθυστος — **Amethyst**
amethistos — άμεθιστ

48. BEIM JUWELIER

Αναπτήρας	**Feuerzeug**
anaptiras	φόϊερτσοϊγκ
Ανθεκτικό στα χτυπήματα	**Widerstandsfähig**
anthektiko sta chtipimata	βίντερσταντσφεϊγκ
Ανοξείδωτος	**Rostfrei**
anoksidhotos	ρόστφραϊ
Αρχικά	**Initiale**
archika	ινιτσιάλε
Ασήμι	**Silber**
assimi	ζίλμπερ
Ατσάλι	**Stahl**
atsali	σταλ
Βάλε το ρολόι πέντε λεπτά (εμπρός, πίσω)	**Stell die Uhr fünf Minuten (vor, nach)**
vale to roloi pente lepta (embros, pisso)	στελ ντι ουρ φΥνφ μινούτεν (φορ, ναχ)
Βέρα	**Ehering**
vera	έερινγκ
Βραχιόλι	**Armreifen**
vrachioli	άρμραϊφεν
Δαχτυλίδι (χρυσό, ασημένιο)	**Ring (goldener, silbener)**
dhachtilidhi (chrisso, assimenio)	ρινγκ (γκόλντενερ, ζίλμπενερ)
Δείχτης (μεγάλος, μικρός)	**Zeiger (großer, kleiner)**
dhichtis (meghalos, mikros)	τσάϊγκερ (γκρόσερ, κλάϊνερ)
Δεν λειτουργεί το ξυπνητήρι	**Der Wecker funktioniert nicht**
dhen liturghi to xipnitiri	ντερ βέκερ φουνκτιονίρτ νιχτ
Δεν πηγαίνει καλά	**Es funktioniert nicht richtig**
dhen pigheni kala	ες φουνκτιονίρτ νιχτ ρίχτιγκ
Δευτερολεπτοδείχτης	**Sekundenzeiger**
dhefteroleptodhichtis	ζεκούντεντσάϊγκερ
Διαμάντι	**Diamand**
dhiamanti	ντιαμάντ

48. ΣΤΟ ΚΟΣΜΗΜΑΤΟΠΩΛΕΙΟ 284

Είναι (κομμένος ένας δείχτης του ρολογιού, σπασμένο το τζάμι) ine (komenos enas dhichtis tu rologhiu, spasmeno to tzami)	Ein Uhrzeiger ist abgebrochen, (das Glas is gebrochen) άϊν ουρτσάϊγκερ ιστ άμπγκεμπροχεν, ντας γκλας ιστ γκεμπρόχεν)
Ελατήριο elatirio	Feder φέντερ
Ελεφαντόδοντο elefantodhonto	Elfenbein έλφενμπαϊν
Επίχρυσο epichrisso	Vergoldet φεργκόλντετ
Ημιπολύτιμες πέτρες imipolitimes petres	Halbedel Steine χάλμπεντελ στάϊνε
Θήκη thiki	Hülle χΥλε
Καράτι karati	Karat καράτ
Καρφίτσα karfitsa	Stecknadel στέκναντελ
Καρφίτσα γραβάτας karfitsa ghravatas	Krawattennadel κραβάτεναντελ
Κολιέ kolie	Halsband χάλσμπαντ
Κοράλι korali	Koralle κοράλε
Κόσμημα kosmima	Schmuck Σμούκ
Κούμπωμα kumboma	Schloß Σλος
Κουτάκι kutaki	Kästchen κέστχεν
Μανικετόκουμπα maniketokumba	Manschetteknöpfe μανΣέτεκνΕπφε

48. BEIM JUWELIER

Μαργαριτάρι	Perle
margharitari	πέρλε
Μετάλλιο	Medaille
metalio	μεντάϊλ
Μηχανισμός κουρδίσματος	Aufziehmechanismus
michanismos kurdhismatos	άουφτσιμεκανίσμους
Μικρή αλυσίδα	Kleine Kette
mikri alissidha	κλάϊνε κέτε
Μπαταρία	Batterie
bataria	μπατερί
Μπορείτε (να δείτε, να διορθώσετε, να καθαρίσετε) το ρολόι μου;	Können Sie meine Uhr (sehen, reparieren, reinigen)?
borite (na dhite, na dhiorthossete, na katharissete) to roloi mu?	κΕνεν ζι μάϊνε ουρ (ζέεν, ρεπαρίρεν, ράϊνιγκεν)?
Μπορείτε (να τοποθετήσετε ένα καινούριο τζάμι, να χαράξετε αυτά τα αρχικά);	Können Sie (ein neues Glas einsetzen, diese Initiale eingravieren)?
borite (na topothetissete ena kenurghio tzami, na charaksete afta ta archika)?	κΕνεν ζι (άϊν νόϊες γκλας άϊνζετσεν, ντίζε ινιτσιάλε άϊνγκραβίρεν);
Μπορώ να έρθω (αύριο, την Τρίτη);	Kann ich (morgen, am Dienstag) kommen?
boro na ertho (avrio, tin triti)?	καν ιχ (μόργκεν, αμ ντίνσταγκ) κόμεν;
Παντατίφ	Anhänger
padatif	άνχενγκερ
Πηγαίνει δέκα λεπτά (μπροστά, πίσω) την ημέρα	Sie geht innerhalb von vierundzwanzig Stunden zehn Minuten (vor, nach)
pigheni dheka lepta (brosta, pisso) tin imera	ζι γκετ ίνερχαλμπ φον φίρουνττσβάντσιγκ στούντεν τσεν μινούτεν (φορ, ναχ)
Πλατίνα	Platin

platina
πλατίν

Πολύτιμες πέτρες
politimes petres
Edelsteine
έντελσταϊνε

Πότε θα είναι έτοιμο;
pote tha ine etimo?
Wann wird es fertig sein?
βαν βιρντ ες φέρτιγκ ζάϊν;

Ρολόι (τοίχου, χεριού)
roloi (tichu, cheriu)
Uhr (Wand-, Arm-)
ουρ (βαντ-, αρμ-)

Ρουμπίνι
rubini
Rubin
ρουμπίν

Σκουλαρίκι
skulariki
Ohrring
όρινγκ

Σμαράγδι
smaraghdhi
Smaragd
σμαράγκτ

Σπασμένο
spasmeno
Gebrochen
γκεμπρόχεν

Σταματάει πού και πού
stamatai pu ke pu
Sie bleibt ab und zu stehen
ζι μπλάϊμπτ αμπ ουντ τσου στέεν

Ταμπακιέρα
tabakiera
Tabakdose
ταμπάκντοζε

Τζάμι
tzami
Glas
γκλας

Φίλντισι
fildissi
Perlmutter
πέρλμουτερ

Χρονόμετρο
chronometro
Stoppuhr
στόπουρ

Χρυσοχόος
chrisochoos
Goldschmied
γκόλντΣμιντ

49. ΣΤΟ ΥΠΟΔΗΜΑΤΟΠΟΙΕΙΟ
sto ipodhimatopiio
49. IM SCHUHLADEN
ιμ Σούλαντεν

Είναι φαγωμένα τα τακούνια	**Die Absätze sind kaputt**
ine faghomena ta takunia	ντι άμπζετσε ζιντ καπούτ
Θα ήθελα σόλες (δερμάτινες, ελαστικές, μισές)	**Ich möchte Solen (Leder-, Gummi-, Halb-)**
tha ithela soles (dhermatines, elastikes, misses)	ιχ μΕχτε ζόλεν (λέντερ-, γκούμι-, χαλμπ-)
Θέλω να τα βάλω σε καλαπόδι, να τα ανοίξω	**Ich möchte sie auf die Schuhleisten spannen um sie zu weiten**
thelo na ta valo se kalapodhi, na ta anikso	ιχ μΕχτε ζι άουφ ντι Σούλαϊστεν σπάνεν ουμ ζι τσου βάϊτεν
Με κτυπάνε	**Sie tuen mir weh**
me ktipane	ζι τούεν μιρ βε
Μισές σόλες και τακούνια από λάστιχο	**Halbe Solen und Absätze aus Gummi**
misses soles ke takunia apo lasticho	χάλμπε ζόλεν ουντ άμπζετσε άους γκούμι
Τα φτιάχνουμε αμέσως	**Wir reparieren sie sofort**
ta ftiachnume amessos	βιρ ρεπαρίρεν ζι ζοφόρτ

50. ΣΤΟ ΚΑΤΑΣΤΗΜΑ ΟΠΤΙΚΩΝ — 50. BEIM OPTIKER

sto katastima optikon — μπάϊμ όπτικερ

Αθραυστοί φακοί	**Unzerbrechliche Gläser**
athrafsti faki	ουντσερμπρέχλιχε γκλέζερ
Βραχίονας	**Arm**
vrachionas	αρμ
Γυαλιά (ηλίου)	**Brille (Sonnen-)**
jalia (iliu)	μπρίλε (ζόνεν-)
Εσπασα τα γυαλιά μου	**Ich habe meine Brille**

51. ΚΑΤΟΙΚΙΔΙΑ ΖΩΑ

kaputt gemacht
espassa ta jalia mu
ιχ χάμπε μάϊνε μπρίλε καπούτ γκεμάχτ

Εχω (αστιγματισμό, μυωπία, πρεσβυωπία, υπερμετρωπία)
Ich habe (Astigmatismus, Kurzsichtigkeit, Weitsichigkeit, Übersichtigkeit)

echo (astighmatismo, miopia, presviopia, ipermetropia)
ιχ χάμπε (αστιγκματίσμους, κούρτσζιχτιγκκαϊτ, βάϊτζιχτιγκκαϊτ, Υμπερζίχτιγκκαϊτ)

Θήκη
thiki
Hülle
χΥλε

Κυάλια
kialia
Fernglässer
φέρνγκλεζερ

Μεγεθυντικός φακός
meghethintikos fakos
Luppe
λούπε

Συνταγή
sintaghi
Rezept
ρετσέπτ

Υγρό για φακούς επαφής
ighro ja fakus epafis
Flüßigkeit für Kontaktlinsen
φλΥσιγκκαϊτ φΥρ κοντάκτλινζεν

Φακοί επαφής
faki epafis
Kontaktlinsen
κοντάκτλινζεν

Φακός
fakos
Brillenglas
μπρίλενγκλας

Φιμέ φακοί
fime faki
Fume Linsen
φούμε λίνζεν

51. ΚΑΤΟΙΚΙΔΙΑ ΖΩΑ
katikidhia zhoa

51. HAUSTIERE
χάουστιρε

Αγριος
Wild

289 51. HAUSTIERE

aghrios	βιλντ
Αρρωστος	**Krank**
arostos	κρανκ
Αυτιά	**Ohren**
aftia	όρεν
Γάτα	**Katze**
ghata	κάτσε
Γαυγίζω	**Bellen**
ghavghizho	μπέλεν
Εμβόλιο	**Impfstoff**
emvolio	ίμπφστοφ
Επιτρέπονται τα ζώα;	**Sind Tiere erlaubt?**
epitreponte ta zhoa?	ζιντ τίρε ερλάουμπτ;
Λαγωνικό	**Jagdhund**
laghoniko	γιάγκτχουντ
Λαιμοδέτης	**Halsband**
lemodhetis	χάλσμπαντ
Λουρί	**Leine**
luri	λάϊνε
Λυκόσκυλο	**Wolfshund**
likoskilo	βόλφσχουντ
Λύσσα	**Tollwut**
lissa	τόλβουτ
Μουσούδα	**Schnauze**
musudha	Σνάουτσε
Μπασέ	**Basset**
base	μπασέ
Μπάσταρδο	**Mischlinge**
bastardho	μίΣλινγκε
Μύτη	**Nase**
miti	νάζε
Νιαουρίζω	**Miauen**
niaurizho	μιάουεν
Νύχι	**Nagel**

51. ΚΑΤΟΙΚΙΔΙΑ ΖΩΑ

nichi	νάγκελ
Ουρά	**Schwanz**
ura	Σβάντς
Ο σκύλος μου δεν δαγκώνει	**Mein Hund beißt nicht**
o skilos mu dhen dhagoni	μάϊν χουντ μπάϊστ νιχτ
Πιστοποιητικό	**Bescheinigung**
pistopiitiko	μπεΣάϊνιγκουνγκ
Πόδια	**Beine**
podhia	μπάϊνε
Πρέπει να πληρώσω κάτι επιπλέον;	**Muß ich etwas extra zahlen?**
prepi na plirosso kati epipleon?	μους ιχ έτβας έξτρα τσάλεν;
Σκυλόδοντο	**Eckzahn**
skilodhonto	έκτσαν
Σκύλος	**Hund**
skilos	χουντ
Στόμα	**Mund**
stoma	μουντ
Τροφή για γάτες (σκύλους)	**Katzenfutter (Hunde-)**
trofi ja ghates (skilus)	κάτσενφουτερ (χούντε-)
Τρίχα	**Haar**
tricha	χάαρ
Τρίχωμα	**Pelz**
trichoma	πελτς
Τσοπανόσκυλος	**Schäferhund**
tsopanoskilos	Σέφερχουντ
Υπάκουος	**Gehorsam**
ipakuos	γκεχόρζαμ
Υπάρχει κομμωτήριο σκύλων;	**Gibt es ein Hundfrisör?**
iparchi komotirio skilon?	γκιμπτ ες άϊν χούντφριζΕρ?
Φίμωτρο	**Maulkorb**
fimotro	μάουλκορμπ

52. ΣΤΗΝ ΕΚΚΛΗΣΙΑ stin eklissia	**52. IN DER KIRCHE** ιν ντερ κίρχε
Αγιος (Αγία) aghios (aghia)	**Heiliger (Heilige)** χάϊλιγκερ (χάϊλιγκε)
Αγγλικανός aglikanos	**Anglikaner** ανγκλικάνερ
Αθεος atheos	**Atheist** αθεΐστ
Αίρεση eressi	**Ketzerei** κετσεράϊ
Αμβωνας amvonas	**Sekte** ζέκτε
Απιστος, ασεβής apistos, assevis	**Ungläubig** ουνγκλόϊμπιγκ
Βασιλική vassiliki	**Basilika** μπαζίλικα
Βήμα vima	**Altar** άλταρ
Βυζαντινός ναός vizhantinos naos	**Byzantinischer Tempel** μπιζαντίνιΣερ τέμπελ
Διαμαρτυρόμενος ιερέας dhiamartiromenos iereas	**Protestantischer Priester** προτεστάντιΣερ πρίστερ
Δόγμα dhoghma	**Dogma** ντόγκμα
Εβραίος evreos	**Jude** γιούντε
Ειδωλολάτρης idhololatris	**Götzenanbeter** γκΕτσενανμπετερ
Εικόνες ikones	**Ikone** ικόνε
Εκκλησία eklissia	**Kirche** κίρχε

52. ΣΤΗΝ ΕΚΚΛΗΣΙΑ

Εξομολόγηση	**Geständnis**
eksomologhissi	γκεστέντνις
Ερανος	**Spendensammlung**
eranos	σπέντενζαμλουνγκ
Εφημέριος	**Pfarrer**
efimerios	πφάρερ
Εχει λειτουργίες με ψαλμωδίες;	**Gibt es Messen in denen Psalmen gesungen werden?**
echi liturghies me psalmodhies?	γκιμπτ ες μέσεν ιν ντένεν ψάλμεν γκεζούνγκεν βέρντεν;
Ηγούμενος (Ηγουμένη)	**Prior (Priorin)**
ighumenos (ighumeni)	πριόρ (πριόριν)
Θεός	**Gott**
theos	γκοτ
Θόλος	**Kuppel**
tholos	κούπελ
Θρησκεία	**Religion**
thriskia	ρελιγκιόν
Ιερέας	**Priester**
iereas	πρίστερ
Ιερό	**Altarraum**
iero	άλταρραουμ
(Καθολική, ορθόδοξη) εκκλησία	**(Katholike, Orthodoxe) Kirche**
(katholiki, orhodhoksi) eklissia	(κατολίκε, ορτοντόξε) κίρχε
Καλόγερος (Καλόγρια)	**Mönch (Nonne)**
kalogheros (kaloghria)	μΕνχ (νόνε)
Καμπάνα, καμπαναριό	**Glocke, Glockenturm**
kambana, kambanario	γκλόκε, γκλόκεντουρμ
Κεντρικό (βήμα, κλήτος)	**Zentraler (Altar, Kirchenschiff)**
kentriko (vima, klitos)	τσεντράλερ (άλταρ, κίρχενΣιφ)
Κήρυγμα	**Predigt**
kirighma	πρέντιγκτ

Κόγχη	**Koncha**
konchi	κόνχα
Λειτουργία	**Messe**
liturghia	μέσε
Μητρόπολη	**Kathedrale**
mitropoli	κατεντράλε
Μοναστήρι	**Kloster**
monastiri	κλόστερ
Μουσουλμάνος	**Muslim**
musulmanos	μούζλιμ
Μπορείτε να μου πείτε που βρίσκεται η πλησιέστερη εκκλησία;	**Können Sie mir sagen wo die nächste Kirche ist?**
borite na mu pite pu vriskete i plissiesteri eklissia?	κΕνεν ζι μιρ ζάγκεν βο ντι νέχστε κίρχε ιστ;
Μωαμεθανός	**Mohammedaner**
moamethanos	μοχαμεντάνερ
Ναός	**Tempel**
naos	τέμπελ
Ξωκκλήσι	**Kapelle**
xoklissi	καπέλε
Ορθόδοξος	**Orthodox**
orthodhoksos	ορτοντόξ
Παπάς	**Priester**
papas	πρίστερ
Παρεκκλήσι	**Seitenkapelle**
pareklissi	ζάϊτενκαπελε
Πάστορας	**Pastor**
pastoras	πάστορ
Πάσχα	**Oster**
pasHa	όστερ
Περιφορά του δίσκου	**Kollekte wird eingesammelt**
perifora tu dhisku	κολέκτε βιρντ άϊνγκεζαμελτ
Πλάγια κλήτη	**Seitenschiff**

52. ΣΤΗΝ ΕΚΚΛΗΣΙΑ

plaghia kliti
Ποιές ώρες έχει λειτουργία;
pies ores echi liturghia?
Που είναι (η μητρόπολη, η πλησιέστερη εκκλησία);
u ine (i mitropoli, i plissiesteri eklissia)?
Πρεσβυτέριο
presviterio
Προσευχή
prosefchi
Προσεύχομαι
prosefchome
Προτεστάντης
protestantis
Προφήτης
profitis
Ραβίνος
ravinos
Σε ποιά εκκλησία γίνεται η λειτουργία στα αγγλικά (γερμανικά, ελληνικά....);
se pia eklissia jinete i liturghia sta aglika (jermanika, elinika...)?

Συναγωγή
sinaghoghi
Τέμπλο
templo
Τζαμί
tzami
Τι ώρα αρχίζει η λειτουργία;

ti ora archizhi i liturghia?

ζάϊτενΣιφ
Wann ist die Gottesmesse?
βαν ιστ ντι γκότεσμέσε;
Wo ist (die Kathedrale, die nächste Kirche)?
βο ιστ (ντι κατεντράλε, ντι νέχστε κίρχε);
Presbyterium
πρεσμπιτέριουμ
Gebet
γκεμπέτ
Beten
μπέτεν
Protestant
προτεστάντ
Prophet
προφέτ
Rabbi
ράμπι
In welcher Kirche ist englischer, (deutscher, griechischer...) Gottesdienst?
ιν βέλχερ κίρχε ιστ ένγκλιΣερ (ντόϊτΣερ, γκρίχιΣερ...) γκότεσντινστ;
Synagoge
σιναγκόγκε
Tempel
τέμπελ
Moschee
μοΣέε
Um wieviel Uhr fängt die Messe an?
ουμ βίφιλ ουρ φένγκτ ντι

295 53. VERANSTALTUNGEN

	μέσε αν;
Τι ώρα είναι η (πρώτη, λειτουργία; ti ora ine i (proti, teleftea) liturghia?	**Wann ist die (erste, letzte Messe?** βαν ιστ ντι (έρστε, λέτστε) μέσε;
Τοιχογραφίες tichoghrafies	**Fresko** φρέσκο
Τρούλος trulos	**Kuppel** κούπελ
Υπάρχει καμιά (ορθόδοξη, καθολική) εκκλησία στην πόλη; iparchi kamia (orthodhoksi, katholiki) eklissia stin poli?	**Gibt es eine (orthodoxe, katholische) Kirche in der Stadt?** γκιμπτ ες άϊνε (ορτοντόξε, κατόλιΣε)κίρχε ιν ντερ στατ;
Χριστιανός christianos	**Christ** κριστ
Χριστούγεννα christujena	**Weihnachten** βάϊναχτεν
Ψαλμωδία psalmodhia	**Psalmgesang** ψάλμγκεζανγκ
Ψηφιδωτά psifidhota	**Mosaik** μοζαΐκ

53. ΘΕΑΜΑΤΑ / 53. VERANSTALTUNGEN

theamata / φεράνσταλτουνγκεν

Αίθουσα ethussa	**Saal** ζάαλ
Ακούω akuo	**Hören** χΕρεν
Απογευματινή παράσταση apoghevmatini parastassi	**Abendvorstellung** άμπεντφορστελουνγκ

53. ΘΕΑΜΑΤΑ

Αρια	**Arie**
aria	άριε
Αυλαία	**Vorhang**
avlea	φόρχανγκ
Βιολιστής	**Geigenspieler**
violistis	γκάϊγκενσπιλερ
Βραδυνή παράσταση	**Abendvorstellung**
vradhini parastassi	άμπεντφορστελουνγκ
Γεμάτο	**Voll**
jemato	φολ
Γκαρνταρόμπα	**Garderobe**
gardaroba	γκαρντερόμπε
Δεν μ' αρέσει να κάθομαι μπροστά, κοντά στην οθόνη	**Ich möchte nicht vorne, in der Nähe der Leinwand sitzen**
dhen maressi na kathome brosta, konta stin othoni	ιχ μΕχτε νιχτ φόρνε, ιν ντερ νέε ντερ λάϊνβαντ ζίτσεν
Δημοτικό τραγούδι	**Volkslied**
dhimotiko traghudhi	φόλκσλιντ
Διάλειμμα	**Pause**
dhialima	πάουζε
Διαρκής	**Ständig**
dhiarkis	στέντιγκ
Διαφημίσεις	**Werbungen**
dhiafimissis	βέρμπουνγκεν
Διευθυντής ορχήστρας	**Dirigent**
dhiefthintis orchistras	ντιριγκέντ
Δράμα	**Drama**
dhrama	ντράμα
Δραματουργός	**Dramatiker**
dhramaturghos	ντραμάτικερ
Εγχορδα	**Saiteninstrumente**
enchordha	ζάϊτενινστρουμέντε
Είναι ένα έργο με πέντε	**Es ist ein Stück mit fünf**

53. VERANSTALTUNGEN

πράξεις	Akten
ine ena ergho me pente praksis	ες ιστ άϊν στΥκ μιτ φΥνφ άκτεν
Εισιτήριο	**Karte**
issitirio	κάρτε
Είσοδος	**Eingang**
isodhos	άϊνγκανγκ
Εξοδος	**Ausgang**
eksodhos	άουσγκανγκ
Εξώστης	**Balkon**
eksostis	μπαλκόν
Επιθεώρηση	**Revue**
epitheorissi	ρεβγιού
Επιτυχία	**Erfolg**
epitichia	ερφόλγκ
Ερμηνευτής (Ερμηνεύτρια)	**Darsteller**
ermineftis (ermineftria)	ντάρστελερ
Ερμηνεύω	**Darstellen**
erminevo	ντάρστελεν
Εργο	**Stück**
ergho	στΥκ
Εχουμε κλείσει εισιτήρια	**Wir haben Karten reserviert**
echume klissi issitiria	βιρ χάμπεν κάρτεν ρεζερβίρτ
Η αίθουσα είναι γεμάτη	**Der Saal ist voll**
i ethussa ine jemati	ντερ ζάαλ ιστ φολ
Η παράσταση αρχίζει στις...	**Die Vorstellung beginnt um...**
i parastassi archizhi stis...	ντι φόρστελουνγκ μπεγκίντ ουμ...
Ηθοποιός (ο, η)	**Schauspieler, (Schauspielerin)**
ithopios (o, i)	Σάουσπιλερ, (Σάουσπιλεριν)
Ηταν ωραία ταινία	**Es war ein schöner Film**
itan orea tenia	ες βαρ άϊν ΣΕνερ φιλμ
Θα ήθελα μιά θέση στον...	**Ich möchte einen Platz in...**

tha ithela mia thessi ston...	ιχ μΕχτε άϊνεν πλατς ιν...
Θα πάρετε το πρόγραμμα από την ταξιθέτρια	**Sie werden das Program von der Platzanweiserin bekommen**
tha parete to proghrama apo tin taksithetria	ζι βέρντεν ντας προγκράμ φον ντερ πλάτσανβάϊζεριν μπεκόμεν
Θα σας πείραζε να μετακινηθείτε μια θέση αριστερά, παρακαλώ;	**Stört es Sie sich einen Platz nach links zu setzen bitte?**
tha sas pirazhe na metakinithite mia thessi aristera, parakalo?	στΕρτ ες ζι ζιχ άϊνεν πλατς ναχ λινκς τσου ζέτσεν, μπίτε;
Θαυμάσιο παίξιμο	**Perfektes Spielen**
thavmassio peksimo	περφέκτες σπίλεν
Θεατής	**Zuschauer**
theatis	τσούΣαουερ
Θεατρικό έργο	**Theaterstück**
theatriko ergho	τεάτερστΥκ
Θέση	**Platz**
thessi	πλατς
Θέση πλατείας	**Platz im Parkett**
thessi platias	πλατς ιμ παρκέτ
Θεωρείο	**Loge**
theorio	λόγκε
Θίασος	**Schauspielertruppe**
thiassos	Σάουσπιλερτρουπε
Καθίσματα	**Plätze**
kathismata	πλέτσε
Καλλιτέχνης	**Künstler**
kalitechnis	κΥνστλερ
Καμαρίνι	**Garderobenzimmer**
kamarini	γκαρντερόμπεντσιμερ
Καμπαρέ	**Kabare**
kabare	καμπαρέ

53. VERANSTALTUNGEN

Καζίνο kazhino	**Kazino** καζίνο
Κείμενο kimeno	**Text** τεξτ
Κερκίδα kerkidha	**Sitzreihe** ζίτσραϊε
Κινηματογραφικό συνεργείο kinimatoghrafiko sinerghio	**Filmteam** φίλμτιμ
Κινηματογράφος kinimatoghrafos	**Kino** κίνο
Κινούμενα σχέδια kinumena sHedhia	**Cartoon** καρτούν
Κλασικός χορός klassikos choros	**Klassisches Ballett** κλάσιΣες μπαλέτ
Κλειστό klisto	**Geschlossen** γκεΣλόσεν
Κονσέρτο konserto	**Konzert** κοντσέρτ
Κουκλοθέατρο kuklotheatro	**Puppentheater** πούπεντεάτερ
Κουστούμια kustumia	**Kostüme** κοστΥμε
Κράτηση θέσης kratissi thessis	**Platzreservierung** πλάτσρεζερβίρουνγκ
Κρατώ θέση krato thessi	**Platz reservieren** πλατς ρεζερβίρεν
Κριτική kritiki	**Kritik** κριτίκ
Κριτικός kritikos	**Kritiker** κρίτικερ
Κρουστά krusta	**Schlaginstrumente** Σλάγκινστρουμέντε
Κωμωδία komodhia	**Komödie** κομΕντιε

Λαϊκό τραγούδι laiko traghudhi	**Volkslied** φόλκσλιντ
Λαϊκός καλλιτέχνης laikos kalitechnis	**Volkskünstler** φόλκσκΥνστλερ
Λαϊκός χορός laikos choros	**Volkstanz** φόλκσταντς
Λυπάμαι, όλα τα εισιτήρια έχουν πουληθεί lipame, ola ta issitiria echun pulithi	**Es tut mir leid, alle Karten sind verkauft** ες τουτ μιρ λάϊντ, άλε κάρτεν ζιντ φερκάουφτ
Μαέστρος maestros	**Dirigent** ντιριγκέντ
Μακιγιέρ makijer	**Maskenbildner** μάσενμπιλντερ
Μελόδραμα melodhrama	**Melodrama** μελοντράμα
Μεταγλωτισμένη ταινία metaghlotismeni tenia	**Synchronisierter Film** σινκρονιζίρτερ φιλμ
Μου δίνετε ένα πρόγραμμα; mu dhinete ena proghrama?	**Geben Sie mir ein Program?** γκέμπεν ζι μιρ άϊν προγκράμ;
Μουσική (δωματίου) mussiki (dhomatiu)	**Musik (Kammer)** μουζίκ (κάμερ)
Μουσικός mussikos	**Musiker** μούζικερ
Μπαλέτο baleto	**Ballet** μπαλέτ
Μου άρεσε πολύ mu aresse poli	**Es hat mir sehr gut gefallen** ες χατ μιρ ζερ γκούτ γκεφάλεν
Μου αρέσει η κλασική μουσική mu aressi i klassiki mussiki	**Mir gefällt die klassische Musik** μιρ γκεφέλτ ντι κλάΣισε μουζίκ
Ντεκόρ dekor	**Dekoration** ντεκορατσιόν

53. VERANSTALTUNGEN

Ντισκοτέκ	**Disko**
diskotek	ντίσκο
Ντοκυμαντέρ	**Dokumentarfilm**
dokimanter	ντοκουμεντάρφιλμ
Νυχτερινό κέντρο	**Nachtlokal**
nichterino kentro	νάχτλοκαλ
Οι ηθοποιοί ήταν θαυμάσιοι	**Die Schauspieler waren hervorragend**
i ithopii itan thavmassii	ντι Σάουσπιλερ βάρεν χερφόραγκεντ
Οθόνη	**Bildschirm**
othoni	μπίλντΣιρμ
Οπερα (μπούφα)	**Oper**
opera (bufa)	όπερ
Οπερέτα	**Operette**
opereta	οπερέτε
Ουρά	**Schlange**
ura	Σλάνγκε
Πάμε στο θέατρο απόψε;	**Gehen wir heute ins Theater?**
pame sto theatro apopse?	γκέεν βιρ χόϊτε ινς τεάτερ;
Παραδοσιακός χορός	**Volkstanz**
paradhossiakos choros	φόλκσταντς
Παρασκήνια	**Kulissen**
paraskinia	κουλίσεν
Παράσταση	**Vorstellung**
parastassi	φόρστελουνγκ
Παράσταση απογευματινή	**Nachmittagsvorstellung**
parastassi apoghevmatini	νάχμιταγκσφορστελουνγκ
Περιπέτεια	**Abenteuer**
peripetia	άμπεντόϊερ
Πίστα χορού	**Tanzfläche**
pista choru	τάντσφλεχε
Πλατεία	**Parkett**
platia	παρκέτ

Πλήρες plires	**Voll** φολ
Πνευστά pnefsta	**Blasinstrumente** μπλάσινστρουμέντε
Ποια ταινία έχει απόψε στον κινηματογράφο; pia tenia echi apopse ston kinimatoghrafo?	**Welcher Film läuft heute im Kino?** βέλχερ φιλμ λόϊφτ χόϊτε ιμ κίνο;
Πιο συγκρότημα παίζει απόψε; pio sigrotima pezhi apopse?	**Welche Gruppe spielt heute?** βέλχε γκρούπε σπίλτ χόϊτε;
Ποιός (έγραψε το έργο, είναι ο διευθυντής της ορχήστρας/ ο σκηνοθέτης/ ο παραγωγός); pios (eghrapse to ergho, ine o dhiefthintis tis orchistras/ o skinothetis/ o paraghoghos);	**Wer (hat das Stück geschrieben, ist der Dirigent/der Regisseur/der Produzent)?** βερ (χατ ντας στΥκ γκεΣρίμπεν, ιστ ντερ ντιριγκέντ / ντερ ρεζιζΕρ / ντερ προντουτσέντ);
Πόσο κάνει η είσοδος; posso kani i issodhos?	**Wieviel kostet der Eintritt?** βίφιλ κόστετ ντερ άϊντριτ;
Πότε αρχίζει η ταινία; pote archizhi i tenia?	**Wann beginnt der Film?** βαν μπεγκίντ ντερ φιλμ;
Πράξη praksi	**Akt** ακτ
Πρεμιέρα premiera	**Premiere** πρεμιέρε
Πρόγραμμα proghrama	**Programm** προγκράμ
Πρώτος εξώστης protos eksostis	**Erster Rang** έρστερ ρανγκ
Πρωτότυπη απόδοση prototipi apodhossi	**Originale Wiedergabe** οριγκινάλε βίντεργκαμπε
Ρόλος	**Role**

rolos ρόλε

Σας αρέσουν οι λαϊκοί χοροί και τα τραγούδια; **Gefallen Ihnen die Volkstänze und die Liede?**
sas aressun i laiki chori ke ta traghudhia? γκεφάλεν ίνεν ντι φόλκστέντσε ουντ ντι λίντε;

Σειρά (ουρά) **Reihe (Schlange)**
sira (ura) ράϊε (Σλάνγκε)

Σειρά (καθίσματα) **Reihe (Plätze)**
sira (kathismata) ράϊε (πλέτσε)

Σε ποιόν κινηματογράφο παίζεται η ταινία...; **In welchem Kino läuft der Film...?**
se pion kinimatoghrafo pezhete i tenia...? ιν βέλχεμ κίνο λόϊφτ ντερ φιλμ...;

Σενάριο **Drehbuch**
senario ντρέμπουχ

Σεναριογράφος **Drehbuchautor**
senarioghrafos ντρέμπουχαουτόρ

Σινεμά **Kino**
sinema κίνο

Σκηνή **Szene**
skini τσένε

Σκηνογραφία **Bühnenbild**
skinoghrafia μπΥνενμπιλντ

Σκηνογράφος **Bühnenbildner**
skinoghrafos μπΥνεμπίλντνερ

Σκηνοθεσία **Regie**
skinothessia ρεζί

Σκηνοθέτης **Regisseur**
skinothetis ρεζισΕρ

Σολίστ **Solist**
solist σολίστ

Σονάτα **Sonate**
sonata σονάτε

53. ΘΕΑΜΑΤΑ

Σοπράνο	**Sopran**
soprano	σοπράν
Συγγραφέας	**Schriftsteller**
sigrafeas	Σρίφτστελερ
Συγκρότημα	**Gruppe**
sigrotima	γκρούπε
Συνθέτης	**Komponist**
sinthetis	κομπονίστ
Συμφωνία	**Symponie**
simfonia	σιμφονί
Συναυλία	**Konzert**
sinavlia	κοντσέρτ
Τα κονσέρτα του... αρχίζουν την...	**Die Konzerte von ... beginnen am...**
ta kontserta tu...archizhun tin...	ντι κοντσέρτε φον...μπεγκίνεν αμ...
Ταξιθέτρια	**Platzanweiserin**
taksithetria	πλάτσανβάϊζεριν
Ταμείο	**Kasse**
tamio	κάσε
Τελευταία πρόβα	**Generalprobe**
teleftea prova	γκενεράλπρομπε
Τελευταίος εξώστης	**Letzter Balkon**
telefteos eksostis	λέτστερ μπαλκόν
Τι παίζεται απόψε;	**Was läuft heute?**
ti pezhete apopse?	βας λόϊφτ χόϊτε;
Τίτλοι	**Titel**
titli	τίτελ
Τι ώρα αρχίζει η παράσταση/ η συναυλία;	**Wann beginnt die Vostellung/ das Konzert?**
ti ora archizhi i parastassi/ i sinavlia?	βαν μπεγκίντ ντι φόρστελουνγκ/ ντας κοντσέρτ;
Τραγούδι	**Lied**

53. VERANSTALTUNGEN

traghudhi	λίντ
Τραγουδιστής (Τραγου-δίστρια)	**Sänger (Sängerin)**
traghudhistis (traghudhistria)	ζένγκερ (ζένγκεριν)
Τραγωδία	**Tragödie**
traghodhia	τραγκΕντιε
Τσίρκο	**Zirkus**
tsirko	τσίρκους
Υπαίθριος κινηματογράφος	**Kino im Freien**
ipethrios kinimatoghrafos	κίνο ιμ φράϊεν
Υπερώο	**Rang**
iperoo	ρανγκ
Υποβολέας	**Souffleur**
ipovoleas	σουφλΕρ
Υπότιτλοι	**Untertitel**
ipotitli	ούντερτιτελ
Φεστιβάλ	**Festival**
festival	φεστιβάλ
Φουαγιέ	**Foyer**
fuaje	φουαγιέ
Φωνή	**Stimme**
foni	στίμε
Χειροκροτώ	**Applaudieren**
chirokroto	απλαουντίρεν
Χειροκρότημα	**Applaus**
chirokrotima	απλάουζ
Χορευτής (Χορεύτρια)	**Tänzer (Tänzerin)**
choreftis (choreftria)	τέντσερ (τέντσεριν)
Χορός	**Tanz**
choros	ταντς
Χορωδία	**Chor**
chorodhia	kor
Ψυχαγωγία	**Unterhaltung**
psichaghojia	ουντερχάλτουνγκ

54. ΤΥΧΕΡΑ ΠΑΙΧΝΙΔΙΑ	54. GLÜCKSPIELE
tichera pechnidhia	γκλΥκσπιλε
Ασος	**Ass**
assos	ας
Αλογα	**Pferde**
alogha	πφέρντε
Βαλές	**Bube**
vales	μπούμπε
Γκανιάν	**Auf das erste Pferd wetten**
ganian	άουφ ντας έρστε πφέρντ βέτεν
Ζάρια	**Würfel**
zharia	βΥρφελ
Θα ηθελα να παίξω πόκερ	**Ich möchte Poker spielen**
tha ithela na pekso poker	ιχ μΕχτε πόκερ σπίλεν
Θέλετε να παίξουμε ένα σκάκι;	**Möchten Sie Schach spielen?**
thelete na peksume ena skaki?	μΕχτεν ζι Σαχ σπίλεν;
Ιπποδρομίες	**Pferderennen**
ipodhromies	πφέρντερένεν
Ιππόδρομος	**Pferderennbahn**
ipodhromos	πφέρντερενμπαν
Καζίνο	**Kazino**
kazhino	καζίνο
Καλπασμός	**Galopp**
kalpasmos	γκαλόπ
Καρώ	**Karo**
karo	καρό
Κερδίζω	**Gewinnen**
kerdhizho	γκεβίνεν
Κούπα	**Herz**
kupa	χερτς

54. GLÜCKSPIELE

Λοταρία	**Lotterie**
lotaria	λοτερί
Μπαστούνι	**Piek**
bastuni	πικ
Μπιλιάρδο	**Billiard**
biliardho	μπίλιαρντ
Μπουκ μέηκερ	**Book-maker**
bukmeiker	μπουκμέϊκερ
Μπριτζ	**Bridge**
britz	μπριτζ
Ντάμα	**Dame**
dama	ντάμε
Ντάμα	**Damespiel**
dama	ντάμεσπιλ
Νταμιέρα	**Schachbrett**
damiera	Σάχμπρετ
Παίζετε μπιλιάρδο;	**Spielen Sie Billiard?**
pezhete biliardho?	σπίλεν ζι μπίλιαρντ;
Παίζω	**Spielen**
pezho	σπίλεν
Παρτίδα	**Partie**
partidha	παρτί
Παιχνίδι	**Spiel**
pechnidhi	σπιλ
Πλασέ	**Auf das zweite Pferd wetten**
plase	άουφ ντας τσβάϊτε πφέρντ βέτεν
Πιόνι	**Spielfiguren**
pioni	σπίλφιγκουρεν
Πόκερ	**Poker**
poker	πόκερ
Ρήγας	**König**
righas	κΕνιγκ
Ρουλέτα	**Rulette**
ruleta	ρουλέτ

55. Η ΕΞΟΧΗ, ΤΟ ΒΟΥΝΟ

Σκάκι	**Schach**
skaki	Σαχ
Σκακιέρα	**Schachbrett**
skakiera	Σάχμπρετ
Σπαθί	**Schwert**
spathi	Σβερτ
Τάβλι	**Backgammon**
tavli	μπακγκάμον
Τράπουλα	**Karten**
trapula	κάρτεν
Τροχασμός	**Trab**
trochasmos	τραμπ
Τυχερά παιχνίδια	**Glücksspiele**
tichera pechnidhia	γκλΥκσπιλε
Υπάρχει ιππόδρομος;	**Gibt es eine Pferderennbahn?**
iparchi ipodhromos?	γκιμπτ ες άϊνε πφέρντερενμπαν;
Χάνω	**Verlieren**
chano	φερλίρεν
Χαρτιά	**Karten**
chartia	κάρτεν
Χαρτοπαιχτική λέσχη	**Spielhölle**
chartopechtiki lesHi	σπίλχΕλε
Χρώμα	**Farbe**
chroma	φάρμπε

55. Η ΕΞΟΧΗ, ΤΟ ΒΟΥΝΟ ## 55. DAS LAND, DER BERG

i eksochi, to vuno   ντας λαντ, ντερ μπέργκ

Αγκάθι	**Dorn**
agathi	ντορν

309 55. DAS LAND, DER BERG

Αγρόκτημα	**Gehöft**
aghroktima	γκεχΕφτ
Αμπέλι	**Weinberg**
ambeli	βάϊνμπεργκ
Αμπελώνας	**Weinberg**
ambelonas	βάϊνμπεργκ
Ανατολή	**Sonnenaufgang**
anatoli	ζόνεναουφγκανγκ
Ανθισμένο	**Geblüht**
anthismeno	γκεμπλΥτ
Αργυλώδες	**Lehmig**
arghilodhes	λέμιγκ
Αρδευση	**Bewässerung**
ardhefsi	μπεβέσερουνγκ
Ασβεστώδης	**Kalkstein**
asvesthodhis	κάλκσταϊν
Αχλαδιά	**Birnbaum**
achladhja	μπίρνμπαουμ
Βαλανιδιά	**Eiche**
valanidhia	άϊχε
Βασάλτης	**Basalt**
vassaltis	μπαζάλτ
Βάτα	**Dornengebüsch**
vata	ντόρνεργκεμπΥΣ
Βοσκός	**Schäfer**
voskos	Σέφερ
Βράχος	**Felsen**
vrachos	φέλζεν
Βρώμη	**Hafer**
vromi	χάφερ
Γκρεμός	**Steilhang**
gremos	στάϊλχανγκ
Γρανίτης	**Granit**
ghranitis	γκρανίτ

55. Η ΕΞΟΧΗ, ΤΟ ΒΟΥΝΟ

Δάσος	**Wald**
dhassos	βαλντ
Δασώδες	**Waldige Gegend**
dhassodhes	βάλτιγκε γκέγκεντ
Δέντρο	**Baum**
dhentro	μπάουμ
Δημητριακά	**Getreide**
dhimitriaka	γκετράϊντε
Δροσιά	**Kühle**
dhrossia	κΥλε
Δύση	**Sonnenuntergang**
dhissi	ζόνενουντεργκανγκ
Εκτάριο	**Hektar**
ektario	εκτάρ
Ελατο	**Tannenbaum**
elato	τάνενμπαουμ
Ελιά	**Olivenbaum**
elia	ολίβενμπαουμ
Ελος	**Sumpf**
elos	σουμπφ
Εντομο	**Insekt**
entomo	ινζέκτ
Εργα αρδευτικά	**Bewässerungsanlage**
ergha ardheftika	μπεβέσερουνγκσανλαγκε
Εχει καταστήματα εδώ;	**Gibt es hier Geschäfte?**
echi katastimata edho?	γκιμπτ ες χιρ γκεΣέφτε;
Ζαχαρότευτλο	**Zuckerrübe**
zhacharoteftlo	τσούκερΥμπε
Ζώα ήμερα	**Haustiere**
zhoa imera	χάουστιρε
Ζώνες πεδιάδων	**Flache Zonen**
zhones pedhiadhon	φλάχε τσόνεν
Ηλιοβασίλεμα	**Sonnenuntergang**
iliovassilema	ζόνενουντεργκανγκ

Ηλιος	**Sonne**
ilios	ζόνε
Ηφαίστειο	**Vulkan**
ifestio	βουλκάν
Θεριζοαλωνιστική μηχανή	**Erntemaschine**
therizholalonistiki michani	έρντεμαΣινε
Θερισμός	**Ernte**
therismos	έρντε
Καλάμι	**Schilf**
kalami	Σιλφ
Καλαμπόκι	**Mais**
kalaboki	μάϊς
Κάμπος	**Flaches Land**
kambos	φλάχες λαντ
Καπνός	**Rauch**
kapnos	ράουχ
Καταρράκτης	**Wasserfall**
kataraktis	βάσερφαλ
Καταφύγιο	**Berghütte**
katafighio	μπέργκχΥτε
Κελάδημα	**Gezwitscher**
keladhima	γκετσβίτΣερ
Κερασιά	**Kirschbaum**
kerassia	κίρΣμπαουμ
Κήπος	**Garten**
kipos	γκάρτεν
Κλαδί	**Zweig**
kladhi	τσβάϊγκ
Κοιλάδα	**Tal**
kiladha	ταλ
Κοπάδι	**Herde**
kopadhi	χέρντε
Κορμός	**Stamm**
kormos	σταμ

55. Η ΕΞΟΧΗ, ΤΟ ΒΟΥΝΟ

Κορυφή	**Spitze**
korifi	σπίτσε
Κριθάρι	**Gerste**
krithari	γκέρστε
Λαχανικά	**Gemüse**
lachanika	γκεμΥζε
Λεμονιά	**Zitronenbaum**
lemonia	τσιτρόνενμπαουμ
Λιβάδι	**Wiese**
livadhi	βίζε
Λίμνη	**See**
limni	ζε
Λίπασμα	**Düngemittel**
lipasma	ντΥνγκενμιτελ
Λουλούδι	**Blume**
luludhi	μπλούμε
Λόφος	**Hügel**
lofos	χΥγκελ
Μανιτάρι	**Pilz**
manitari	πιλτς
Μέλισσα	**Biene**
melissa	μπίνε
Μηλιά	**Apfelbaum**
milia	άπφελμπαουμ
Μπουμπούκι	**Knospe**
bubuki	κνόσπε
Μύγα	**Fliege**
migha	φλίγκε
Μυρμήγκι	**Ameise**
mirmighi	αμάϊζε
Ξύλο	**Holz**
xilo	χόλτς
Οξυά	**Buche**
oksia	μπούχε

55. DAS LAND, DER BERG

Ορειβασία	**Bergsteigen**
orivassia	μπέργκσταϊγκεν
Ορεινός	**Gebirgig**
orinos	γκεμπίργκιγκ
Ορίζοντας	**Horizont**
orizhontas	χοριζόντ
Οροπέδιο	**Hochebene**
oropedhio	χόχεμπενε
Πεδιάδα	**Ebene**
pedhiadha	έμπενε
Περιοχή	**Gegend**
periochi	γκέγκεντ
Περίπατος	**Spaziergang**
peripatos	σπατσίργκανγκ
Περίχωρα	**Umgebung**
perichora	ούμγκεμπουνγκ
Πέρα	**Drüben**
pera	ντρΥμπεν
Πέτρωμα	**Versteinerung**
petroma	φερστάϊνερουνγκ
Πεύκο	**Kiefer**
pefko	κίφερ
Πηγάδι	**Brunnen**
pighadhi	μπρούνεν
Πηγή	**Quelle**
pighi	κβέλε
Πλαγιά	**Abhang**
plaja	άμπχανγκ
Πλάτανος	**Platane**
platanos	πλατάνε
Ποιά είναι τα κύρια προϊόντα που παράγετε;	**Welche sind die Hauptprodukte die Sie erzeugen?**
pia ine ta kiria proionta pu	βέλχε ζιντ ντι χάουπτ-

paraghete?	προντούκτε ντι ζι ερτσόϊγκεν;
Πορτοκαλιά	**Orangenbaum**
portokalia	οράνζενμπαουμ
Πόσοι άνθρωποι ζουν και εργάζονται εδώ;	**Wieviele Leute leben und arbeiten hier?**
possi anthropi zhun ke erghazhonte edho?	βίφιλε όϊτε λέμπεν ουντ άρμπαϊτεν χιρ;
Ποτάμι	**Fluß**
potami	φλους
Πουλί	**Vogel**
puli	φόγκελ
Πρασινάδα	**Grün**
prassinadha	γκρΥν
Προσοχή σκύλος	**Vorsicht, Hund**
prosochi skilos	φόρζιχτ, χουντ
Πύργος	**Turm**
pirghos	τουρμ
Ρυάκι	**Bach**
riaki	μπαχ
Ρύζι	**Reis**
rizhi	ράϊς
Σανός	**Heu**
sanos	χόϊ
Σιτάρι	**Weizen**
sitari	βάϊτσεν
Σιτηρά	**Getreide**
sitira	γκετράϊντε
Σιτοβολώνας	**Getreidespeicher**
sitovolonas	γκετράϊντεσπάϊχερ
Σκιά	**Schatten**
skia	Σάτεν
Σκοτάδι	**Dunkelheit**
skotadhi	ντούνκελχαϊτ
Σπήλαιο	**Höhle**

spileo	χΕλε
Στάβλος	**Stall**
stavlos	σταλ
Συκιά	**Feigenbaum**
sikia	φάϊγκενμπαουμ
Συνεταιρισμός	**Gewerkschaft**
sineterismos	γκεβέρκΣαφτ
Σφίγγα	**Wespe**
sfiga	βέσπε
Τοπίο	**Landschaft**
topio	λάντΣαφτ
Τρύγος	**Weinlese**
trighos	βάϊνλεζε
Τσίμπημα	**Stich**
tsimbima	στιχ
Τσουκνίδα	**Brennessel**
tsuknidha	μπρένεζελ
Υψος	**Höhe**
ipsos	χΕε
Φοίνικας	**Palme**
finikas	πάλμε
Φράκτης	**Zaun**
fraktis	τσάουν
Φρουτοκαλλιέργεια	**Obstanbau**
frutokalierghia	όμπστανμπαου
Φύλλο	**Blatt**
filo	μπλατ
Φυτά	**Pflanzen**
fita	πφλάντσεν
Φυτεία	**Plantage**
fitia	πλαντάζε
Φωλιά	**Nest**
folia	νεστ
Φως	**Licht**

56. ΣΤΗ ΘΑΛΑΣΣΑ

fos	λιχτ
Χαλίκι	**Kieselstein**
chaliki	κίζελσταϊν
Χαράδρα	**Schlucht**
charadhra	Σλούχτ
Χείμαρρος	**Wildbach**
chimaros	βίλντμπαχ
Χλόη	**Rasen**
chloi	ράζεν
Χωράφι	**Feld**
chorafi	φέλντ
Ψαρόλιθος	**Sandstein**
psarolithos	ζάντσταϊν

56. ΣΤΗ ΘΑΛΑΣΣΑ — 56. AM MEER
sti thalassa — άμ μερ

Ακρογιαλιά	**Strand**
akrojalia	στραντ
Ακτή	**Küste**
akti	κΥστε
Άμμος	**Sand**
amos	ζαντ
Απόκρημνη όχθη	**Steilufer**
apokrimni ochthi	στάϊλούφερ
Βατραχοπέδιλα	**Flosse**
vatrachopedhila	φλοσε
Βοήθεια!	**Hilfe!**
voithia!	χίλφε!
Βότσαλα	**Kieselsteine**
votsala	κίζελσταϊνε
Βουτάω	**Tauchen**

317 56. AM MEER

vutao	τάουχεν
Βουτιά	**Untertauchen**
vutao	ούντερταουχεν
Ηλίαση	**Sonnenstich**
iliassi	ζόνενστιχ
Ηλιοβασίλεμα	**Sonnenuntergang**
iliovassilema	ζόνενουντεργκανγκ
Ηλιοθεραπεία	**Sich sonnen**
iliotherapia	ζιχ ζόνεν
Θαλάσσιο σκι/ ποδήλατο	**Wasser Ski/Wassertretrad**
thalassio ski/ podhilato	βάσερ Σι / βάσερτρετραντ
Κάνω μπάνιο	**Ich schwimme**
kano banio	ιχ Σβίμε
Κολπίσκος	**Kleine Bucht**
kolpiskos	κλάϊνε μπουχτ
Καράβι	**Schiff**
karavi	Σιφ
Κολύμπι	**Schwimmen**
kolimbi	Σβίμεν
Κολυμπώ	**Schwimmen**
kolimbo	Σβίμεν
Κύμα	**Welle**
kima	βέλε
Λιμάνι	**Hafen**
limani	χάφεν
Μαγιό	**Badenanzug**
majo	μπάντεναντσουγκ
Μάσκα	**Tauchermaske**
maska	τάουχερμασκε
Μαυρίζω	**Ich werde braun**
mavrizho	ιχ βέρντε μπράουν
Μαύρισμα	**Braun werden**
mavrisma	μπράουν βέρντεν
Παλίρροια	**Gezeiten**

paliria	γκέτσαϊτεν
Παραλία	**Strand**
paralia	στράντ
Πατώνω	**Ich kann stehen**
patono	ιχ καν στέεν
Πετσέτα	**Tuch**
petseta	τούχ
Πλοίο	**Boot**
plio	μποτ
Πνίγομαι	**Ertrinken**
pnighome	ερτρίνκεν
Σέρφινγκ	**Serfing**
serfing	σέρφινγκ
Σωσίβιο	**Rettungsring**
sossivio	ρέτουνγκσρινγκ
Ωκεανός	**Ozean**
okeanos	ότσεαν

57. ΚΥΝΗΓΙ ΚΑΙ ΨΑΡΕΜΑ — 57. JAGT UND FISCHEN

kinighi ke psarema — γιάγκτ ουντ φίΣεν

Αγκίστρι — **Angelhaken**
agistri — άνγκελχακεν

Ακουμπώ το τουφέκι στον ώμο — **Ich schultere mein Gewehr**
akumbo to tufeki ston omo — ιχ Σούλτερε μάϊν γκεβέρ

Ανοιξε το κυνήγι; — **Hat die Jagdperiode angefangen?**
anikse to kinighi? — χατ ντι γιάγκτπεριοντε άνγκεφάνγκεν,

Αορτήρας — **Schulterriemen**
aortiras — Σούλτεριμεν

319 57. JAGT UND FISCHEN

Απαγορεύται το κυνήγι apaghorevete to kinighi	**Jagen verboten** γιάγκεν φερμπότεν
Δάσος dhassos	**Wald** βαλντ
Δόλωμα dholoma	**Köder** κΕντερ
Θηροφύλακας thirofilakas	**Wächter** βέχτερ
Καλάμι του ψαρέματος kalami tu psarematos	**Fischerangel** φίΣεραγκελ
Καραμπίνα karabina	**Karabiner** καραμπίνερ
Καρτέρι karteri	**Pirsch** πίρΣ
Καταφύγιο katafighio	**Zufluchtsort** τσούφλουχτσορτ
Κόκορας του τουφεκιού kokoras tu tufekiu	**Abzugshahn** άμπτσουγκσχαν
Κοντάκι kontaki	**Gewehrkolben** γκεβέρκολμπεν
Κοπάδι σκύλων kopadhi skilon	**Meute** μόϊτε
Κρούστης krustis	**Schlagbolzen** Σλάγκμπολτσεν
Κυνηγέσιο kinighessio	**Jägerisch** γιέγκεριΣ
Κυνηγετική άδεια kinighetiki adhia	**Jagderlaubnis** γιάγκτερλάουμπνις
Κυνηγετική περιοχή kinighetiki periochi	**Jadgrevier** γιάγκτρεβιρ
Κυνηγετικό σκυλί kinighetiko skili	**Jagdhund** γιάγκτχουντ
Κυνηγός kinighos	**Jäger** γιέγκερ

58. ΣΠΟΡ 320

Οπλο	**Gewehr**
oplo	γκεβέρ
Παγανιά	**Jägerschar**
paghania	γιέγκερΣαρ
Πιστολιά	**Pistolenschuß**
pistolia	πιστόλενΣους
Σκάγια	**Schrot**
skaja	Σροτ
Σφαίρα	**Kugel**
sfera	κούγκελ
Συνάντηση	**Treffen**
sinantissi	τρέφεν
Υποβρύχιο ψάρεμα	**Unterwasserfischen**
ipovrichio psarema	ούντερβασερφιΣεν

58. ΣΠΟΡ — 58. SPORT

spor — σπορτ

Αγώνας	**Wettkampf**
aghonas	βέτκαμπφ
Αγώνας δρόμου 100 μέτρων	**Hundertmeterlauf**
aghonas dhromu ekato metron	χούντερμετερλαουφ
Αγώνες ταχύτητας	**Rennen**
aghones tachititas	ρένεν
Αγωνίσματα στίβου	**Leichtathletik**
aghonismata stivu	λάϊχταθλέτικ
Αγωνιστικό έλκηθρο	**Rennschlitten**
aghonistiko elkithro	ρένΣλιτεν
Αθλητισμός	**Sport**
athlitismos	σπορτ
Αθλητική συνάντηση	**Sportveranstaltung**
athlitiki sinantissi	σπόρτφερανσταλτουνγκ

58. SPORT

Ακοντισμός	**Speerwerfen**
akontismos	σπέρβερφεν
Αλμα εις ύψος/μήκος	**Hochsprung/ Weitsprung**
alma is ipsos/mikos	όχσπρουνγκ/ βάϊτσπρουνγκ
Αλμα τριπλούν	**Dreiersprung**
alma triplun	ντράϊερσπρουνγκ
Αλμα επί κοντώ	**Stabhochsprung**
alma epi konto	στάμπχοχσπρουνγκ
Αλογο	**Pferd**
alogho	πφερντ
Αμυντικοί	**Verteidiger**
amintiki	φερτάϊντιγκερ
Ανάβαση	**Besteigung**
anavassi	μπεστάϊγκουνγκ
Ανεμοπορία	**Segelfliegerei**
anemoporia	ζέγκελφλιγκεραϊ
Ανεμόπτερο	**Segelflugzeug**
anemoptero	ζέγκελφλουγκτσοϊγκ
Αντίπαλος	**Gegner**
antipalos	γκέγκνερ
Αποκλεισμός	**Aussperrung**
apoklismos	άουσπερουνγκ
Αρση βαρών	**Gewichtheben**
arsi varon	γκεβίχτχεμπεν
Βάδην	**Gehen**
vadhin	γκέεν
Βάζω γκολ	**Tor werfen**
vazho gol	τορ βέρφεν
Βάρη	**Gewichte**
vari	γκεβίχτε
Βαρέων βαρών	**Schwergewicht**
vareon varon	Σβέργκεβιχτ
Βελτιώνω το ρεκόρ μου	**Ich verbessere meinen Rekord**

58. ΣΠΟΡ

veltiono to rekor mu	ιχ φερμπέσερε μάϊνεν ρέκορντ
Βολή	**Wurf**
voli	βουρφ
Βουτιά	**Kopfsprung**
vutia	κόπφσπρουνγκ
Γήπεδο	**Sportplatz**
ghipedho	σπόρτπλατς
Γκολ	**Tor**
gol	τορ
Γκολφ	**Golf**
golf	γκολφ
Γραμμή τέρματος	**Ziellinie**
ghrami termatos	τσίλλινιε
Γραμμή του γηπέδου	**Stadionlinie**
ghrami tu ghipedhu	στάντιονλινιε
Γυμναστική	**Gymnastik**
jimnastiki	γκιμνάστικ
Γύρος	**Runde**
ghiros	ρούντε
Δέκα χιλιάδες μέτρα βάδην	**Zehn Tausend Meter Gehen**
dheka chiliadhes metra vadhin	τσεν τάουζεντ μέτερ γκέεν
Δέκαθλο	**Zehnkampf**
dhekathlo	τσένκαμπφ
Διαγραφή	**Sperrung**
dhiaghrafi	σπέρουνγκ
Διαδρομή	**Strecke**
dhiadhromi	στρέκε
Διαιτητής	**Schiedsrichter**
dhietitis	Σίντσριχτερ
Δίζυγο	**Barren**
dhizhigho	μπάρεν
Δισκοβολία	**Diskuswerfen**
dhiskovolia	ντίσκουσβερφεν
Δίχτυ	**Netz**

dhichti — νετς

Δοκιμή — **Versuch**
dhokimi — φερζούχ

Δοκός ισορροπίας — **Schwebelbalken**
dhokos issoropias — Σβέμπελμπαλκεν

Δρομέας — **Läufer**
dhromeas — λόϊφερ

Δρόμος (μετ' εμποδίων) — **Hürdenlauf**
dhromos (metembodhion) — χΥρντενλαουφ

Είμαι ποδοσφαιρόφιλος — **Ich bin Fußballfan**
ime podhosferofilos — ιχ μπιν φουσμπαλφαν

Εκατόν δέκα μέτρα με εμπόδια — **Hundertzehn Meter Hürdenlauf**
ekaton dheka metra embodhia — χούντερτσεν μέτερ χΥρντενλαουφ

Εκχιονιστήρας — **Schneeflug**
ekchionistiras — Σνέφλουγκ

Ελαφρών βαρών — **Leichte Gewichte**
elafron varon — λάϊχτε γκεβίχτε

Ελεύθερες ασκήσεις — **Freie Übungen**
eleftheres askissis — φράϊε Υμπουνγκεν

Επιθετικοί — **Angreifer**
epithetiki — άνγκραϊφερ

Επόπτης γραμμών — **Linienrichter**
epoptis ghramon — λίνιενριχτερ

Ευρωπαϊκό πρωτάθλημα — **Europa Meisterschaft**
evropaiko protathlima — οϊρόπα μάϊστερΣαφτ

Ημίχρονο (πρώτο, δεύτερο) — **Halbzeit (erste, zweite)**
imichrono (proto, dheftero) — χάλμπτσαϊτ (έρστε, τσβάϊτε)

Η ομάδα...ισοφάρισε το σκόρ — **Die Gemeinschaft... hat das Skor ausgeglichen**
i omadha...issofarisse to skor — ντι γκεμάϊνΣαφτ... χατ ντας σκορ άουσγκεγκλιχεν

Ημιτελικός κυπέλλου — **Halbfinalle**

imitelikos kipelu	χάλμπφιναλε
Ηττα	**Verlust**
ita	φερλούστ
Θα αναμεταδοθεί ο αγώνας από την τηλεόραση	**Das Spiel wird vom Fernsehen übertragen**
tha anametadhothi o aghonas apo tin tileorassi	ντας σπιλ βιρντ φομ φέρνζεεν Υμπερτράγκεν
Θαλάσσιο σκι	**Wasserski**
thalassio ski	βάσερΣι
Ιππασία	**Reiten**
ipassia	ράϊτεν
Ιπποδρομία	**Pferderennen**
ipodhromia	πφέρντερενεν
Ιπποδρόμιο	**Pferderennbahn**
ipodhromio	πφέρντερενμπαν
Ιππος	**Pferd**
ipos	πφερντ
Ισοπαλία	**Unentschieden**
issopalia	ούνεντΣιντεν
Ιστιοσανίδα	**Surfbrett**
istiossanidha	σέρφμπρετ
Ιστιοφόρο σκάφος	**Segelboot**
istioforo skafos	ζέγκελμποτ
Κανώ για σέρφινγκ	**Brett zum surfen**
kano ja serfing	μπρετ τσουμ σέρφεν
Κάνω ιππασία/σκι	**Ich reite / ich laufe Ski**
kano ipassia/ski	ιχ ράϊτε / ιχ λάουφε Σι
Καταδύσεις	**Tauchen**
katadhissis	τάουχεν
Κατάρτι	**Mast**
katarti	μαστ
Κατέρριψε το ρεκόρ	**Er hat den Rekord gebrochen**
kateripse to rekor	ερ χατ ντεν ρεκόρντ γκεμπρόχεν
Κατηγορία φτερού	**Federkategorie**

58. SPORT

kathighoria fteru	φέντερκατεγκορι
Κατς	**Kats**
kats	κατς
Κερδίζω με διαφορά βαθμών	**Ich gewinne mit Punktunterschied**
kerdhizho me dhiafora vathmon	ιχ γκεβίνε μιτ πούνκτουντερΣιντ
Κερδίσατε καθαρά	**Sie haben klar gewonnen**
kerdhissate kathara	ζι χάμπεν κλαρ γκεβόνεν
Κολύμβηση	**Schwimmen**
kolimvissi	Σβίμεν
Κολυμβητήριο	**Schwimmbad**
kolimvitirio	Σβίμμπαντ
Κολύμπι	**Schwimmen**
kolimbi	Σβίμεν
Κόρνερ	**Eckball**
korner	έκμπαλ
Κρίκοι	**Ringe**
kriki	ρίνγκε
Κρόουλ	**Kraul**
kro-ul	κράουλ
Κωπηλασία	**Rudern**
kopilassia	ρούντερν
Κύπελλο	**Pokal**
kipelo	ποκάλ
Λέσχη	**Klub**
lesHi	κλουμπ
Λιφτ	**Lift**
lift	λιφτ
Μαραθώνιος δρόμος	**Marathonlauf**
marathonios dhromos	μάρατονλαουφ
Ματς	**Spiel**
mats	σπιλ
Μεσαίων βαρών	**Mittelgewicht**

messeon varon	μίτελγκεβιχτ
Μίνι γκολφ	**Mini Golf**
mini golf	μίνι γκολφ
Μονόζυγο	**Reck**
monozhigho	ρεκ
Μοτοσικλετιστικός αγώνας	**Motorradrennen**
motossikletistikos aghonas	μοτόραντρενεν
Μπάλα ποδοσφαίρου	**Fußball**
bala podhosferu	φούσμπαλ
Μπαλάκια του τένις	**Tennisbälle**
balakia tu tenis	τένισμπελε
Μπάσκετ μπολ	**Basketball**
basketbol	μπάσκετμπαλ
Μπαστούνι του γκολφ	**Golfschläger**
bastuni tu golf	γκόλφΣλεγκερ
Μποξ	**Boxen**
box	μπόξεν
Μπότες για το χιόνι	**Schneestiefel**
botes ja to chioni	Σνέστιφελ
Νίκη	**Sieg**
niki	ζιγκ
Ξιφομαχία	**Fechten**
xifomachia	φέχτεν
Ο αγώνας τελείωσε ισοπαλία μηδέν μηδέν	**Der Kampf hat unentschieden geendet**
o aghonas teliosse issopalia midhen midhen	ντερ καμπφ χατ ούνεντ-Σίντεν γκεέντετ
Ο διαιτητής ανακοίνωσε ένα λεπτό παράταση του παιχνιδιού	**Der Schiedsrichter hat eine Minute Spielverlängerung bekannt gegeben**
o dhietitis anakinosse ena lepto paratassi tu pechnidhiu	ντερ Σίντσριχτερ χατ άϊνε μινούτε σπίλφερλένγκερουνγκ μπεκάντ γκεγκέμπεν
Ολυμπιακοί Αγώνες	**Olympische Spiele**

58. SPORT

olimpiaki aghones | ολίμπιΣε σπίλε
Ομάδα | **Gemeinschaft**
omadha | γκεμάϊνΣαφτ
Όμιλος | **Verein**
omilos | φεράϊν
Οπαδοί | **Anhänger**
opadhi | άνχενγκερ
Οργυιά | **Klafter**
orja | κλάφτερ
Ορειβασία | **Bergsteigen**
orivassia | μπέργκσταϊγκεν
Οφσάιντ | **Abseits**
ofsaid | άμπζαϊτς
Παγοδρομία | **Schlittschuhlaufen**
paghodhromia | ΣλίτΣουλαουφεν
Παγοδρόμιο | **Eisbahn**
paghodhromio | άϊσμπαν
Παγοπέδιλα | **Schlittschuhe**
paghopedhila | ΣλίτΣουε
Παίζω | **Spielen**
pezho | σπίλεν
Παιχνίδι | **Spiel**
pechnidhi | σπιλ
Παίχτης | **Spieler**
pechtis | σπίλερ
Πάλη | **Kampf**
pali | καμπφ
Πατινάζ | **Schlittschuhlaufen**
patinazh | ΣλίτΣουλαουφεν
Πέναλτι | **Strafschuß**
penalti | στράφΣους
Πένταθλο | **Fünfkampf**
pentathlo | φΥνφκαμπφ
Πεταλούδα | **Schmetterling**

58. ΣΠΟΡ

petaludha	Σμέτερλινγκ
Πετώ	**Fliegen**
peto	φλίγκεν
Πηδάλιο	**Steuer**
pidhalio	στόϊερ
Πίστα	**Piste**
pista	πίστε
Πινγκ-πονγκ	**Ping-Pong**
ping-pong	πινγκ-πονγκ
Ποδηλασία	**Radfahren**
podhilassia	ράντφαρεν
Ποδηλατικός αγώνας	**Radrennen**
podhilatikos aghonas	ράντρενεν
Ποδήλατο	**Fahrrad**
podhilato	φάραντ
Ποδηλατοδρόμιο	**Radrennbahn**
podhilatodhromio	ράντρενμπαν
Ποδοσφαιριστής	**Fußballspieler**
podhosferistis	φούσμπαλσπιλερ
Ποδόσφαιρο	**Fußball**
podhosfero	φούσμπαλ
Ποια είναι τα πιο δημοφιλή σπορ στην χώρα σας;	**Welche sind die beliebtesten Sportarten in ihrem Land?**
pia ine ta pio dhimofili spor stin chora sas?	βέλχε ζιντ ντι μπελίμπτεστεν σπόρταρτεν ιν ίρεμ λαντ;
Πόλο	**Polo**
polo	πόλο
Πορεία	**Wandern**
poria	βάντερν
Πόσο κάνει η είσοδος;	**Wieviel kostet der Eintritt?**
posso kani i issodhos?	βίφιλ κόστετ ντερ άϊντριτ;
Προπόνηση	**Training**
proponissi	τρέϊνινγκ

58. SPORT

Προπονητής
proponitis
Trainer
τρέϊνερ

Πρωτάθλημα
protathlima
Meisterschaft
μάϊστερΣαφτ

Ρακέτα
raketa
Schläger
Σλέγκερ

Ράγκμπι
ragbi
Ragby
ράγκμπι

Ρεκόρ
rekor
Rekord
ρέκορ

Ρινγκ
ring
Ring
ρινγκ

Ρίχνω
richno
Werfen
βέρφεν

Σεντερφόρ
senterfor
Mittelangreifer
μίτελανγκραϊφερ

Σεντερχάφ
senterchaf
Mittelfeldspieler
μίτελφελντσπιλερ

Σκι
ski
Ski
Σι

Σκυταλοδρομία
skitalodhromia
Staffellauf
στάφελαουφ

Σλάλομ
slalom
Slalom
σλάλομ

Σπρίντερ
sprinter
Sprinter
σπρίντερ

Στάδιο
stadhio
Stadium
στάντιουμ

Στοιχηματίζω
stichimatizho
Wetten
βέτεν

Συνάντηση
sinantissi
Treffen
τρέφεν

Σφαιροβολία
sferovolia
Kugelstoßen
κούγκελστοσεν

Σφυροβολία	**Hammerwerfen**
sfirovolia	χάμερβερφεν
Τελικός κυπέλλου	**Finalle**
telikos kipelu	φινάλε
Τένις	**Tennis**
tenis	τένις
Τέρμα	**Tor**
terma	τορ
Τερματοφύλακας	**Torwart**
termatofilakas	τόρβαρτ
Υδατοσφαίριση	**Wasserball**
idhatosferissi	βάσερμπαλ
Υπτιο	**Rückenschwimmen**
iptio	ρΥκενΣβιμεν
Φιλέ	**Netz**
file	νετς
Χάνω	**Verlieren**
chano	φερλίρεν
Χάντικαπ	**Nachteil**
handikap	νάχταϊλ
Χόκεϊ επί πάγου/χόρτου	**Eishockey/Hockey**
chokei epi paghu/chortu	άϊσχοκεϊ/χόκεϊ
Χρονόμετρο	**Stoppuhr**
chronometro	στόπουρ

59. ΚΑΜΠΙΝΓΚ — 59. CAMPING

camping — κάμπινγκ

Βαλιτσάκι πρώτων βοηθειών	**Sanitätskasten**
valitsaki proton voithion	ζανιτέτσκαστεν
Βρύση	**Wasserhahn**

vrissi	βάσερχαν
Γαλλικό κλειδί	**Rohrschlüssel**
ghaliko klidhi	ρόρΣλΥσελ
Δοχείο απορριμμάτων	**Mühlkorb**
dhochio aporimaton	μΥλκορμπ
Εντατήρας	**Spanner**
entatiras	σπάνερ
Εξοπλισμός για κάμπινγκ	**Kampingausrüstung**
eksoplismos ja kamping	κάμπινγκαουσρΥστουνγκ
Ζεστό νερό	**Warmes Wasser**
zhesto nero	βάρμες βάσερ
Εχετε θέση;	**Haben Sie einen Platz?**
echete thessi?	χάμπεν ζι άϊνεν πλατς;
Θέλουμε να μείνουμε... μέρες	**Wir möchten... Tagen bleiben**
thelume na minume... meres	βιρ μΕχτεν... τάγκεν μπλάϊμπεν
Θέρμανση	**Heizung**
thermansi	χάϊτσουνγκ
Καμινέτο	**Spirituskocher**
kamineto	σπίριτουσκοχερ
Καρέκλα	**Stuhl**
karekla	στουλ
Κατηγορία	**Kategorie**
katighoria	κατεγκορί
Κατσαβίδι	**Schraubenzieher**
katsavidhi	Σράουμπεντσίερ
Κατσαρόλα	**Topf**
katsarola	τοπφ
Κεριά	**Kerzen**
keria	κέρτσεν
Κουβέρτα	**Bettdecke**
kuverta	μπέτντεκε
Κουνουπιέρα	**Moskitonetz**
kunupiera	μοσκίτονετς

59. ΚΑΜΠΙΝΓΚ

Κουτάλι	**Löfel**
kutali	λΕφελ
Κρεμάστρα	**Kleiderbügel**
kremastra	κλάϊντερμπΥγκελ
Κρύο νερό	**Kaltes Wasser**
krio nero	κάλτες βάσερ
Κύπελλο	**Becher**
kipelo	μπέχερ
Λάμπα (θυέλλης)	**Lampe (Gewitter)**
lamba (thielis)	λάμπε (γκεβίτερ)
Λαστιχένιο στρώμα	**Gummimatraze**
lastichenio stroma	γκούμιματράτσε
Μανταλάκια	**Wäscheklammer**
mantalakia	βέΣεκλάμερ
Μαχαίρι	**Messer**
macheri	μέσερ
Μέρος	**Ort**
meros	ορτ
Μουσαμάς	**Wachstuch**
mussamas	βάχστουχ
Ντους	**Dusche**
dus	ντούΣε
Οινόπνευμα	**Alkohol**
inopnevma	αλκοχόλ
Παγούρι	**Feldflasche**
paghuri	φέλντφλαΣε
Πάσσαλος σκηνής	**Zeltpfahl**
passalos skinis	τσέλτφαλ
Πηρούνι	**Gabel**
piruni	γκάμπελ
Πιατικά	**Geschirr**
piatika	γκεΣίρ
Πιάτο	**Teller**
piato	τέλερ

Πισίνα
pissina
Schwimmbad
Σβίμμπαντ

Πλυντήριο
plintirio
Waschmaschine
βάΣμαΣινε

Ποια είναι η τιμή την ημέρα (κατ' άτομο, για το αυτοκίνητο, για τη σκηνή, για το τροχόσπιτο);
pia ine i timi tin imera (katatomo, ja to aftokinito, ja ti skini, ja to trochospito)?
Wieviel kostet ein Tag (pro Person, für das Auto, für das Zelt, für den Wohnwagen)?
βίφιλ κόστετ άϊν ταγκ (προ περζόν, φΥρ ντας άουτο, φΥρ ντας τσελτ, φΥρ ντεν βόνβαγκεν);

Πόσα βολτ είναι;
possa volt ine?
Wieviel Volt ist es?
βίφιλ βολτ ιστ ες;

Πόσιμο νερό
possimo nero
Trinkwasser
τρίνκβασερ

Ποτήρι
potiri
Glas
γκλας

Που μπορώ να στήσω τη σκηνή μου;
pu boro na stisso ti skini mu?
Wo kann ich mein Zelt aufbauen?
βο καν ιχ μάϊν τσελτ άουφμπαουεν;

Πρίζα
prizha
Steckdose
στέκντοζε

Πυξίδα
piksidha
Kompaß
κόμπας

Ράντζο
rantzo
Klappbett
κλάπμπετ

Ρυμούλκα
rimulka
Anhänger
άνχενγκερ

Σακίδιο
sakidhio
Rücksack
ρΥκζακ

Σεζλόγκ
seslong
Liegestuhl
λίγκεστουλ

59. ΚΑΜΠΙΝΓΚ

Σεντόνια	**Bettlaken**
sentonia	μπέτλακεν
Σερβίτσια	**Geschirr**
servitsia	γκεΣιρ
Σκηνή	**Zelt**
skini	τσελτ
Σκουπιδοντενεκές	**Mühleimer**
skupidhontenekes	μΥλαϊμερ
Σπίρτα	**Streichhölzer**
spirta	στράϊχΕλτσερ
Στήλος σκηνής	**Zeltpfahl**
stilos skinis	τσέλτφαλ
Στρώμα	**Matraze**
stroma	ματράτσε
Σύνδεση	**Verbindung**
sindhessi	φερμπίντουνγκ
Σφυρί	**Hammer**
sfiri	χάμερ
Τενεκές	**Blech**
tenekes	μπλεχ
Τιρμπουσόν	**Flaschenöffner**
tirbusson	φλάΣενΕφνερ
Τοποθεσία	**Ort**
topothessia	ορτ
Τουαλέτες	**Toiletten**
tualetes	τοϊλέτεν
Τροχόσπιτο	**Wohnwagen**
trochospito	βόνβαγκεν
Τσάντα με εργαλεία	**Werkzeugkasten**
tsanta me erghalia	βέρκτσοϊγκκαστεν
Τσεκούρι	**Axt**
tsekuri	αξτ
Υπάρχει κατάστημα τροφίμων;	**Gibt es ein Supermarkt?**
	γκιμπτ ες άϊν ζούπερμαρκτ;

iparchi katastima trofimon?
Υπάρχει φύλακας τη νύχτα; **Gibt es ein Wächter in der Nacht?**
iparchi filakas ti nichta? γκιμπτ ες άϊν βέχτερ ιν ντερ ναχτ;

Υπνοσάκος **Schlafsack**
ipnossakos Σλάφζακ
Φακός **Taschenlampe**
fakos τάΣενλαμπε
Φαρμακείο **Apotheke**
farmakio αποτέκε
Φιάλη υγραερίου **Gas Flasche**
fiali ighraeriu γκάς φλάΣε
Φλυτζάνι **Tasse**
flitzani τάσε
Φύλακας **Wächter**
filakas βέχτερ
Χαρτί υγείας **Toilettenpapier**
charti ijias τοϊλέτενπαπίρ
Ψυγείο **Kühlschrank**
psijio κΥλΣρανκ

60. ΣΤΟ ΓΙΑΤΡΟ **60. BEIM ARZT**
sto jatro μπάϊμ άρτστ

Ανάλυση αίματος **Blutuntersuchung**
analissi ematos μπλούτουντερζούχουνγκ
Αναπνεύστε βαθιά **Atmen Sie tief ein**
anapnefste vathia άτμεν ζι τιφ άϊν
Αναπνοή **Atmung**
anapnoi άτμουνγκ
Ανοίξτε το στόμα **Machen Sie den Mund auf**

60. ΣΤΟ ΓΙΑΤΡΟ

anikste to stoma	μάχεν ζι ντεν μούντ άουφ
Από πότε αισθάνεστε έτσι;	**Seit wann fühlen Sie sich so?**
apo pote esthaneste etsi?	ζάϊτ βαν φΥλεν ζι ζιχ ζο;
Ασθενής	**Krank**
asthenis	κρανκ
Ασθενοφόρο	**Krankenwagen**
asthenoforo	κράνκενβαγκεν
Ας μετρήσουμε τη θερμοκρασία	**Lassen Sie uns die Temperatur messen**
as metrissume ti thermokrassia	λάσεν ζι ουνς ντι τεμπερατούρ μέσεν
Βήξτε	**Husten Sie**
vikste	χούστεν ζι
Βήχετε	**Sie husten**
vichete	ζι χούστεν
Δεν αισθάνομαι καλά	**Ich fühle mich nicht wohl**
dhen esthanome kala	ιχ φΥλε μιχ νιχτ βολ
Δεν κοιμάμαι καλά	**Ich schlafe nicht gut**
dhen kimame kala	ιχ Σλάφε νιχτ γκουτ
Δεν θα ταξιδέψετε για ... ημέρες	**Sie werden für... Tagen nicht reisen dürfen**
dhen tha taxidhepsete ja... meres	ζι βέρντεν φΥρ... τάγκεν νιχτ ράϊζεν ντΥρφεν
Δεν το κουνάω καθόλου	**Ich werde niergendwo hingehen**
dhen to kunao katholu	ιχ βέρντε νίργκεντβο χίνγκεεν
Δεν υπάρχει κάταγμα	**Es ist kein Bruch**
dhen iparchi kataghma	ες ιστ κάϊν μπρουχ
Δέχεστε κάθε μέρα;	**Haben Sie jeden Tag Sprechstunden?**
dhecheste kathe mera?	χάμπεν ζι γιέντεν ταγκ σπρέχστουντεν;
Εγχείρηση	**Operation**

60. BEIM ARZT

enchirissi
οπερατσιόν

Είμαι άρρωστος
ime arostos
Ich bin krank
ιχ μπιν κρανκ

Είμαι έγγυος
ime engios
Ich bin schwanger
ιχ μπιν Σβάνγκερ

Είμαι καρδιακός
ime kardhiakos
Ich bin herzkrank
ιχ μπιν χέρτσκρανκ

Είμαι κρυωμένος
ime kriomenos
Ich bin erkältet
ιχ μπιν ερκέλτετ

Είναι μεταδοτική αυτή η αρρώστια;
ine metadhotiki afti i arostia?
Ist diese Krankheit ansteckend?
ιστ ντίζε κράνκχαϊτ άνστεκεντ;

Είναι τίποτα σοβαρό;
ine tipota sovaro?
Ist es etwas Ernstes?
ιστ ες έτβας έρνστες;

Εκοψα το πόδι μου σε ένα γυαλί
ekopsa to podhi mu se ena jali
Ich habe mein Bein an einem Glas geschnitten
ιχ χάμπε μάϊν μπάϊν αν άϊνεμ γκλας γκεΣνίτεν

Επεσα κάτω
epessa kato
Ich bin hingefallen
ιχ μπιν χινγκεφάλεν

Εχει γιατρό το ξενοδοχείο;
echi jatro to xenodhochio?
Hat das Hotel einen Arzt?
χατ ντας χοτέλ άϊνεν άρτστ;

Εχετε κάνει αντιτετανικό εμβόλιο;
echete kani antitetaniko emvolio?
Sind Sie gegen Tetanus geimpft?
ζιντ ζι γκέγκεν τέτανους γκεϊμπφτ;

Εχετε πάθει μόλυνση
echete pathi molinsi
Sie sind infiziert
ζι ζιντ ινφιτσίρτ

Εχω αϋπνίες
echo aipnies
Ich kann nicht schlafen
ιχ καν νιχτ Σλάφεν

Εχω βαρυστομαχιά μετά τα γεύματα
echo varistomachia meta
Ich habe nach dem Essen einen schweren Magen
ιχ χάμπε ναχ ντεμ έσεν

ta ghevmata — άϊνεν Σβέρεν μάγκεν

Εχω (ένα δυνατό πόνο εδώ, ένα φοβερό πονοκέφαλο, εντερικές ανωμαλίες, ιλίγγους, καούρες στο στομάχι, κολικούς, ναυτία, πόνους, πυρετό, ρίγη) — **Ich habe (einen starken Schmerz hier, furchtbare Kopfschmerzen, Darmstörungen, Schwindelgefühle, Magenbrennen, Übelkeit, Fieber, Schüttelfrost)**

echo (ena dhinato pono edho, ena fovero ponokefalo, enterikes anomalies, iligus, kaures sto stomachi, kolikus, naftia, ponus, pireto, righi) — ιχ χάμπε (άϊνεν στάρκεν Σμερτς χιρ, φούρχτμπαρε κόπφΣμερτσεν, ντάρμστΕρουνγκεν, ΣβίντελγκεφΥλε, μάγκενμπρενεν, Υμπελκαϊτ, φίμπερ, ΣΥτελφροστ)

Εχω κάνει εμετό — **Ich habe erbrochen**

echo kani emeto — ιχ χάμπε ερμπρόχεν

Θα πρέπει να εισαχθείτε στο νοσοκομείο και να υποβληθείτε σε γενικές εξετάσεις... — **Sie müssen ins Krankenhaus und sich einer allgemeinen Untersuchung unterziehen...**

tha prepi na issachthite sto nossokomio ke na ipovlithite se jenikes eksetassis... — ζι μΥσεν ινς κράνκενχαους ουντ ζιχ άϊνερ άλγκεμαϊνεν ουντερζούχουνγκ ουντερτσίεν...

Θα σας κάνω μία ένεση — **Ich werde Ihnen eine Spritze geben**

tha sas kano mia enessi — ιχ βέρντε ίνεν άϊνε σπρίτσε γκέμπεν

Θα σας δώσω μία συνταγή — **Ich werde Ihnen ein Rezept schreiben**

tha sas dhosso mia sintaghi — ιχ βέρντε ίνεν άϊν ρετσέπτ Σράϊμπεν

Θεραπεία — **Therapie**

therapia — τεραπί

Κόπηκα με ένα κομμάτι γυαλί — **Ich habe mich mit einem Stück Glas geschnitten**

kopika me ena komati jali
ιχ χάμπε μιχ μιτ άϊνεμ στΥκ γκλας γκεΣνίτεν

Κουτσαίνω
kutseno
Ich humpele
ιχ χούμπελε

Να δω τη γλώσσα σας
na dho ti ghlossa sas
Ich will Ihre Zunge sehen
ιχ βιλ ίρε τσούνγκε ζέεν

Κάνω εμετό κάθε πρωί
kano emeto kathe proi
Ich erbreche jeden Morgen
ιχ ερμπρέχε γιέντεν μόργκεν

Κλιματικό κέντρο ανάρρωσης
klimatiko kentro anarossis
Genesungsheim
γκενέζουνγκσχαϊμ

Μέχρι να γίνετε καλά, να αναρρώσετε
mechri na jinete kala, na anarossete
Bis es Ihnen wieder gut geht
μπις ες ίνεν βίντερ γκουτ γκετ

Μου έχει κοπεί εντελώς η όρεξη
mu echi kopi entelos i oreksi
Ich habe gar keinen Appetit
ιχ χάμπε γκαρ κάϊνεν απετίτ

Μου μπήκε μια ακίδα στο χέρι
mu bike mia akidha sto cheri
Ich habe einen Spliter in die Hand
ιχ χάμπε άϊνεν σπλίτερ ιν χινάϊνγκεγκανγκεν ντι χαντ

Μου πονάει το στομάχι
mu ponai to stomachi
Ich habe Magenschmerzen
ιχ χάμπε μάγκενΣμερτσεν

Μπορείτε να καλέσετε ένα γιατρό, παρακαλώ;
borite na kalessete ena jatro, parakalo?
Können Sie bitte einen Arzt holen?
κονεν ζι μπίτε άϊνεν άρτστ χόλεν;

Μπορείτε να μου δώσετε μερικά υπνωτικά χάπια;
borite na mu dhossete merika ipnotika chapia?
Können Sie mir ein paar Schlaftabletten geben?
κΕνεν ζι μιρ άϊν παρ Σλάφταμπλετεν γκέμπεν;

Μπορώ να συνεχίσω το ταξίδι μου;
Kann ich weiter reisen?

60. ΣΤΟ ΓΙΑΤΡΟ

boro na sinechisso to taxidhi mu?
καν ιχ βάϊτερ ράϊζεν;

Να βγάλω το θερμόμετρο; **Soll ich das Thermometer rausnehmen?**
na vghalo to thermometro?
ζολ ιχ ντας τερμομέτερ ράουσνεμεν;

Να μετρήσω το σφυγμό σας; **Darf ich Ihren Puls messen?**
na metrisso to sfighmo sas?
νταρφ ιχ ίρεν πούλς μέσεν;

Νιώθω καλύτερα **Ich fühle mich besser**
niotho kalitera
ιχ φΥλε μιχ μπέσερ

Νοσοκομείο **Krankenhaus**
nossokomio
κράνκενχαους

Νοσοκόμος (Νοσοκόμα) **Krankenpfleger (Krankenpflegerin)**
nossokomos (nossokoma)
κράνκενπφλέγκερ (κράνκενπφλέγκεριν)

Νυχτερινή νοσοκόμα **Nachtschwester**
nichterini nossokoma
νάχτΣβεστερ

Ξαπλώστε, παρακαλώ **Legen Sie sich bitte hin**
xaploste, parakalo
λέγκεν ζι ζιχ μπίτε χιν

Ξεντυθείτε μέχρι τη μέση και ξαπλώστε εδώ **Ziehen Sie IhreBluse aus und legen Sie sich hier hin**
xentithite mechri ti messi ke xaploste edho
τσίεν ζι ίρε μπλούζε άους ουντ λέγκεν ζι ζιχ χιρ χιν

Ποια είναι η αμοιβή σας, γιατρέ; **Wie hoch ist Ihr Honorar, Herr Doktor?**
pia ine i amivi sas, jatre?
βι χοχ ιστ ιρ χονοράρ, χερ ντόκτορ;

Ποιες ώρες δέχεται ο γιατρός; **Wann hat der Doktor Sprechstunden?**
pies ores dhechete o jatros?
βαν χατ ντερ χερ ντόκτορ σπρέχστουντεν;

Πονάω (εδώ, στην κοιλιά, **Es habe Schmerzen (hier,**

60. BEIM ARZT

στην πλάτη, στο κεφάλι, στο λαιμό)
ponao (edho, stin kilia, stin plati, sto kefali, sto lemo)

im Bauch, am Rücken, im Kopf, im Hals)
ες χάμπε Σμέρτσεν (χιρ, ιμ μπάουχ, αμ ρΥκεν, ιμ κοπφ, ιμ χαλς)

Πόσο καιρό θα μείνω εδώ;
posso kero tha mino edho?

Wie lange werde ich hier bleiben?
βι λάνγκε βέρντε ιχ χιρ μπλάϊμπεν;

Πόσος καιρός θα χρειαστεί για να γίνω καλά;
possos keros tha chriasti ja na jino kala?

Wie lange wird es dauern bis ich mich wieder gut fühle?
βι λάνγκε βιρντ ες ντάουερν μπις ιχ μιχ βίντερ γκουτ φΥλε;

Πότε θα έρθει ο γιατρός;
pote tha erthi o jatros?
Wann kommt der Arzt?
βαν κομτ ντερ άρτστ;

Πότε θα πρέπει να ξανάρθω;
pote tha prepi na xanartho?
Wann muß ich wieder kommen?
βαν μους ιχ βίντερ κόμεν;

Που είναι το πλησιέστερο φαρμακείο;
pu ine to plissiestero farmakio?
Wo ist die nächste Apotheke?
βο ιστ ντι νέχστε αποτέκε;

Πρέπει να γίνει εγχείρηση
prepi na jini enchirissi
Eine Operation muß gemacht werden
άϊνε οπερατσιόν μους γκεμάχτ βέρντεν

Πρέπει να γίνουν αναλύσεις
prepi na jinun analissis
Untersuchungen müssen gemacht werden
ουντερζούχουνγκεν μΥσεν γκεμάχτ βέρντεν

Πρέπει να κάνετε μια ακτινογραφία
prepi na kanete mia aktino-
Sie müssen eine Röntaufnahme machen
ζι μΥσεν άϊνε ρΕνταουφναμε

ghrafia	μάχεν
Πρέπει να κάνετε αντιτετανικό εμβόλιο	**Sie müssen eine Tetanus Spritze bekommen**
prepi na kanete antitetaniko emvolio	ζι μΥσεν άϊνε τέτανους σπρίτσε μπεκόμεν
Πρέπει να μείνετε μερικές μέρες στο κρεβάτι	**Sie müssen ein paar Tagen im Bett bleiben**
prepi na minete merikes meres sto krevati	ζι μΥσεν άϊν παρ τάγκεν ιμ μπετ μπλάϊμπεν
Πρέπει να μείνω στο κρεβάτι;	**Muß ich im Bett bleiben?**
prepi na mino sto krevati?	μους ιχ ιμ μπετ μπλάϊμπεν;
Πρέπει να πάρω φάρμακα;	**Muß ich Medikamente einnehmen?**
prepi na paro farmaka?	μους ιχ μεντικαμέντε άϊνεμεν;
Πρέπει να πάτε στο νοσοκομείο	**Sie müssen ins Krankenhaus gehen**
prepi na pate sto nossokomio	ζι μΥσεν ινς κράνκενχαους γκέεν
Στραμπούληξα τον αστράγαλό μου	**Ich habe meinen Knöchel verrenkt**
strabuliksa ton astraghalo mu	ιχ χάμπε μάϊνεν κνΕχελ φερένκτ
Συνταγή	**Rezept**
sintaghi	ρετσέπτ
Σφυγμός	**Puls**
sfighmos	πούλς
Τι σας οφείλω;	**Was schulde ich Ihnen?**
ti sas ofilo?	βας Σούλντε ιχ ίνεν;
Τι φάρμακα έχετε χρησιμοποιήσει;	**Welche Medikamente haben Sie eingenommen?**
ti farmaka echete chrissimopiissi?	βέλχε μεντικαμέντε χάμπεν ζι άϊνγκενόμεν;

343 61. DER KÖRPER

Τι ώρα δέχεστε;	**Wann haben Sie Sprechstunden?**
ti ora dhecheste?	βαν χάμπεν ζι σπρέχστουντεν;
Φάρμακο	**Medikament**
farmako	μεντικαμέντ
Φταρνίζομαι συνέχεια	**Ich niese ständig**
ftarnizhome sinechia	ιχ νίσε στέντιγκ
Χρειάζομαι ένα γιατρό, παρακαλώ	**Ich brauche einen Arzt, bitte**
chriazhome ena jatro, parakalo	ιχ μπράουχε άϊνεν άρτστ μπίτε
Χρειάζομαι φάρμακα	**Ich brauche Medikamente, bitte**
chriazhome farmaka	ιχ μπράουχε μεντικαμέντε, μπίτε
Χειρουργείο	**Operationssaal**
chirurghio	οπερατσιόνσζαλ

61. ΤΟ ΣΩΜΑ — 61. DER KÖRPER

to soma — ντερ κΕρπερ

Αγκώνας	**Ellenbogen**
agonas	έλενμπογκεν
Αίμα	**Blut**
ema	μπλουτ
Αμυγδαλές	**Mandeln**
amighdhales	μάντελν
Αρθρωση	**Gelenke**
arthrossi	γκελένκε
Αρτηρία	**Arterie**
artiria	αρτερί

61. ΤΟ ΣΩΜΑ

Αστράγαλος — **Knöchel**
astraghalos — κνΕχελ

Αυτί — **Ohr**
afti — ορ

Αυχένας — **Nacken**
afchenas — νάκεν

Βλεφαρίδα — **Wimper**
vlefaridha — βίμπερ

Βλέφαρο — **Augenlid**
vlefaro — άουγκενλιντ

Βραχίονας — **Arm**
vrachionas — αρμ

Γάμπα — **Wade**
ghamba — βάντε

Γλώσσα — **Zunge**
ghlossa — τσούνγκε

Γόνατο — **Knie**
ghonato — κνι

Γοφός — **Hüfte**
ghofos — χΥφτε

Δάχτυλο — **Finger**
dhachtilo — φίνγκερ

Δέρμα — **Haut**
dherma — χάουτ

Δόντι — **Zahn**
dhonti — τσαν

Εγκέφαλος — **Gehirn**
egefalos — γκεχίρν

Εντερο — **Darm**
endero — νταρμ

Καρδιά — **Herz**

61. DER KÖRPER

kardhia	χερτς
Καρπός	**Handgelenk**
karpos	χάντγκελενκ
Κεφάλι	**Kopf**
kefali	κοπφ
Κνήμη	**Schienbein**
knimi	Σίνμπαϊν
Κοιλιά	**Bauch**
kilia	μπάουχ
Κόκαλο	**Knochen**
kokalo	κνόχεν
Κρανίο	**Schädel**
kranio	Σέντελ
Κρόταφος	**Schläfe**
krotafos	Σλέφε
Κύστη	**Zyste**
kisti	τσΥστε
Λαιμός	**Hals**
lemos	χαλς
Λάρυγγας	**Kehle**
larigas	κέλε
Μάγουλο	**Backe**
maghulo	μπάκε
Μαλλί	**Haar**
mali	χάαρ
Μάτι	**Auge**
mati	άουγκε
Μέτωπο	**Stirn**
metopo	στιρν
Μπράτσο	**Arm**
bratso	αρμ

Μηρός	**Oberschenkel**
miros	όμπερΣενκελ
Μυς	**Muskel**
mis	μούσκελ
Μύτη	**Nase**
miti	νάζε
Νευρικό σύστημα	**Nervensystem**
nevriko sistima	νέρβενσιστέμ
Νεύρο	**Nerven**
nevro	νέρβεν
Νεφρά	**Nieren**
nefra	νίρεν
Νύχι	**Nagel**
nichi	νάγκελ
Ουρανίσκος	**Gaumen**
uraniskos	γκάουμεν
Ουροδόχος κύστη	**Harnblase**
urodhochos kisti	χάρνμπλαζε
Παλάμι	**Handteller**
palami	χάντελερ
Πλάτη	**Rücken**
plati	ρΥκεν
Πλευρό	**Rippe**
plevro	ρίπε
Πνεύμονας	**Lunge**
pnevmonas	λούνγκε
Πόδι	**Bein**
podhi	μπάϊν
Πρόσωπο	**Gesicht**
prossopo	γκεζίχτ
Σαγόνι	**Kinn**

saghoni κιν

Σβέρκος **Nacken**
sverkos νάκεν

Σκωληκοειδής απόφυση **Blinddarmentzündung**
skolikoidhis apofissi μπλίντνταρμεντΥντουνγκ

Σπλήνα **Milz**
splina μιλτς

Σπονδυλική στήλη **Wirbelsäule**
spondhiliki stili βίρμπελζόϊλε

Σπόνδυλος **Wirbelknochen**
spondhilos βίρμπελκνόχεν

Στέρνο **Brustbein**
sterno μπρούστμπαϊν

Στήθος **Brust**
stithos μπρουστ

Στομάχι **Magen**
stomachi μάγκεν

Στόμα **Mund**
stoma μουντ

Συκώτι **Leber**
sikoti λέμπερ

Τένοντας **Sehne**
tenontas ζένε

Φλέβα **Ader**
fleva άντερ

Φρύδι **Augenbrauen**
fridhi άουγκενμπραουεν

Φτέρνα **Ferse**
fterna φέρζε

Χείλια **Lippen**
chilia λίπεν

62. ΑΣΘΕΝΕΙΕΣ 348

Χέρι	**Hand**
cheri	χαντ
Ωμος	**Schulter**
omos	Σούλτερ

62. ΑΣΘΕΝΕΙΕΣ — 62. KRANKHEITEN

asthenies — κράνκχαϊτεν

Αδιαθεσία	**Krankheit**
adhiathessia	κράνκχαϊτ
Αιμάτομα	**Bluterguß**
ematoma	μπλούτεργκους
Αιμορραγία	**Blutung**
emoraghia	μπλούτουνγκ
Αιμορραγία μύτης	**Nasenbluten**
emoraghia mitis	νάζενμπλουτεν
Αιμοφιλία	**Bluterkrankheit**
emofilia	μπλούτερκρανκχαϊτ
Αιμορροΐδες	**Hämorrhoiden**
emoroidhes	χεμοροΐντεν
Ακτινοβολία	**Strahlung**
aktinovolia	στράλουνγκ
Ακτινοθεραπεία	**Strahlenheilkunde**
aktinotherapia	στράλενχαϊλκουντε
Αλλεργία	**Allergie**
alerghia	αλεργκί
Αμυγδαλίτιδα	**Mandelnetzündung**
amighdhalitidha	μάντελνετσΥντουνγκ
Ανεμοβλογιά	**Windpocken**
anemovloghia	βίντποκεν
Απόστημα	**Abszeß**
apostima	άμπτσες

62. KRANKHEITEN

Αποπληξία	**Schlaganfall**
apopliksia	Σλάγκανφαλ
Αρθρώσεις	**Gelänke**
arthrossis	γκελένκε
Αρπάζω κρύωμα	**Ich erkälte mich**
arpazho krioma	ιχ ερκέλτε μιχ
Αρρωστος	**Krank**
arostos	κρανκ
Ασθμα	**Asthma**
asthma	άστμα
Ασθένεια	**Krankheit**
asthenia	κράνκχαϊτ
Ασθενής	**Kranker**
asthenis	κράνκερ
Αϋπνία	**Schlaflosigkeit**
aipnia	Σλάφλοζιγκαϊτ
Βαρηκοΐα	**Schwerhörigkeit**
varikoia	ΣβέρχΕριγκαϊτ
Βήχας	**Husten**
vichas	χούστεν
Βρογχίτιδα	**Bronchitis**
vronchitis	μπρονχίτις
Γρίπη	**Grippe**
ghripi	γκρίπε
Δάγκωμα σκύλου, φιδιού	**Hundebiß, Schlangenbiß**
dhagoma skilu, fidhiu	χούντεμπις, Σλάνγκενμπις
Δηλητηρίαση	**Vergiftung**
dhilitiriassi	φεργκίφτουνγκ
Διαβήτης	**Zuckerkrankheit**
dhiavitis	τσούκερκρανκχαϊτ
Διάρροια	**Durchfall**
dhiaria	ντούρχφαλ
Δισπεψία	**Verdauungsschwierigkeiten**
dispepsia	φερντάουνγκσΣβιριγκκάϊτεν

Διφθερίτιδα	**Diphtherie**
dhiftheritidha	ντιπφερί
Δυσεντερία	**Ruhr**
dhissenteria	ρουρ
Δυσκοιλιότητα	**Verstopfung**
dhiskiliotita	φερστόπφουνγκ
Εγκαυμα	**Verbrennung**
egavma	φερμπρένουνγκ
ΕΗΤΖ (AIDS)	**AIDS**
eitz	έϊτζ
Εκζεμα	**Ekzem**
ekzhema	εκτζέμ
Ελκος	**Geschwür**
elkos	γκεΣβΥρ
Ελονοσία	**Malaria**
elonossia	μαλάρια
Εμετός	**Erbrechen**
emetos	ερμπρέχεν
Εμφραγμα	**Herzinfakt**
emfraghma	χέρτσινφακτ
Ενεση	**Spritze**
enessi	σπρίτσε
Εξάνθηση	**Ausschlag**
eksanthissi	άουσΣλαγκ
Ερεθισμός λαιμού	**Halsschmerzen**
erethismos lemu	χάλσΣμερτσεν
Ερυθρά	**Röteln**
erithra	ρΕτελν
Ευλογιά	**Pocken**
evloghia	πόκεν
Ζαλάδα	**Schwindelgefühl**
zhaladha	ΣβίντελγκεφΥλ
Ηλιακό έγκαυμα	**Sonnenbrand**
iliako egavma	ζόνενμπραντ

351 62. KRANKHEITEN

Ηλίαση	**Sonnenstich**
iliassi	ζόνενστιχ
Ημικρανία	**Migräne**
imikrania	μιγκρένε
Θερμοπληξία	**Hitzschlag**
thermopliksia	χίτσΣλαγκ
Ιγμορίτιδα	**Stirnhöhlenvereiterung**
ighmoritidha	στίρνχΕλενφεράϊτερουνγκ
Ιλαρά	**Masern**
ilara	μάσερν
Ισχυαλγία	**Ischias-Entzündung**
isHialghia	ισχίας-εντσΥντουνγκ
Καλόγερος	**Furunkel**
kalogheros	φούρουνκελ
Κάνω εμετό	**Ich übergebe mich**
kano emeto	ιχ Υμπεργκέμπε μιχ
Καρδιακή πάθηση	**Herzkrankheit**
karhiaki pathissi	χέρτσκρανκχαϊτ
Καρδιακή προσβολή	**Herzinfarkt**
kardhiaki prosvoli	χέρτσινφαρκτ
Καρκίνος	**Krebs**
karkinos	κρεμπς
Κάταγμα	**Knochenbruch**
kataghma	κνόχενμπρουχ
Κατάθλιψη	**Melancholie**
katathlipsi	μελανκολί
Καυτηρίαση	**Kauterisation**
kaftiriassi	καουτεριζατιόν
Κλονισμός	**Klonischer Krampf**
klonismos	κλόνιΣερ κραμπφ
Κοκκύτης	**Keuchhusten**
kokitis	κόϊχχουστεν
Κοιλόπονοι	**Bauchschmerzen**
kiloponi	μπάουχΣμέρτσεν

62. ΑΣΘΕΝΕΙΕΣ 352

Κολικός του ήπατος	**Leberkolik**
kolikos tu ipatos	λέμπερκολικ
Κράμπα	**Krampf**
kramba	κραμπφ
Κριθαράκι	**Gerstenkorn**
kritharaki	γκέρστενκορν
Κρυολόγημα	**Erkältung**
kriologhima	ερκέλτουνγκ
Κύστη	**Zyste**
kisti	τσΥστε
Λιποθυμία	**Ohnmacht**
lipothimia	όνμαχτ
Μαγουλάδες	**Mumps**
maghuladhes	μουμπς
Μεταβολισμός	**Verdrennung**
metavolismos	φερντρένουνγκ
Μετάδοση της αρρώστιας	**Verbreitung der Krankheit**
metadhossi tis arostias	φερμπράϊτουνγκ ντερ κράνκχαϊτ
Μόλυνση	**Infektion**
molinsi	ινφεκτιόν
Μώλωπας	**Quetschung**
molopas	κβέτΣουνγκ
Ναυτία	**Seekrankheit**
naftia	ζέκρανκχαϊτ
Νευραλγία	**Neuralgie**
nevralghia	νοϊραλγκί
Νεφρίτιδα	**Nierenentzündung**
nefritidha	νίρενεντσΥντουγνκ
Νοσηλεύομαι	**Sich stationär behandeln**
nossilevome	ζιχ στατιονέρ μπεχάντελν
Ξανακύλισμα	**Rückfall erleiden**
xanakilisma	ρΥκφαλ ερλάϊντεν
Οστρακιά	**Scharlach**
ostrakia	Σάρλαχ

Παραλήρημα	**Delirium**
paralirima	ντελίριουμ
Πίεση	**Blutdruck**
piessi	μπλούντρουκ
Πλευρίτιδα	**Rippenfellentzündung**
plevritidha	ρίπενφελενεντσΥντουγνκ
Πνευμόνια	**Lungen**
pnevmonia	λούνγκεν
Πονοκέφαλος	**Kopfschmerzen**
ponokefalos	κόπφΣμερτσεν
Πόνος (στα πλευρά, στη μέση)	**Rippenschmerzen, Kreuzschmerzen**
ponos (sta plevra, sti messi)	ρίπενΣμερτσεν, κρόϊτσΣμερτσεν
Πρήξιμο	**Schwellung**
priksimo	Σβέλουνγκ
Προσβολή	**Anfall**
prosvoli	άνφαλ
Προστάτης	**Prostata**
prostatis	προστάτα
Πυρετός	**Fieber**
piretos	φίμπερ
Ρευματισμός	**Rheumatismus**
revmatismos	ρευματίσμους
Σηψαιμία	**Blutvergiftung**
sipsemia	μπλούτφεργκιφτουνγκ
Σκωληκοειδίτιδα	**Blinddarmentzündung**
skolikoidhitidha	μπλίνταρμεντσΥντουνγκ
Σπάσιμο	**Bruch**
spassimo	μπρουχ
Σπασμός	**Krampf**
spasmos	κραμπφ
Σπυρί	**Pickel**
spiri	πίκελ

62. ΑΣΘΕΝΕΙΕΣ

Στεφανιαία ανεπάρκεια	**Mangel der Kranzarterie**
stefaniea aneparkia	μάνγκελ ντερ κράντσαρτερί
Στηθάγχη	**Angina pectoris**
stithanchi	άνγκινα πεκτόρις
Στομαχόπονος	**Magenschmerzen**
stomachoponos	μάγκενΣμερτσεν
Στραμπούλιγμα	**Verrenkung**
strabulighma	φερένκουνγκ
Συνάχι	**Schnupfen**
sinachi	Σνούπφεν
Σύνθλιψη	**Quetschung**
sinthlipsi	κβέτσουνγκ
Ταχυκαρδία	**Herzklopfen**
tachikardhia	χέρτσκλοπφεν
Ταραχή	**Aufregung**
tarachi	άουφρεγκουνγκ
Τέτανος	**Tetanus**
tetanos	τέτανους
Τραύμα	**Wunde**
travma	βούντε
Τρεμουλιάσματα	**Zittern**
tremuliasmata	τσίτερν
Τρέχει η μύτη	**Die Nase läuft**
trechi i miti	ντι νάζε λόϊφτ
Τροφική δηλητηρίαση	**Nahrungsmittelvergiftung**
trofiki dhilitiriassi	νάρουνγκσμιτελφεργκίφτουνγκ
Τσίμπημα εντόμου	**Insektenstich**
tsimbima entomu	ινζέκτενστιχ
Τύφος	**Typhus**
tifos	τίφους
Φλεγμονή	**Entzündung**
fleghmoni	εντσΥντουνγκ
Φυματίωση	**Tuberkolose**

fimatiossi	τουμπερκολόζε
Ωτίτιδα	**Mittelohrenentzündung**
otitidha	μίτελορενεντσΥντουνγκ

63. ΣΤΟ ΦΑΡΜΑΚΕΙΟ / 63. IN DER APOTHEKE

sto farmakio / ιν ντερ αποτέκε

Αιθέρας	**Äther**
etheras	ετέρ
Αλοιφή για (τα εγκαύματα, τη μόλυνση)	**Salbe für (Verbrennungen, Infektion)**
alifi ja (ta egavmata, ti molinsi)	ζάλμπε φΥρ (φερμπρένουνγκεν, ινφεκτιόν)
Ανάλυση	**Untersuchung**
analissi	ουντερζούχουνγκ
Αντιβιωτικό	**Antibiotikum**
antiviotiko	αντιμπιότικουμ
Αντίδοτο	**Gegengift**
antidhoto	γκέγκενγκιφτ
Αντισυλληπτικό	**Empfängnisverhütendes Mittel**
antissiliptiko	εμπφένγκνισφερχΥτεντες μίτελ
Αντισυλληπτικό χάπι	**Anti-Baby-Pille**
antissiliptiko chapi	άντι-μπέϊμπι-πίλε
Αντισηπτικό	**Antiseptisch**
antissiptiko	αντισέπτιΣ
Απολλυμαντικό	**Desinfektionsmittel**
apolimantiko	ντεσινφεκτιόνσμιτελ
Αποστειρωμένη γάζα	**Steriler Verbandmull**
apostiromeni ghazha	στερίλερ φερμπάντμουλ
Αποστειρωμένος επίδεσμος	**Steriler Verband**

63. ΣΤΟ ΦΑΡΜΑΚΕΙΟ

apostiromenos epidhesmos	στερίλερ φερμπάντ
Ασβέστιο	**Kalzium**
asvestio	κάλτσιουμ
Ασπιρίνη	**Aspirin**
aspirini	ασπιρίν
Βακτηριδοκτόνο	**Antibakterien**
vaktiridhoktono	άντιμπακτέριεν
Βαμβάκι	**Watte**
vamvaki	βάτε
Βιταμίνη C	**Vitamin C**
vitamini se	βίταμιν τσε
Γαργάρα	**Gurgeln**
gharghara	γκούργκελν
Διάφραγμα κόλπου	**Spirale**
dhiafraghma kolpu	σπιράλε
Δυναμοτικό	**Stärkungsmittel**
dhinamotiko	στέρκουνγκσμιτελ
Αντενδείξεις	**Gegenzeichen**
antendhiksis	γκέγκεντσαϊχεν
Ενα ... κάθε ... ώρες	**Ein .... alle .... Stunden**
ena ... kathe ... ores	άϊν ... άλε ... στούντεν
Ενα μπιμπερό	**Eine Babyflasche**
ena bibero	άϊνε μπέϊμπιφλαΣε
Ενεση	**Spritze**
enessi	σπρίτσε
Εντομοαπωθητικό	**Insektenmittel**
entomoapothitiko	ινζέκτενμιτελ
Εντομοκτόνο	**Insektenmittel**
entomoktono	ινζέκτενμιτελ
Επίδεσμος	**Verband**
epidhesmos	φερμπάντ
Εφημερεύον φαρμακείο	**Apotheke, die Notdienst hat**
efimerevon farmakio	αποτέκε, ντι νότντινστ χατ

Εχετε αυτό το φάρμακο σε άλλη μορφή;	**Haben dieses Medikament in einer anderen Form?**
echete afto to farmako se ali morfi?	χάμπεν ντίζες μεντικαμέντ ιν άϊνερ άντερεν φόρμ;
Εχετε κάτι για το βήχα (τον πονόλαιμο, τον πονοκέφαλο, τη γρίπη, το συνάχι...);	**Haben Sie etwas gegen Husten (Halsschmerzen, Kopfschmerzen, Grippe, Schnupfen...)?**
echete kati ja ton vicha (ton ponolemo, ton ponokefalo, ti ghripi, to sinachi...)?	χάμπεν ζι έτβας γκέγκεν χούστεν (χάλσΣμερτσεν, κόπφΣμερτσεν, γκρίπε, Σνούπφεν...);
Ηρεμιστικό	**Beruhigungsmittel**
iremistiko	μπερούϊγκουνγκσμιτελ
Θα ήθελα να ζυγιστώ	**Ich möchte mich wiegen**
tha ithela na zhighisto	ιχ μΕχτε μιχ βίγκεν
Θα μπορούσατε να μου δώσετε κάτι για το ηλιακό έγκαυμα;	**Könnten Sie mir etwas gegen Sonnenbrand geben?**
tha borussate na mu dhossete kati ja to iliako egavma?	κΕντεν ζι μιρ έτβας γκέγκεν ζόνενμπραντ γκέμπεν;
Θερμόμετρο	**Thermometer**
thermometro	τερμομέτερ
Θερμοφόρα	**Wärmflasche**
thermofora	βέρμφλαΣε
Ιώδιο	**Jod**
iodhio	γιόντ
Καθαρκτικό	**Abführmittel**
katharktiko	άμπφΥρμιτελ
Κάθε πότε θα το παίρνω;	**Wie oft muß ich es einnehmen?**
kathe pote tha to perno?	βι οφτ μους ιχ ες άϊνεμεν;
Κατάπλασμα	**Wickel**
kataplasma	βίκελ

63. ΣΤΟ ΦΑΡΜΑΚΕΙΟ

Καταπραϋντικό
katapraintiko
Besänftigendes Mittel
μπεζένφτιγκεντες μίτελ

Κολλύριο
kolirio
Augentropfen
άουγκεντρόπφεν

Κομπρέσα
kombressa
Kompresse
κομπρέσε

Λευκοπλάστης
lefkoplastis
Leukoplast
λοϊκοπλαστ

Μπορείτε να μου ετοιμάσετε αυτήν τη συνταγή;
borite na mu etimassete afti ti sintaghi?
Können Sie mir dieses Rezept fertig machen?
κΕνεν ζι μιρ ντίζες ρετσέπτ φέρτιγκ μάχεν;

Μπορείτε να μου τα χορηγήσετε χωρίς ιατρική συνταγή;
borite na mu ta chorighissete choris iatriki sintaghi?
Können Sie sie mir ohne ärztliche Verschreibung geben?
κονεν ζι ζι μιρ όνε έρτστλιχε φερΣράϊμπουνγκ γκέμπεν;

Νηστικός
nistikos
Nüchtern
νΥχτερν

Οινόπνευμα
inopnevma
Alkohol
αλκοχόλ

Παστίλιες
pastilies
Tabletten
ταμπλέτεν

Πενικιλίνη
penikilini
Penizillin
πενιτσιλίν

Πότε ανοίγει;
pote anighi?
Wann macht es auf?
βαν μαχτ ες άουφ;

Πότε θα είναι έτοιμα τα φάρμακά μου;
pote tha ine etima ta farmaka mu?
Wann werden meine Medikamente fertig sein?
βαν βέρντεν μάϊνε μεντικαμέντε φέρτιγκ ζάϊν;

Πότε μπορώ να έρθω να πάρω τα φάρμακα;
pote boro na ertho na paro
Wann kann ich die Medikamente abholen?
βαν καν ιχ ντι μεντικαμέντε

63. IN DER APOTHEKE

ta farmaka? — άμπχολεν;
Που είναι το φαρμακείο; — **Wo ist die Apotheke?**
pu ine to farmakio? — βο ιστ ντι αποτέκε;
Που υπάρχει εφημερεύον φαρμακείο; — **Wo ist eine Apotheke, die Notdienst hat?**
pu iparchi efimerevon farmakio? — βο ιστ άϊνε αποτέκε, ντι νότντινστ χατ;

Πριν τα γεύματα — **Vor den Mahlzeiten**
prin ta ghevmata — φορ ντεν μάλτσαϊτεν

Προφυλακτικά — **Kondomen**
profilaktika — κοντόμεν

Σερβιέτες — **Damenbinden**
servietes — ντάμενμπιντεν

Σιρόπι — **Sirup**
siropi — σίρουπ

Σκόνη — **Pulver**
skoni — πούλβερ

Σταγόνες για τη μύτη (τα αυτιά, τα μάτια...) — **Nasentropfen, Ohrentropfen, Augentropfen**
staghones ja ti miti (ta aftia, ta matia...) — νάζεντροπφεν, όρεντροπφεν άουγκεντροπφεν

Σταγονόμετρο — **Tropfenmesser**
staghonometro — τρόπφενμεσερ

Συνταγή — **Rezept**
sintaghi — ρετσέπτ

Σύριγγα — **Spritze**
siriga — σπρίτσε

Ταμπόν — **Tampon**
tampon — ταμπόν

Τσάντα πρώτων βοηθειών — **Sanitätskasten**
tsanta proton voithion — ζανιτέτσκαστεν

Υπνωτικό — **Schlafmittel**
ipnotiko — Σλάφμιτελ

Υπόθετα — **Zäpfchen**

64. ΣΤΟΝ ΟΔΟΝΤΙΑΤΡΟ 360

ipotheta — τσέπφχεν

Φάρμακο για τα κουνούπια — **Medikament gegen Mücken**
farmako ja ta kunupia — μεντικαμέντ γκέγκεν μUκεν

Φαρμακοποιός — **Apotheker**
farmakopios — αποτέκερ

Χάπι — **Pille**
chapi — πίλε

Χαρτομάντηλα — **Taschentücher**
chartomandhila — τάΣεντΥχερ

64. ΣΤΟΝ ΟΔΟΝΤΙΑΤΡΟ — 64. BEIM ZAHNARZT
ston odhontojatro — μπάϊμ τσάναρτστ

Αναισθησία — **Betäubung**
anesthissia — μπετόϊμπουνγκ

Απόστημα — **Abszeß**
apostima — άμπτσες

Αυτό εδώ χρειάζεται πάλι σφράγισμα — **Dieser muß wieder plombiert werden**
afto edho chriazhete pali sfraghisma — ντίζερ μους βίντερ πλομπίρτ βέρντεν

Αυτό είναι που πονάει — **Dieser hier tut weh**
afto ine pu ponai — ντίζερ χιρ τουτ βε

Αυτό το δόντι κουνιέται — **Dieser Zahn wackelt**
afto to dhonti kuniete — ντίζερ τσαν βάκελτ

Βγάζω ένα δόντι — **Ich lasse mir einen Zahn ziehen**
vhazho ena dhonti — ιχ λάσε μιρ άϊνεν τσαν τσίεν

Γέφυρα — **Brücke**
jefira — μπρΥκε

Γομφίος — **Backenzahn**
ghomfios — μπάκεντσαν

361 64. BEIM ZAHNARZT

Δεν πρέπει να φάτε για δύο ώρες	**Sie dürfen zwei Stunden nicht essen**
dhen prepi na fate ja dhio ores	ζι ντΥρφεν τσβάϊ στούντεν νιχτ έσεν
Δόντι	**Zahn**
dhonti	τσαν
Ενεση	**Spritze**
enessi	σπρίτσε
Εξαγωγή	**Ziehen**
eksaghoghi	τσίεν
Επάνω	**Oben**
epano	όμπεν
Εφυγε το σφράγισμα	**Die Füllung ist raus**
efighe to sfraghisma	ντι φΥλουνγκ ιστ ράους
Εχω πονόδοντο	**Ich habe Zahnschmerzen**
echo ponodhonto	ιχ χάμπε τσάνΣμερτσεν
Θα προτιμούσα μία προσωρινή περιποίηση	**Mir wäre eine provisorische Behandlung lieber**
tha protimussa mia prossorini peripiissi	μιρ βέρε άϊνε προβιζόριΣε μπεχάντλουνγκ λίμπερ
Θέλω να μου κάνετε νάρκωση	**Ich möchte, daß Sie mir eine Betäubung geben**
thelo na mu kanete narkossi	ιχ μΕχτε ντας ζι μιρ άϊνε μπετόϊμπουνγκ γκέμπεν
Κοπτήρας	**Schneider**
koptiras	Σνάϊντερ
Κορώνα	**Krone**
korona	κρόνε
Κούφιο δόντι	**Hohler Zahn**
kufio dhonti	χόλερ τσαν
Ματώνω	**Bluten**
matono	μπλούτεν
Με πονάει ένα δόντι	**Ich habe Zahnschmerzen**
me ponai ena dhonti	ιχ χάμπε τσάνΣμερτσεν

64. ΣΤΟΝ ΟΔΟΝΤΙΑΤΡΟ

Με πονάνε τα ούλα μου

me ponane ta ula mu

Mir tut mein Zahnfleisch weh

μιρ τουτ μάϊν τσάνφλαϊΣ βε

Μπορείτε να μου σφραγίσετε προσωρινά ένα δόντι;

borite na mu sfraghissete prossorina ena dhonti?

Können Sie mir einen Zahn vorläufig füllen?

κΕνεν ζι μιρ άϊνεν τσαν φόρλοϊφιγκ φΥλεν;

Μπορείτε να το σώσετε;

borite na to sossete?

Können Sie ihn retten?

κΕνεν ζι ιν ρέτεν;

Μπορώ να φάω τώρα;

boro na fao tora?

Kann ich jetzt essen?

καν ιχ γιέτστ έσεν;

Νάρκωση

narkossi

Betäubung

μπετόϊμπουνγκ

Ξεπλύνετε

xeplinete

Waschen Sie sich

βάΣεν ζι ζιχ

Οδοντική πρόθεση

odhontiki prothessi

Totalprothese

τοτάλπροτέζε

Οδοντογιατρός

odhontojatros

Zahnarzt

τσάναρτστ

Οδοντοστοιχία

odhontostichia

Zahnreihe

τσάνραϊε

Ούλα

ula

Zahnfleisch

τσάνφλαϊΣ

Πονάω πολύ

ponao poli

Es tut mir sehr weh

ες τουτ μιρ ζερ βε

Πονόδοντο

ponodhonto

Zahnschmerzen

τσάνΣμερτσεν

Πότε πρέπει να ξανάρθω;

pote prepi na xanartho?

Wann muß ich wieder kommen?

βαν μους ιχ βίντερ κόμεν;

Που μπορώ να βρω έναν οδοντογιατρό;

pu boro na vro enan odhontojatro?

Wo kann ich einen Zahnarzt finden?

βο καν ιχ άϊνεν τσάναρτστ φίντεν;

64. BEIM ZAHNARZT

Πρέπει να βγεί	**Er muß gezogen werden**
prepi na vghi	ερ μους γκετσόγκεν βέρντεν
Προγομφίος	**Prämolaren**
proghomfieos	πρεμολάρεν
Προσωρινό σφράγισμα	**Provisorische Füllung**
prossorino sfraghisma	προβιζόριΣε φΥλουνγκ
Ρίζα	**Wurzel**
rizha	βούρτσελ
Σαγόνι	**Kinn**
saghoni	κιν
Στο βάθος	**Tief drin**
sto vathos	τίφ ντριν
Σφραγίζω	**Füllen**
sfraghizho	φΥλεν
Σφράγισμα	**Füllung**
sfraghisma	φΥλουνγκ
Σωφρονιστήρας	**Weisheitszahn**
sofronistiras	βάϊσχαϊτσαν
Τελειώσατε;	**Sind Sie fertig?**
teliossate?	ζιντ ζι φέρτιγκ;
Τερηδόνα	**Karies**
teridhona	κάριες
Τραπεζίτης	**Backenzahn**
trapezhitis	μπάκεντσαν
Υπάρχει κανένας οδοντογιατρός εδώ;	**Gibt es hier einen Zahnarzt?**
iparchi kanenas odhontojatros edho?	γκιμπτ ες χιρ άϊνεν τσάναρτστ;
Φλόγωση	**Entzündung**
floghossi	εντσΥντουνγκ
Φρονιμίτης	**Weisheitszahn**
fronimitis	βάϊσχαϊτσαν
Χαλασμένο δόντι	**Kaputter Zahn**
chalasmeno dhonti	καπούτερ τσαν

Χρειάζεται σφράγισμα;	**Muß er plombiert werden?**
chriazhete sfraghisma?	μους ερ πλομπίρτ βέρντεν;
Χρυσή κορώνα	**Goldene Krone**
chrissi korona	γκόλντενε κρόνε
Ψεύτικο δόντι	**Falscher Zahn**
pseftiko dhonti	φάλΣερ τσαν

65. ΧΩΡΕΣ — 65. LÄNDER

chores — λέντερ

Αγγλία	**England**
aglia	ένγλαντ
Αίγυπτος	**Ägypten**
eghiptos	εγκίπτεν
Αιθιοπία	**Äthiopien**
ethiopia	εθιόπιεν
Αλάσκα	**Alaska**
alaska	αλάσκα
Αλβανία	**Albanien**
alvania	αλμπάνιεν
Αλγερία	**Algerien**
algheria	αλγκέριεν
Αυστρία	**Österreich**
afstria	Εστεραϊχ
Βέλγιο	**Belgien**
velghio	μπέλγκιεν
Βουλγαρία	**Bulgarien**
vulgharia	μπουλγκάριεν
Γαλλία	**Frankreich**
ghalia	φράνκραϊχ
Γερμανία	**Deutschland**
jermania	ντόϊτΣλαντ

65. LÄNDER

Δανία	**Dänemark**
dhania	ντένεμαρκ
Ελβετία	**Schweiz**
elvetia	Σβάϊτς
Ελλάδα	**Griechenland**
eladha	γκρίχενλαντ
Ηνωμένες Πολιτείες	**Vereinigte Staaten**
inomenes polities	φεράϊνιγκτε στάατε
Ιαπωνία	**Japan**
iaponia	γιάπαν
Ιρλανδία	**Irland**
irlandhia	ίρλαντ
Ισπανία	**Spanien**
ispania	σπάνιεν
Ισραήλ	**Israel**
israil	ίζραελ
Ιταλία	**Italien**
italia	ιτάλιεν
Καναδάς	**Kanada**
kanadhas	κάναντα
Κίνα	**China**
kina	Σίνα
Κύπρος	**Zypern**
kipros	τσΥπερν
Λίβανος	**Libanon**
livanos	λίμπανον
Λιβύη	**Libyen**
livii	λίμπιεν
Μεγάλη Βρετανία	**Großbritannien**
meghali vretania	γροσμπριτάνιεν
Νέα Ζηλανδία	**Neu Seeland**
nea zhilandhia	νόϊ ζέλαντ
Νορβηγία	**Norwegen**
norvighia	νόρβεγκεν

Ολλανδία	**Holland**
olandhia	χόλαντ
Ουαλία	**Wales**
ualia	ουέλς
Ουγγαρία	**Ungarn**
ugaria	ούνγκαρν
Πακιστάν	**Pakistan**
pakistan	πάκισταν
Πολωνία	**Polen**
polonia	πόλεν
Πορτογαλία	**Portugal**
portoghalia	πόρτουγκαλ
Ρουμανία	**Rumänien**
rumania	ρουμένιεν
Ρωσία	**Rußland**
rossia	ρούσλαντ
Σουηδία	**Sweden**
suidhia	Σβέντεν
Τουρκία	**Türkei**
turkia	τΥρκάϊ
Τυνησία	**Tunesien**
tinissia	τΥνέζιεν
Φινλανδία	**Finnland**
finlandhia	φίνλαντ